Karin Breidenbach, Michael Währisch
Buchhaltung und Jahresabschluss

Karin Breidenbach, Michael Währisch

Buchhaltung und Jahresabschluss

5., erweiterte und aktualisierte Auflage

DE GRUYTER
OLDENBOURG

ISBN 978-3-11-074749-2
e-ISBN (PDF) 978-3-11-074768-3
e-ISBN (EPUB) 978-3-11-074779-9

Library of Congress Control Number: 2021944237

Bibliografische Information der Deutschen Nationalbibliothek
Die Deutsche Nationalbibliothek verzeichnet diese Publikation in der Deutschen
Nationalbibliografie; detaillierte bibliografische Daten sind im Internet über
http://dnb.dnb.de abrufbar.

© 2021 Walter de Gruyter GmbH, Berlin/Boston
Umschlaggestaltung: Gettyimages/amtitus
Satz: le-tex publishing services GmbH, Leipzig
Druck und Bindung: CPI books GmbH, Leck

www.degruyter.com

Vorwort zur 5. Auflage

Im Rahmen der 5. Auflage wurde der Themenkomplex nochmals weiter gefasst. Nunmehr werden in Kapitel B umfassend die Grundbegriffe des Rechnungswesens erörtert. Es hat sich in der Lehrpraxis herausgestellt, dass dieser Aspekt zur Abrundung des Themenspektrums erforderlich ist, um alle Facetten von Modulen zur „Einführung in das Rechnungswesen" und „Einführung in den Jahresabschluss" abzudecken. Konsequent beibehalten wurde die Grundkonzeption des Buches, die Aspekte des Rechnungswesens knapp und prägnant im Zusammenspiel von Frage und Antwort darzustellen. Zusätzliche Aufgaben mit Lösungen bieten einen breiteren Raum für das Einüben des Lernstoffes. An verschiedenen Stellen wurden die Ausführungen aktualisiert: neue steuerliche Regelungen wurden eingepflegt, der Ausweis von Kryptowährungen wurde eingearbeitet und neue rechtliche Vorschriften (z. B. FISG oder ARUG II) wurden berücksichtigt.

Wir danken Frau Dipl.-Übers. Monika Delwig und Herrn Dipl.-Kfm. Wolfgang Hesse für zahlreiche Anregungen und Verbesserungen.

Wir hoffen weiterhin, dass sich die Leser anhand des Buches schnell in der erforderlichen Tiefe in die Probleme des Externen Rechnungswesens einarbeiten können. Für Anregungen und Anmerkungen sind wir jederzeit offen!

Essen, im Mai 2021

Karin Breidenbach
Michael Währisch

https://doi.org/10.1515/9783110747683-201

Vorwort zur 1. Auflage

Im Zusammenhang mit der Rechnungslegung stellen sich überall auf der Welt dieselben oder ähnliche Fragen, z. B.: Was ist ein Vermögensgegenstand und unter welchen Bedingungen ist er in die Bilanz eines Unternehmens aufzunehmen? Im Laufe der Zeit wurden zu diesen Fragen unterschiedliche Antworten gefunden, so dass sich weltweit unterschiedliche Rechnungslegungsnormen entwickelten.

Das vorliegende Buch befasst sich schwerpunktmäßig mit den Fragen der Rechnungslegung, die den handelsrechtlichen Einzelabschluss betreffen, und mit den Antworten, die in Deutschland hierfür gefunden wurden, also mit der Rechnungslegung nach dem Handelsgesetzbuch (HGB). Aufgrund der Verzahnung der Handelsbilanz mit der Steuerbilanz durch das Maßgeblichkeitsprinzip wird auch auf die deutsche Steuerbilanz eingegangen. Nicht angesprochen werden Fragen, die speziell den Konzernabschluss betreffen.

Die Ausführungen werden durch die Fragen zur Rechnungslegung unterteilt, die beantwortet werden sollen. Ziel des Buches ist, in Grundzügen anschauliche Antworten auf diese Fragen zu geben. Dabei steht die Rechnungslegung der Kapitalgesellschaften im Vordergrund. Voraussetzung für das Verständnis sind Grundkenntnisse in Buchhaltung und in den Grundlagen des Rechnungswesens.

Bei Redaktionsschluss war das geplante Bilanzrechtsreformgesetz noch nicht verabschiedet. Auf die wesentlichen – für den Einzelabschluss relevanten – im Regierungsentwurf vom April 2004 vorgesehenen Änderungen wird im Text hingewiesen.

Auch wenn für die Konzernrechnungslegung internationale Rechnungslegungsnormen immer mehr an Bedeutung gewinnen, wird die hier dargestellte Rechnungslegung nach HGB für den Einzelabschluss auf absehbare Zeit relevant bleiben. Sie bleibt damit – nach Auffassung der Autorin – die Grundlage der Ausbildung im Rechnungswesen an den Hochschulen und in der Praxis.

Frau Simone Schroeter und Herr Dominic Siegert leisteten wertvolle Unterstützung bei der DV-technischen Umsetzung der Abbildungen. Herr Siegert hat darüber hinaus das Manuskript auf Mängel aus der Sicht eines Studierenden überprüft. Beiden danke ich für ihre Hilfe. Herr WP/StB/CPA Christoph Sieglen hat das Manuskript trotz starker beruflicher Belastung durchgesehen und mir wertvolle Hinweise gegeben. Auch ihm gilt mein herzlicher Dank. Mein schärfster Kritiker war wieder einmal Herr Dr. Michael Währisch, dem ich für seine engagierte Durchsicht des Manuskripts, seine stete Diskussionsbereitschaft und zahlreiche konstruktive Vorschläge sehr danke.

Essen, Mai 2004 Karin Breidenbach

https://doi.org/10.1515/9783110747683-202

Inhalt

Teil A: Grundlagen der kaufmännischen Buchhaltung

Abkürzungsverzeichnis

Abs.	Absatz
ADS	Adler/Düring/Schmaltz
AG	Aktiengesellschaft
AGA	Arbeitgeberanteil
AHK	Anschaffungs- oder Herstellungskosten
AktG	Aktiengesetz
Anm.	Anmerkung
AO	Abgabenordnung
Art.	Artikel
BaFin	Bundesanstalt für Finanzdienstleistungsaufsicht
BGA	Betriebs- und Geschäftsausstattung
BilMoG	Bilanzrechtsmodernisierungsgesetz
BilRUG	Bilanzrichtlinie-Umsetzungsgesetz
BMF	Bundesministerium für Finanzen
BMJ	Bundesministerium der Justiz
BMJV	Bundesministerium der Justiz und für Verbraucherschutz
Bsp.	Beispiel
bspw.	beispielsweise
bzw.	beziehungsweise
CSR	Corporate Social Responsibility
DRS	Deutscher Rechnungslegungs Standard
DRSC	Deutsches Rechnungslegungs Standards Committee
EBIT	Earnings before interest and taxes
EBITDA	Earnings before interest, taxes, depreciation and amortisation
EBK	Eröffnungsbilanzkonto
EBT	Earnings before taxes
EG	Europäische Gemeinschaft
EGHGB	Einführungsgesetz zum Handelsgesetzbuch
einschl.	einschließlich
ERP	Enterprise Resource Planning
EStG	Einkommensteuergesetz
EStÄR	Einkommensteuer-Änderungs-Richtlinie
EStR	Einkommensteuer-Richtlinie
EU	Europäische Union
f.	folgende [Seite]
ff.	folgende [Seiten]
Fifo	First in, first out
FISG	Finanzmarktintegritätsstärkungsgesetz
FLL	Forderungen aus Lieferungen und Leistungen
GenG	Gesetz betreffend die Erwerbs- und Wirtschaftsgenossenschaften (Genossenschaftsgesetz)
ggf.	gegebenenfalls
GJ	Geschäftsjahr
GmbH	Gesellschaft mit beschränkter Haftung
GmbHG	Gesetz betreffend die GmbH
GoB	Grundsätze ordnungsmäßiger Buchführung
GuV	Gewinn- und Verlustrechnung

https://doi.org/10.1515/9783110747683-203

HGB	Handelsgesetzbuch
HFA	Hauptfachausschuss des Instituts der Wirtschaftsprüfer in Deutschland e. V.
Hs.	Halbsatz
IAS	International Accounting Standards
IASB	International Accounting Standards Board
IDW	Institut der Wirtschaftsprüfer
i. d. R.	in der Regel
IFRS	International Financial Reporting Standard(s)
IKS	Internes Kontrollsystem
InsO	Insolvenzordnung
i. V. m.	in Verbindung mit
KG	Kommanditgesellschaft
kg	Kilogramm
KGaA	Kommanditgesellschaft auf Aktien
Lifo	Last in, first out
LuL	Lieferungen und Leistungen
m .w. N.	mit weiteren Nachweisen
Nr.	Nummer
OHG	offene Handelsgesellschaft
PublG	Gesetz über die Rechnungslegung von bestimmten Unternehmen und Konzernen (Publizitätsgesetz)
R.	Richtlinie
RFID	Radio-frequency identification
RHB	Roh-, Hilfs- und Betriebsstoffe
Rn.	Randnummer
RND	Restnutzungsdauer
RS	Rechnungslegungsstandard
Rz.	Randziffer
S.	Seite
SBK	Schlussbilanzkonto
s. o.	siehe oben
Sp.	Spalte
St.	Stück
t	Tonne
Tz.	Textziffer
USt.	Umsatzsteuer
UStG	Umsatzsteuergesetz
u. U.	unter Umständen
usw.	und so weiter
vgl.	vergleiche
VLL	Verbindlichkeiten aus Lieferungen und Leistungen
WpHG	Gesetz über den Wertpapierhandel
WpÜG	Wertpapiererwerbs- und Übernahmegesetz
z. B.	zum Beispiel
z. T.	zum Teil

Teil A: **Grundlagen der kaufmännischen Buchhaltung**

1 Einführung in die Buchhaltung

Frage: Was bedeutet „Buchhaltung"?

Mit den Begriffen Buchhaltung bzw. Buchführung wird in der Betriebswirtschaft allgemein die Aufzeichnung von Vorgängen – sogenannten „Geschäftsvorfällen" – in Handelsbüchern umschrieben. Hierunter fällt alles, was letztlich zu einer Veränderung des Vermögens oder des Kapitals, mit dem das Unternehmen arbeitet, führt, also z. B. die Beschaffung von Maschinen, der Verbrauch von Rohstoffen, die Abnutzung und damit Wertminderung der Maschinen, die Aufnahme von Kapital bei den Eigentümern des Unternehmens oder bei Banken, die Zahlung von Zinsen und Dividenden, der Verkauf von Produkten usw. Buchhaltung ist ein Teil des **Rechnungswesens** im Unternehmen (vgl. Busse von Colbe, 2011, S. 652 ff., siehe auch Abschnitt B.2).

Während die Daten früher tatsächlich in Büchern aus Papier eingetragen wurden, wird die Buchhaltung heute in der Regel mit Hilfe der Informationstechnik durchgeführt, so dass es sich bei den Geschäftsvorfällen um Datensätze in einer Datenbank (Büchern) handelt. Aktuelle Software-Systeme, die die gesamten Prozesse im Unternehmen abbilden (Enterprise Resource Planning Systeme, ERP-Systeme), besitzen zumeist ein Modul für die Aufgaben des Rechnungswesens. Damit wird die Buchhaltung als Teil des Rechnungswesens mit den operativen Prozessen (z. B. Materialbeschaffung) verknüpft und die Daten werden gemeinsam genutzt.

Frage: Was bedeuten die Begriffe „Vermögen" und „Kapital"?

Beide Begriffe können unterschiedliche Bedeutungen haben. In der Buchhaltung umfasst das **Vermögen** eines Unternehmens alle Ressourcen, die das Unternehmen nutzen kann, um zu wirtschaften: Maschinen, auf denen Produkte produziert werden, Rohstoffe, aus denen Produkte hergestellt werden, das Wissen (z. B. in Form von Patenten), auf dessen Basis die Produktion der Produkte beruht, Anteile an anderen Unternehmen, Geld, das das bilanzierende Unternehmen verliehen hat, und auch die Geldbestände selbst, über die das Unternehmen verfügen kann, also Bankguthaben und Kassenbestände. Vermögen kann somit aus materiellen – physisch greifbaren – und immateriellen (z. B. Patenten oder Software) Vermögensgegenständen bestehen. Die immateriellen Vermögensteile werden ebenfalls als Vermögensgegenstände bezeichnet, obwohl sie keine gegenständliche Gestalt besitzen.

Um Vermögensgegenstände zu erwerben, benötigt das Unternehmen wiederum Geld. Die finanziellen Mittel, mit denen ein Unternehmen arbeitet, werden als **Kapital** bezeichnet. Entweder wird das Geld von den Eigentümern selbst für eine unbestimmte Zeit zur Verfügung gestellt, oder es wird dem Unternehmen für eine bestimmte oder bestimmbare Zeit geliehen. In diesem Zusammenhang wird zwischen **Eigenkapital**, das von den Eigentümern des Unternehmens zur Verfügung gestellt wird, und **Fremdkapital** (Schulden), welches von fremden Dritten dem Unternehmen zeitweise zur Nutzung überlassen wird, unterschieden. Die Bilanzierung von Mischformen aus

https://doi.org/10.1515/9783110747683-001

Eigen- und Fremdkapital wird in diesem Buch nicht näher thematisiert (vgl. hierzu z. B. Eisele/Knobloch, 2019, S. 234 ff.).

Die Frage nach dem Vermögen eines Unternehmens befasst sich mit den unterschiedlichen dort eingesetzten Ressourcen (**Mittelverwendung**). Die Frage nach dem Kapital des Unternehmens setzt an der Finanzierung dieser Vermögensgegenstände durch Eigen- und Fremdkapital an (**Mittelherkunft**). In der Buchhaltung werden Vermögen und Kapital systematisch aufgezeichnet.

---

i **Beispiel:** Ein Kaufmann nimmt ein Darlehen bei seiner Hausbank in Höhe von 100.000 € auf. Sobald das Darlehen durch die Bank ausgezahlt wurde, befinden sich 100.000 € Zahlungsmittel auf dem Bankkonto (Vermögen) und gleichzeitig hat das Unternehmen mit dem Darlehen neues (Fremd-)Kapital erhalten.

? **Frage: Warum ist Buchhaltung wichtig?**

Die Bedeutung der Buchhaltung wird deutlich, wenn man die historische Entwicklung betrachtet. Tontafeln aus der Zeit um 3.000 v. Chr. können als Aufzeichnung des Bestands von Vermögenswerten interpretiert werden (vgl. zur Geschichte der Buchhaltung z. B. Schneider, 1993, Sp. 712 ff.). Die Fugger bspw. setzten die Buchhaltung als strategisches Instrument der Unternehmensführung ein: sie führten systematische Aufzeichnungen darüber, wem sie Geld schuldeten und wer ihnen Geld schuldete. Es ist heute für alle Kaufleute wichtig zu wissen, welches Vermögen sie besitzen. Dies mag bei kleinen Unternehmen noch überschaubar sein (z. B. Kiosk an der Ecke). Aber bereits bei etwas größeren Unternehmen sind die Vermögensgegenstände nicht mehr einfach im Blick zu halten. Ferner muss nachgehalten werden, von wem die finanziellen Mittel zur Verfügung gestellt wurden. Damit wird bspw. sichergestellt, dass bei der Auflösung der Gesellschaft bekannt ist, auf welche Mittel jeder einzelne Kapitalgeber einen Anspruch hat. Um die Vermögens- und Kapitalbestände für einen Zeitpunkt zu ermitteln, ist entweder eine Bestandsaufnahme zu dem Zeitpunkt notwendig, z. B. durch das Zählen von Vermögenswerten oder die Saldenfeststellung auf Guthaben- und Kreditkonten, oder ein einmal festgestellter Bestand wird mit Hilfe der Erfassung von Änderungen des Bestands fortgeschrieben.

---

i **Beispiel:** Kaufmann K zählt am Morgen des 24. April 00 das Geld in der Kasse. Es sind exakt 500 €. Im Laufe des Tages verkauft er an 100 Kunden Waren für insgesamt 3.000 €. Er erfasst den Geldeingang jedes Mal sofort mit Hilfe seiner Registrierkasse. Am Abend kann er den Kassenbestand ermitteln, indem er entweder die erfassten Einzahlungen zu dem am Morgen festgestellten Bestand hinzuaddiert, oder wieder das Geld in der Kasse zählt.

Die Ermittlung von Vermögens- und Kapitalbeständen und deren Veränderung dient jedoch nicht nur als Basis zur Führung von Unternehmen. Die Dokumentation der

Geschäftsvorfälle durch die Buchhaltung kann auch der Kontrolle des Unternehmens durch den Staat, private Kapitalgeber oder andere an dem Unternehmen interessierte Personen (sogenannte Stakeholder) dienen. Bereits seit langem werden Unternehmen auf Basis der Buchhaltung besteuert. Für alle Kaufleute und für alle in einem Unternehmen Tätigen sind daher Kenntnisse in Buchhaltung wichtig, um die Auswirkungen des eigenen Handelns auf das Vermögen und das Kapital des Unternehmens einschätzen zu können.

2 Rechtliche Grundlagen

? **Frage: Ist die Buchhaltung gesetzlich geregelt?**

Aufgrund der großen Bedeutung der Buchhaltung von Unternehmen nicht nur für die Eigentümer, sondern auch für andere Personen und Institutionen, ist die Buchhaltung gesetzlich geregelt. Es wäre für fremde Dritte sehr schwer nachzuvollziehen, was in der Buchhaltung erfasst ist, wenn es hierzu nicht eindeutige, von jedermann einzuhaltende Vorschriften gäbe. Wesentliche Vorschriften zur Buchhaltung finden sich im **Handelsrecht** (§§ 238–241a, 257 HGB) und im **Steuerrecht** (§§ 140–148 AO).

? **Frage: Wer muss eine Buchhaltung haben?**

In § 238 HGB ist die **Buchführungspflicht** geregelt. Gemäß § 238 Abs. 1 Satz 1 HGB ist grundsätzlich **jeder Kaufmann** zur Buchhaltung verpflichtet. Wer Kaufmann im Sinne des HGB ist, regeln die §§ 1 ff. HGB. Da gemäß § 1 Abs. 1 HGB jeder Mensch, der ein Handelsgewerbe betreibt, ein Kaufmann im Sinne des HGB ist, fallen Menschen jeglichen Geschlechts unter diesen Begriff. Durch § 241a HGB werden Einzelkaufleute von der Pflicht zur Buchführung befreit, wenn sie in zwei aufeinander folgenden Geschäftsjahren nicht mehr als jeweils 60.000 € Jahresüberschuss und jeweils 600.000 € Umsatzerlöse erwirtschaften. Dies dient der Arbeitsvereinfachung in kleineren Unternehmen. Sie müssen dann zumeist nur eine Einnahmen-Überschussrechnung gemäß § 4 Abs. 3 EStG für steuerliche Zwecke erstellen. Darüber hinaus gibt es steuerliche Vorschriften, nach denen ein Unternehmen buchhaltungspflichtig sein kann (vgl. die Schwellenwerte in § 141 AO).

? **Frage: Was sind Handelsbücher?**

In den Handelsbüchern muss ein Kaufmann „seine Handelsgeschäfte und die Lage seines Vermögens ersichtlich machen" (§ 238 Abs. 1 Satz 1 HGB). Eine weitere Konkretisierung des **Inhalts der Handelsbücher**, insbesondere was die „Lage des Vermögens" betrifft, findet sich im HGB in den Vorschriften zum Inventar (§ 240 HGB) und zum Jahresabschluss (§§ 242 ff. HGB; siehe Teil C). Die Abgabenordnung (AO) enthält detaillierte Regelungen zur Aufzeichnung des Warenein- und Warenausgangs (§§ 143 f. AO).

2.1 Grundsätze ordnungsmäßiger Buchführung für die Buchhaltung

§ 238 Abs. 1 Satz 1 HGB verweist als Grundlage für die Buchhaltung auf die **Grundsätze ordnungsmäßiger Buchführung**. Es handelt sich hierbei um einen unbestimmten Rechtsbegriff, das heißt, der Begriff ist im Gesetz nicht definiert (siehe hierzu genau-

https://doi.org/10.1515/9783110747683-002

er Abschnitt C.1.3.2). Die Grundsätze ordnungsmäßiger Buchführung bilden sowohl für die Buchhaltung als auch für den Jahresabschluss, der auf Basis der Buchhaltung erstellt wird, die Grundlage. Einige Grundsätze ergeben sich aus dem Gesetz bzw. wurden im Laufe der Zeit in das Gesetz aufgenommen.

„Die Buchführung muss so beschaffen sein, dass sie einem sachverständigen Dritten innerhalb angemessener Zeit einen Überblick über die Geschäftsvorfälle und über die Lage des Unternehmens vermitteln kann. Die Geschäftsvorfälle müssen sich in ihrer Entstehung und Abwicklung verfolgen lassen" (§ 238 Abs. 1 Satz 2 und 3 HGB, § 145 AO). Hieraus lassen sich folgende **wesentliche Grundsätze** für die Buchhaltung ableiten, die zu einem großen Teil in § 239 HGB kodifiziert sind (vgl. hierzu auch Schmolke/Deitermann, 2018, S. 11; zu den Grundsätzen für die Erstellung des Jahresabschlusses vgl. ausführlich Abschnitt C.1.3.2):

– **Systematischer Aufbau:** Die Buchhaltung muss systematisch aufgebaut sein, die Aufzeichnungen sind geordnet vorzunehmen (§ 239 Abs. 2 HGB). Eine Sammlung von relevanten Belegen bspw. in einem Schuhkarton wird diesen Ansprüchen sicherlich nicht gerecht. Zur Systematik zählt auch die Aufstellung eines Verzeichnisses aller bebuchbaren Konten (Kontenplan).

– **Vollständigkeit:** Die Aufzeichnungen müssen vollständig sein (§ 239 Abs. 2 HGB). Es dürfen keine Geschäftsvorfälle fingiert werden und es dürfen keine relevanten Geschäftsvorfälle unaufgezeichnet bleiben. Hierzu gehören auch Kopien von abgesandten Handelsbriefen in beliebiger Form („eine mit der Urschrift übereinstimmende Wiedergabe", § 238 Abs. 2 HGB).

– **Richtigkeit:** Die Eintragungen müssen insgesamt richtig (Konto, Wert) sein (§ 239 Abs. 2 HGB). Bei Änderungen von Eintragungen ist darauf zu achten, dass der ursprüngliche Inhalt noch feststellbar ist und dass erkennbar ist, ob die Änderung ursprünglich oder erst später gemacht worden ist (§ 239 Abs. 3 HGB, § 146 Abs. 4 AO). Zumeist wird gefordert, dass erkennbar ist, wer eine Änderung vorgenommen hat.

– **Verständlichkeit:** Damit sich ein sachverständiger Dritter innerhalb angemessener Zeit einen Überblick verschaffen kann, müssen die Aufzeichnungen insgesamt verständlich sein. Hierzu gehört, neben einem systematischen Aufbau, dass die Eintragungen in einer lebenden Sprache vorgenommen werden und dass die Bedeutung von Abkürzungen, Ziffern, Buchstaben und Symbolen feststeht (§ 239 Abs. 1 HGB, § 146 Abs. 3 AO).

– **Beleggrundsatz:** Für jeden Geschäftsvorfall muss ein Beleg vorhanden sein. Ein wesentlicher Grundsatz für die Technik der Buchhaltung ist daher: Keine Buchung ohne Beleg! Hierdurch lassen sich die Entstehung und die Abwicklung der Geschäftsvorfälle nachvollziehen.

– **Zeitgerechte Erfassung:** Sämtliche Aufzeichnungen müssen gemäß § 239 Abs. 2 HGB, § 145 Abs. 1 Satz 1 AO zeitgerecht vorgenommen werden. Die Erfassung eines Geschäftsvorfalls innerhalb von 10 Tagen gilt noch als zeitgerecht. Wird die Buchhaltung nicht vom Kaufmann selbst durchgeführt, sondern z. B. von einem

Steuerberater, ist auch eine monatliche Erfassung zulässig. Gemäß § 146 Abs. 2 Satz 2 AO müssen die Kasseneinnahmen und -ausgaben täglich festgehalten werden.

– **Ordnungsgemäße Aufbewahrung der Unterlagen:** Buchungsbelege, Handelsbücher, Inventare, Eröffnungsbilanzen, Jahres- und Konzernabschlüsse, Lageberichte sowie die zu ihrem Verständnis erforderlichen Arbeitsanweisungen und sonstigen Organisationsunterlagen sind zehn Jahre, empfangene und die Wiedergaben der abgesandten Handelsbriefe sind sechs Jahre lang aufzubewahren. Mit Ausnahme der Eröffnungsbilanzen und der Abschlüsse können die Unterlagen auch auf Bild- oder Datenträgern gespeichert werden. In diesem Fall ist jedoch sicherzustellen, dass eine Einsicht während der Aufbewahrungsdauer in angemessener Frist möglich ist (§ 257 HGB, § 147 AO).

2.2 Vorschriften zu Inventar und Inventur

In § 240 HGB ist das sogenannte Inventar geregelt. Das Inventar wird vielfach als Grundlage der gesamten Buchhaltung bezeichnet.

? Frage: Was ist ein Inventar?
Gemäß § 240 Abs. 1 und 2 HGB muss jeder Kaufmann zu Beginn seines Handelsgewerbes und zum Ende jedes Geschäftsjahres ein **Verzeichnis** zum einen seiner Grundstücke, seiner Forderungen, seines baren Geldes und seiner sonstigen **Vermögensgegenstände** und zum anderen seiner **Schulden** (siehe zur Definition der Begriffe Abschnitt C.2.1), einschließlich des Wertes jeder Position, erstellen. Dieses Verzeichnis wird als Inventar bezeichnet. Die Differenz zwischen Vermögensgegenständen und Schulden, das Reinvermögen bzw. das Eigenkapital, wird normalerweise ebenfalls im Inventar aufgeführt.

i Beispiel: Das Geschäftsjahr des Landmaschinenhändlers L stimmt mit dem Kalenderjahr überein. Zum 31.12.00 stellt L folgendes (hier unvollständig wiedergegebenes) Inventar auf:

Inventar vom 31.12.00		
I Vermögensgegenstände		1.939.561,93 €
Grundstück		34.750,11 €
Verkaufsgebäude		71.497,87 €
Werkstatthalle		31.422,33 €
Traktoren		1.285.000,00 €
Agro 1, 175 PS	132.000,00 €	
Agro 2, 350 PS	232.750,00 €	
....		....

Inventar vom 31.12.00		
Kettensägen		17.400,00 €
7 Easycut 3	7 à 550 € = 3.850,00 €	
2 Easycut 8	2 à 1.365 € = 2.730,00 €	
....	....	
Ersatzteile		398.556,79 €
2 Scheibenwischermotoren	2 à 37,50 € = 75,00 €	
10 Reifen	10 à 1.274,00 € = 12.740 €	
....	....	
Forderungen gegenüber Kunden		85.476,12 €
Kunde A	1.309,00 €	
Kunde B	237,50 €	
Kunde C	37.987,18 €	
....	....	
Bankguthaben bei Bank X		14.765,48 €
Kassenbestand		693,23 €
II Schulden		**1.639.561,93 €**
Bankverbindlichkeit bei Bank X		145.437,22 €
Darlehen bei Bank X		400.000,00 €
Darlehen bei Bank Y		500.000,00 €
Verbindlichkeiten gegenüber Lieferanten		594.124,71 €
Lieferant T:	316.500,00 €	
Lieferant K:	91.630,00 €	
	....	
III Reinvermögen bzw. Eigenkapital	Vermögen – Schulden	**300.000,00 €**

Frage: Wie wird das Inventar erstellt?

Für die Erstellung des Inventars müssen die Bestände sämtlicher Vermögensgegenstände und Schulden festgestellt werden (vgl. ausführlich zur Inventur Eisele/Knobloch, 2019, S. 46 ff.). Dieser Prozess wird als **Inventur** bezeichnet. Grundsätzlich wird zwischen der körperlichen und der Buchinventur unterschieden (siehe Abbildung 1). Der Bestand von Sachvermögen kann ermittelt werden, indem man die Vermögensgegenstände zählt, wiegt, misst oder die Menge schätzt. Die Vermögensgegenstände werden körperlich aufgenommen. Immaterielles oder Finanzvermögen und Schulden können hingegen nur auf Basis von Belegen und Aufzeichnungen, also der (Handels-) Bücher erfasst werden.

Für das Inventar ist der Bestand aller Vermögens- und Schuldpositionen am letzten Tag des Geschäftsjahres (Bilanzstichtag) zu ermitteln. Die gesamte Inventur an einem Tag durchzuführen (**Stichtagsinventur**) ist in den seltensten Fällen möglich. Gemäß § 241 Abs. 2 HGB muss daher die Bestandsaufnahme nicht zwingend genau am Bilanzstichtag selbst durchgeführt werden, „soweit durch Anwendung eines den Grundsätzen ordnungsmäßiger Buchführung entsprechenden anderen Verfahrens gesichert ist, dass der Bestand der Vermögensgegenstände nach Art, Menge und Wert

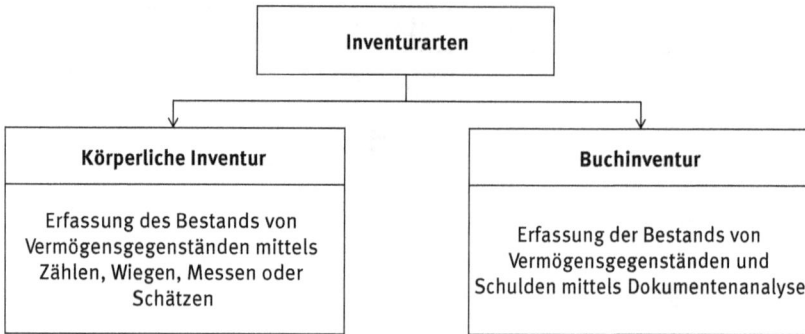

Abb. 1: Inventurarten

auch ohne die körperliche Bestandsaufnahme für diesen Zeitpunkt festgestellt werden kann." Daher kann eine Inventur auch innerhalb eines Zeitraums von zehn Tagen vor oder nach dem Bilanzstichtag durchgeführt werden, wenn die festgestellten
Bestände mit Hilfe von Aufzeichnungen auf den Bilanzstichtag fortgeschrieben oder
zurückgerechnet werden.

Für Vermögenswerte, die nicht besonderem Schwund, Verderblichkeit usw. unterliegen und die für das Unternehmen nicht einen besonderen Wert bedeuten, kann
die sogenannte **permanente Inventur** durchgeführt werden, bei der Menge und Wert
der Vermögenswerte jeweils zu irgendeinem Zeitpunkt im Geschäftsjahr aufgenommen und auf den Bilanzstichtag fortgeschrieben werden (vgl. hierzu und zu weiteren
Verfahren Störk/Philipps in Beck'scher Bilanz Kommentar 2020, § 241 Anm. 31–42).
§ 241 Abs. 3 HGB erlaubt auch explizit die Bestandsaufnahme für einen Tag innerhalb
der letzten drei Monate vor oder der ersten beiden Monate nach dem Bilanzstichtag,
wenn eine ordnungsgemäße Fortschreibung oder Rückrechnung auf den Bilanzstichtag gewährleistet ist (**vor- oder nachgelagerte Inventur**).

Da es gegebenenfalls schwierig oder unwirtschaftlich ist, die Menge und den
Wert jedes Vermögensgegenstandes bzw. jeder Schuld einzeln festzustellen, kann
gemäß § 241 Abs. 1 HGB der Bestand auf Basis von Stichproben unter Anwendung
anerkannter mathematisch-statistischer Verfahren ermittelt werden. Sachanlagen sowie Roh-, Hilfs- oder Betriebsstoffe, deren Bestand nur unwesentlich schwankt, weil
sie regelmäßig ersetzt werden und ihr Beschaffungspreis konstant ist, müssen gemäß
§ 240 Abs. 3 HGB nicht zu jedem Bilanzstichtag, sondern nur ca. alle drei Jahre aufgenommen werden. Zu den dazwischen liegenden Stichtagen wird immer derselbe Wert
im Inventar aufgeführt (**Festwertverfahren**). Gleichartige Vorratsgegenstände bzw.
gleichartige und annähernd gleichwertige andere Vermögensgegenstände und Schulden können gemäß § 240 Abs. 4 HGB zum einen zu einer Gruppe zusammengefasst
werden, so dass sie nicht einzeln im Inventar dargestellt werden müssen. Darüber
hinaus können sie als Gruppe mit einem gewogenen Durchschnitt bewertet werden
(**Gruppenbewertung**; siehe hierzu ausführlich Abschnitt C.2.2.5.1).

3 Technik der doppelten Buchhaltung

Frage: Was bedeutet „doppelte" Buchhaltung?　?

Die kaufmännische Buchhaltung in Deutschland beruht auf der sogenannten „**Dop-pik**", der „doppelten" Buchhaltung. Hierdurch werden die Veränderungen aller Ver-mögensgegenstände, aller Schulden und des Eigenkapitals erfasst. Jeder Geschäfts-vorfall verändert mindestens zwei Positionen, z. B. zwei Vermögensgegenstände, ei-nen Vermögensgegenstand und eine Schuld oder einen Vermögensgegenstand und das Eigenkapital. Wenn ein Unternehmen eine Maschine kauft, verändert sich das Ver-mögen des Unternehmens: ein Gegenstand kommt hinzu. Je nachdem, ob das Unter-nehmen die Maschine sofort bezahlt, verringert sich aufgrund des Maschinenkaufs das Geldvermögen durch die Begleichung der Rechnung vom Bankkonto (Barkauf) oder die Schulden des Unternehmens erhöhen sich durch die Verbindlichkeit gegen-über dem Lieferanten (Zielkauf). Beide Veränderungen werden in der Buchhaltung aufgezeichnet, der Geschäftsvorfall wird zweifach, also doppelt gebucht.

3.1 Konten und Buchungssätze

Frage: Wie wird die Buchhaltung grundsätzlich durchgeführt?　?

Die Basis der doppelten Buchhaltung sind sogenannte **Konten**, auf denen die Ge-schäftsvorfälle erfasst werden. Aufgrund der Doppik wird für jeden Geschäftsvorfall auf (mindestens) zwei Konten gebucht. Grundlage für jede Buchung ist ein **Buchungs-beleg** (siehe Abschnitt A.2.1: Keine Buchung ohne Beleg!). Die (Arbeits-)Anweisung, wie der Geschäftsvorfall auf den Konten erfasst wird, liefert der **Buchungssatz**.

Frage: Was ist ein Konto?　?

Ein **Konto** ist ein Instrument zur Darstellung von Änderungen eines Vermögenswer-tes, einer Schuld oder eines Bestandteils des Eigenkapitals. Konten bestehen aus zwei Seiten: die eine Seite zeigt die **Zunahmen** (Mehrungen), die andere die **Abnahmen** (Minderungen) der Position. Die Form eines Kontos sieht aus wie ein T, daher auch die Bezeichnung „T-Konto". Die linke Seite des T-Kontos ist die **Soll-Seite**, die rechte die **Haben-Seite**:

Soll	Haben

Im allgemeinen Sprachgebrauch wird häufig unter „soll" etwas Negatives und unter „haben" etwas Positives verstanden. Dies ist in der Buchhaltung nicht der Fall. Die Begriffe beinhalten keine Wertung; sie geben nur an, auf welcher Seite des Kontos

https://doi.org/10.1515/9783110747683-003

zu buchen ist. Die doppelte Buchhaltung ist ein Instrument zur systematischen Erfassung der Änderung von Vermögenswerten, Schulden und Eigenkapital, nicht zu deren Beurteilung.

? **Frage: Gibt es unterschiedliche Konten?**

Grundsätzlich wird zwischen **Bestandskonten** (siehe Abschnitt A.3.2), **Erfolgskonten** (siehe Abschnitt A.3.3) und gemischten Bestands- und Erfolgskonten unterschieden. Im System der doppelten Buchhaltung werden auf den verschiedenen Kontoarten Mehrungen und Minderungen unterschiedlich dargestellt.

? **Frage: Was ist ein Buchungssatz?**

Die Buchhaltung bedient sich bei ihren Aufgaben einer speziellen Sprache: Dies ist der **Buchungssatz „Soll an Haben Betrag"**. Damit besteht ein Buchungssatz aus mindestens drei Informationen. Es werden als Sollbuchung und als Habenbuchung zwei unterschiedliche Konten angesprochen. Auf diesen Konten wird jeweils der im Buchungssatz genannte Betrag gebucht.

Ein Buchungssatz ist die Anweisung, auf welche Art und Weise ein Geschäftsvorfall auf den Konten der betroffenen Positionen erfasst wird. Zunächst wird das Konto genannt, auf dem die Änderung auf der Sollseite, dann das Konto, auf dem die Änderung auf der Habenseite eingetragen werden soll. Beide Teile des Buchungssatzes werden mit dem Wort „an" verbunden, das keine weitere inhaltliche Bedeutung besitzt. Es kennzeichnet lediglich, auf welchem Konto im Soll und auf welchem im Haben gebucht wird. Man könnte den gleichen Geschäftsvorfall auch in einem vollständigen Satz mit verschiedenen (Füll-)Worten fassen. Der Buchungssatz liefert eine präzise Arbeitsanweisung mit den notwendigen Informationen ohne weitere Erläuterungen und Hintergrundinformationen. Er eignet sich daher zur schnellen Kommunikation und zur Umsetzung mittels DV-technischer Anwendungen.

---

i **Beispiel:** Kaufmann K kauft bei seinem Lieferanten L den Rohstoff X. L liefert den Rohstoff. K wird die Rechnung erst in 30 Tagen bezahlen. Durch die Lieferung erhöhen sich bei K der Bestand des Rohstoffs X und die Schulden, denn gegenüber L hat K nun eine Verbindlichkeit. Der Geschäftsvorfall „Erhalt einer Rohstofflieferung von L" muss auf den Konten „Rohstoff X" und „Verbindlichkeiten gegenüber Lieferant L" erfasst werden, damit das Vermögen und die Schulden in der Buchhaltung richtig dargestellt werden. Eine Erhöhung von Rohstoffbeständen wird im Soll gebucht, eine Erhöhung von Verbindlichkeiten im Haben (siehe hierzu grundsätzlich Abschnitt A.3.2). Der Buchungssatz lautet (unter Vernachlässigung der Umsatzsteuer; siehe hierzu ausführlich Abschnitt A.4.2.2):

Rohstoff X   an   Verbindlichkeiten gegenüber Lieferant L   ... €

Zur Verringerung der Anzahl der Buchungsvorgänge kann in einem Buchungssatz auf der Soll- oder auf der Habenseite mehr als ein Konto „angesprochen" werden. Man spricht dann auch von **zusammengesetzten Buchungssätzen** oder **Tandem-**

buchungen. Wichtig ist, dass die Summe der Beträge, die im Soll gebucht werden, immer der Summe der im Haben gebuchten Beträge entspricht („der Buchungssatz geht auf").

Beispiel: Kaufmann K kauft bei seinem Lieferanten L den Rohstoff X. L liefert den Rohstoff. K bezahlt 　ⓘ
einen Teil der Rechnung sofort durch Banküberweisung, den anderen Teil wird er erst in 30 Tagen
bezahlen. Der Buchungssatz lautet (unter Vernachlässigung der Umsatzsteuer):

Rohstoff X 　… €　　an　　Bank　　　　　　　　　　　　　　　… €
　　　　　　　　　　　　　Verbindlichkeiten gegenüber Lieferant L　　… €

Frage: Werden in die Konten nur Beträge geschrieben? 　　　　　　　　　　　　　　　　　　⁇

Auf Basis des Buchungssatzes werden in den angesprochenen Konten der **zu buchen-**
de Betrag und das jeweils andere Konto, das auch **Gegenkonto** genannt wird, dargestellt. Teilweise wird auch eine fortlaufende Nummerierung (Belegnummer) mit ausgewiesen. Hierdurch wird die Erfassung der Geschäftsvorfälle in der Buchhaltung für
Dritte besser nachvollziehbar und im Falle von Fehlern können diese leichter entdeckt
werden.

Beispiel (Fortsetzung): Auf Basis des Buchungssatzes „Rohstoff X an Verbindlichkeiten gegenüber 　ⓘ
Lieferant L" wird auf den beiden angesprochenen Konten wie folgt gebucht:

Soll	Rohstoff X	Haben
Verbindlichkeiten gegenüber Lieferant L	… €	

Soll	Verbindlichkeiten gegenüber Lieferant L	Haben
	Rohstoff X	… €

3.2 Bestandskonten und die Bilanz

Frage: Was ist ein Bestandskonto? 　　　　　　　　　　　　　　　　　　　　　　　　　⁇

Bestandskonten bilden den Zustand einer Berichtsgröße zu einem bestimmten Stichtag ab. Sie sind die Konten, auf denen die Vermögensgegenstände, die Schulden und
die Bestandteile des Eigenkapitals erfasst werden. Auf Basis der Bezeichnungen für
die beiden Seiten einer Bilanz werden die Konten der Vermögensgegenstände (auch
Aktiva genannt), welche auf der Aktivseite der Bilanz stehen, als **Aktivkonten**, die
Konten von Schulden und Eigenkapitalbestandteilen (Passiva) als **Passivkonten** bezeichnet. Abbildung 2 zeigt, wie aus der (Eröffnungs-)Bilanz zum 01.01.00 die einzelnen Konten abgeleitet werden.

Aktiva	Bilanz zum 01.01.00	Passiva
Grundstücke	Eigenkapital	
Maschinen	Darlehen	
Rohstoffe	Verbindlichkeiten aus	
Bank	Lieferungen und Leistungen	
Kasse		

⇩ Aktivkonten ⇩ Passivkonten

Soll	Grundstücke	Haben

Soll	Eigenkapital	Haben

Soll	Maschinen	Haben

Soll	Darlehen	Haben

Soll	Rohstoffe	Haben

Soll	Verb. LuL	Haben

Abb. 2: Zusammenhang zwischen Bilanz und Bestandskonten

? Frage: Was wird auf einem Bestandskonto gebucht?

Ein Bestandskonto wird zu Beginn eines Geschäftsjahres „eröffnet", indem der Bestand, der für das Ende des vorangegangenen Geschäftsjahres durch Inventur ermittelt und im Inventar erfasst wurde, in das Konto eingebucht wird. Da es sich um den Bestand am Anfang des Geschäftsjahres handelt, wird er als **Anfangsbestand** bezeichnet. Im Laufe des Geschäftsjahres werden die **Mehrungen** und die **Minderungen** der jeweiligen Position auf dem Konto gebucht und am Ende des Geschäftsjahres durch die Buchung des **Endbestands** „abgeschlossen".

? Frage: Wie wird auf einem Bestandskonto gebucht?

Grundsätzlich werden der Anfangsbestand und die Mehrungen auf der einen und die Minderungen und der Endbestand auf der anderen Kontoseite gebucht. **Aktivkonten** enthalten den Anfangsbestand und die Mehrungen auf der Sollseite, die Minderungen und den Endbestand auf der Habenseite. Bei den **Passivkonten** ist es umgekehrt, d. h. es wird spiegelbildlich gebucht indem Anfangsbestand und Mehrungen auf der Habenseite sowie Minderungen und Endbestand auf der Sollseite zu finden sind. Auf einem abgeschlossenen Konto ist die Summe der Sollbuchungen stets identisch mit der Summe der Habenbuchungen.

Soll	Aktivkonto (z. B. Kasse)	Haben
Anfangsbestand	Minderungen	
Mehrungen	Endbestand	
Summe der Sollbuchungen	Summe der Habenbuchungen	

Soll	Passivkonto (z. B. Darlehen)	Haben
Minderungen	Anfangsbestand	
Endbestand	Mehrungen	
Summe der Sollbuchungen	Summe der Habenbuchungen	

Wird ein Aktivkonto in einem Buchungssatz im Soll (Haben) angesprochen, be- **!**
deutet dies eine Erhöhung (Reduzierung) des Aktivums. Bei einem Passivkonto ist mit
einer Sollbuchung (Habenbuchung) im Buchungssatz eine Verringerung (Erhöhung)
des Passivums verbunden.

Da im Rahmen der Doppik mindestens ein Konto im Soll und ein Konto im Haben
angesprochen werden muss, wird für die Buchung der jeweiligen **Anfangsbestände**
ein „Gegenkonto" benötigt: das **Eröffnungsbilanzkonto** (EBK). Die Buchungssätze
für die Eröffnung der Aktivkonten lauten:

(1)   Aktivkonto   an   Eröffnungsbilanzkonto,

für die Eröffnung der Passivkonten:

(2)   Eröffnungsbilanzkonto   an   Passivkonto.

Im Folgenden sind die Eröffnungsbuchungen auf den Konten „Kasse" und „Darlehen"
sowie die Gegenbuchungen auf dem Eröffnungsbilanzkonto dargestellt (alle Beträge
in €):

Soll		Eröffnungsbilanzkonto		Haben
Darlehen		50.000	Kasse	542,31
...		...	...	...
...		...	...	...

Soll	Kasse	Haben	Soll	Darlehen	Haben
EBK	542,31			EBK	50.000

Wird eine (Eröffnungs-)Bilanz in Kontoform erstellt, werden die Vermögensgegenstände auf der linken, die Schulden und das Eigenkapital auf der rechten Seite ausgewiesen. Im Eröffnungsbilanzkonto ist es umgekehrt.

Während des Geschäftsjahres werden Geschäftsvorfälle, die zu Bestandsmehrun-
gen führen, auf derselben Kontoseite gebucht wie der Anfangsbestand, solche, die
eine Minderung des Bestands bewirken, auf der anderen Seite. Werden in einem Buchungssatz nur Aktivkonten oder nur Passivkonten angesprochen, wird dies als **Aktivtausch** bzw. als **Passivtausch** bezeichnet.

Wird aufgrund eines Geschäftsvorfalls auf mindestens einem Aktiv- und auf mindestens einem Passivkonto gebucht, gibt es zwei Möglichkeiten: entweder erhöhen
sich sowohl das Vermögen als auch das Kapital um denselben Betrag oder sie verringern sich. Bei der Erhöhung handelt es sich um eine **Aktiv-Passiv-Mehrung (Bilanzverlängerung)**, bei der Verringerung um eine **Aktiv-Passiv-Minderung (Bilanzverkürzung)**.

Damit sind die vier grundlegenden Buchungen von Bestandskonten angesprochen:

1. **Aktivtausch**: Ein Aktivum nimmt zu, während ein anderes Aktivum in identischer Höhe abnimmt. Die Bilanzsumme bleibt dabei unverändert.

---

i

Beispiel: Kaufmann K kauft bei seinem Lieferanten L den Rohstoff X. L liefert den Rohstoff. K bezahlt den Rechnungsbetrag von 10.000 € sofort durch Banküberweisung. Der Buchungssatz lautet (unter Vernachlässigung der Umsatzsteuer):

Rohstoff X   an   Bank   10.000 €

Der Rohstoffbestand erhöht sich um 10.000 €, das Bankguthaben verringert sich um 10.000 €. Der Wert des Gesamtvermögens hat sich nicht geändert. Es hat ein Aktivtausch stattgefunden.

---

2. **Passivtausch**: Ein Passivum reduziert sich bei unveränderter Bilanzsumme und gleichzeitig erhöht sich ein anderes Passivum in gleicher Höhe.

---

i

Beispiel: Kaufmann K hat eine Verbindlichkeit gegenüber seinem Lieferanten L in Höhe von 10.000 €. Die Bank B gewährt K ein Darlehen, das unmittelbar zur Begleichung der Schuld gegenüber L eingesetzt werden soll. Der Buchungssatz lautet:

Verbindlichkeit gegenüber Lieferant L   an   Verbindlichkeit gegenüber Bank B   10.000 €

Die Verbindlichkeiten aus Lieferungen und Leistungen (VLL) reduzieren sich um 10.000 €. Eine neue Verbindlichkeit gegenüber Kreditinstituten ist in gleicher Höhe entstanden. Die Summe der Schulden ist konstant. Durch diesen Passivtausch hat sich nur die Struktur der Verbindlichkeiten verändert.

---

3. **Bilanzverlängerung**: Ein Aktivum erhöht sich im gleichen Umfang wie ein Passivum, was zu einer Erhöhung der Bilanzsumme führt (Aktiv-Passiv-Mehrung).

---

i

Beispiel: Kaufmann K kauft bei seinem Lieferanten L den Rohstoff X. L liefert den Rohstoff. K wird die Rechnung erst in 30 Tagen bezahlen. Der Buchungssatz lautet (unter Vernachlässigung der Umsatzsteuer):

Rohstoff X   an   Verbindlichkeiten gegenüber Lieferant L   10.000 €

Sowohl der Rohstoffbestand als auch die Verbindlichkeiten erhöhen sich um 10.000 €. Der Wert des Gesamtvermögens und der Wert der Schulden sind gestiegen. Es hat eine Aktiv-Passiv-Mehrung bzw. eine Bilanzverlängerung stattgefunden.

---

4. **Bilanzverkürzung**: Die Bilanzsumme reduziert sich durch Verminderung eines Aktivums bei gleichzeitiger Reduzierung eines Passivums in gleicher Höhe.

Beispiel: Kaufmann K begleicht nach 30 Tagen seine Verbindlichkeit gegenüber dem Lieferanten L in Höhe von 10.000 €. Der Buchungssatz lautet dann:

Verbindlichkeiten gegenüber Lieferant L   an   Bank   10.000 €

Die Verbindlichkeiten und das Bankguthaben reduzieren sich jeweils um 10.000 €. Die Aktiv-Passiv-Minderung bzw. die Bilanzverkürzung hat zu einer Verringerung des Vermögens und der Schulden um 10.000 € geführt.

Am Ende des Geschäftsjahres wird ermittelt, welche Kontoseite „länger" ist, das heißt, auf welcher Seite in Summe der höhere Betrag gebucht wurde. Für den Abschluss eines Kontos muss die Summe der auf der Sollseite eines Kontos gebuchten Beträge mit der Summe der auf der Habenseite gebuchten Beträge übereinstimmen. Um dies zu erreichen, wird die Differenz zwischen der längeren und der kürzeren Seite ermittelt und auf der kürzeren Seite eingetragen. Es handelt sich um den **Saldo** aus dem Anfangsbestand + Mehrungen – Minderungen. Damit sind beide Seiten des Kontos gleich lang und das Konto ist ausgeglichen. Normalerweise stimmt der Saldo mit dem durch Inventur ermittelten **Endbestand** überein. Ist dies nicht der Fall, stellt die Abweichung eine sogenannte **Inventurdifferenz** dar, die z. B. durch Schwund, Verderb oder Diebstahl begründet ist. Es handelt sich hierbei um eine Änderung des Vermögens, der keine gleichzeitige Änderung anderer Vermögensgegenstände oder der Schulden gegenüberstehen: das Nettovermögen, also das Eigenkapital wird dadurch verändert.

Das Gegenkonto für die Buchung des Endbestands ist das **Schlussbilanzkonto** (SBK). Auf dem Schlussbilanzkonto stehen die Vermögensgegenstände, die Schulden und das Eigenkapital auf derselben Seite wie in einer Bilanz in Kontoform.

Beispiel: Unternehmen U hat am 01.01.00 Verbindlichkeiten gegenüber Lieferant L in Höhe von 5.000 €. U begleicht die Verbindlichkeit am 05.01.00. In 00 erhält U Lieferungen von L mit Rechnungsbeträgen von 4.000 €, 6.500 € und 5.400 €, die U mit Ausnahme des letzten Betrags noch in 00 bezahlt. Folgende Buchungen werden auf dem Konto „Verbindlichkeiten gegenüber Lieferant L" erfasst (alle Beträge in €):

Soll		Verbindlichkeiten gegenüber Lieferant L	Haben
Bank	5.000	EBK	5.000
Bank	4.000	Rohstoff X	4.000
Bank	6.500	Rohstoff X	6.500
		Rohstoff X	5.400

Bis zum Geschäftsjahresende wurden auf der Sollseite insgesamt 15.500 € gebucht, auf der Habenseite 20.900 €. Der Saldo beträgt 20.900 € – 15.500 € = 5.400 € und wird als Endbestand auf der kürzeren Seite, in diesem Fall der Sollseite, eingebucht. Damit ist das Konto abgeschlossen:

Soll		Verbindlichkeiten gegenüber Lieferant L		Haben
Bank	5.000	EBK		5.000
Bank	4.000	Rohstoff X		4.000
Bank	6.500	Rohstoff X		6.500
SBK	**5.400**	Rohstoff X		5.400
	20.900			20.900

3.3 Erfolgskonten und die Gewinn- und Verlustrechnung

? **Frage: Was ist ein Erfolg?**

Der Begriff „**Erfolg**" bezeichnet in der Buchhaltung die **Veränderung des Eigenkapitals** durch die geschäftliche Tätigkeit des Unternehmens. Eine Erhöhung des Eigenkapitals durch die geschäftliche Tätigkeit des Unternehmens ist ein positiver Erfolg (Gewinn), eine Verringerung ein negativer Erfolg (Verlust) (siehe zu den relevanten Rechengrößen Kapitel B.6).

i **Beispiel:** IT-Berater C führt bei seinem Kunden K eine Mitarbeiterschulung durch. Den Rechnungsbetrag überweist K nach einigen Tagen auf das Bankkonto von C. Damit erhöht sich das Vermögen des C. Da sich in diesem Fall weder eine andere Vermögensposition verringert noch die Schulden steigen, erhöht sich das Eigenkapital als Differenz aus Vermögen und Fremdkapital. Die Erhöhung ist das Ergebnis der von C erbrachten Dienstleistung, also seiner Geschäftstätigkeit.

Das Eigenkapital eines Unternehmens kann sich auch dadurch erhöhen, dass die Eigentümer dem Unternehmen Vermögensgegenstände übertragen. Stellt ein Eigentümer dem Unternehmen Geld zur Verfügung, spricht man von einer „Geldeinlage", bei Sachvermögen von einer „Sacheinlage". Auf der anderen Seite kann sich das Eigenkapital verringern, wenn ein Unternehmen Vermögen auf die Eigentümer überträgt, z. B. durch Zahlung einer Dividende. Diese Vorgänge sind nicht Bestandteil der geschäftlichen Tätigkeit des Unternehmens und damit nicht Teil des Erfolgs (erfolgsneutral). Sie werden als „Einlage" und „Entnahme" bezeichnet. Der Erfolg eines Unternehmens kann durch die Veränderung des Eigenkapitals eines Unternehmens während einer Periode und die Eliminierung von Vorgängen zwischen dem Unternehmen und seinen Eigentümern ermittelt werden (siehe hierzu auch Coenenberg et al., 2021b, S. 439):

	Eigenkapital am Ende der Berichtsperiode
–	Eigenkapital zu Beginn der Berichtsperiode
–	Einlagen während der Berichtsperiode
+	Entnahmen während der Berichtsperiode
=	Erfolg der Berichtsperiode (Globaldarstellung)

Mittels dieser Globaldarstellung kann der Erfolg genau ermittelt werden; die Bestandteile und Quellen des Erfolgs werden allerdings nicht ersichtlich. Der Gesamterfolg einer Periode setzt sich aus vielen Bestandteilen (einzelnen Geschäftsvorfällen) zusammen. Die Betriebstätigkeit eines Unternehmens kann zu Verringerungen des Nettovermögens bzw. des Eigenkapitals oder zu Erhöhungen führen. Der Absatz von Gütern und Dienstleistungen führt in der Regel zu einer Erhöhung (siehe Beispiel oben), ein Verbrauch von Ressourcen im Rahmen der Produktion der Sachgüter und Dienstleistungen zu einer Verringerung des Eigenkapitals.

Beispiel (Variante): Die Mitarbeiterschulung bei K führt nicht C selbst, sondern der freiberuflich tätige Berater B im Auftrag von C durch. Nach erfolgreicher Durchführung der Schulung überweist C das vereinbarte Honorar an B, so dass das Geldvermögen von C sinkt. Im Zuge dieses Geschäftsvorfalls ändert sich weder eine andere Vermögensposition noch das Fremdkapital, so dass sich das Eigenkapital von C als Differenz zwischen dem Vermögen und dem Fremdkapital verringert.

Erhöhungen des Eigenkapitals durch die Betriebstätigkeit eines Unternehmens werden als **Ertrag** bezeichnet, Verringerungen als **Aufwand** (siehe Abschnitt B.6.1). Ein Ertrag bedeutet für das Unternehmen die Schaffung eines Wertes, Aufwand einen Wertverbrauch. Im obigen Beispiel wurde durch die Erbringung der Dienstleistung ein immaterieller Wert geschaffen und die Arbeitskraft des Beraters wurde verbraucht. Beide Rechengrößen (Aufwand und Ertrag) stellen – im Gegensatz zu den Bestandsgrößen der Bilanz – Stromgrößen dar, d. h. sie zeigen die Aktivitäten innerhalb einer Periode auf (siehe auch Kapitel B.2).

Frage: Was ist ein Erfolgskonto?

Da von Interesse ist, aus welchen Aufwendungen und Erträgen sich der Erfolg eines Unternehmens zusammensetzt, werden Aufwendungen und Erträge nicht direkt auf dem Eigenkapitalkonto verbucht, sondern auf einzelnen Aufwands- und Ertragskonten, den sogenannten „Erfolgskonten" erfasst. Es handelt sich hierbei allesamt um Unterkonten des Eigenkapitals. Aufwendungen bedeuten eine Minderung des Eigenkapitals, Erträge eine Erhöhung. Folglich werden analog zu der Buchung von Mehrungen und Minderungen auf Passivkonten die Aufwendungen im Soll und die Erträge im Haben gebucht. Die zusammenfassende Betrachtung der Erträge und Aufwendungen eröffnet einen Einblick in die einzelnen Quellen des betrieblichen Erfolgs (Detailanalyse).

Soll ein Ertrag in einem Buchungssatz erfasst werden, steht das Ertragskonto im Haben. Wird ein Aufwand gebucht, steht im Buchungssatz das Aufwandkonto im Soll. Bei der Korrektur durch Erstattungen oder Stornierungen von Erträgen (Aufwendungen) bspw. durch Erlösschmälerungen steht das Ertragskonto (Aufwandskonto) im Soll (Haben).

Auf den Erfolgskonten werden lediglich Veränderungen während der Berichtsperiode erfasst, so dass sie keinen Anfangs- oder Endbestand enthalten. Der Saldo der einzelnen Erfolgskonten wird auf ein besonderes (Unterkonto zum) Eigenkapitalkonto, das GuV-Konto, gebucht. Dessen Saldo wiederum ist die Differenz von Erträgen und Aufwendungen und somit der Erfolg (Gewinn oder Verlust) der Berichtsperiode. Der so ermittelte Erfolg ist stets identisch mit dem aus der Globalanalyse des Eigenkapitals berechneten Erfolg (s. o.). Das GuV-Konto wird am Ende der Rechnungsperiode (z. B. des Geschäftsjahres) auf das Eigenkapital abgeschlossen.

---

i **Beispiel** (Verbuchung): Unter der Annahme, dass C von K für die Schulung 9.000 € erhält und an B 6.000 € zahlt (beide Beträge unter Vernachlässigung der Umsatzsteuer), lauten die Buchungssätze:

Berateraufwand	an	Bank	6.000 €
Bank	an	Erträge aus Schulungen	9.000 €

Am Periodenende werden die Erfolgskonten über das GuV-Konto und das GuV-Konto auf das Eigenkapitalkonto abgeschlossen:

GuV-Konto	an	Berateraufwand	6.000 €
Erträge aus Schulungen	an	GuV-Konto	9.000 €
GuV-Konto	an	Eigenkapital	3.000 €

Soll	Berateraufwand		Haben	Soll	Ertr. a. Schul.		Haben
Bank	6.000	GuV-K.	6.000	GuV-K.	9.000	Bank	9.000
	6.000		6.000		9.000		9.000

Soll		GuV-Konto	Haben
Berateraufwand	6.000	Erträge aus Schulungen	9.000
Eigenkapitalkonto	**3.000**		
	9.000		9.000

? **Frage: Worauf beruht die Bezeichnung „GuV-Konto"?**
GuV ist die Abkürzung des Begriffs „Gewinn- und Verlustrechnung". Die Gewinn- und Verlustrechnung ist der Teil des Jahresabschlusses eines Unternehmens, in dem die Zusammensetzung des Periodenergebnisses aus Erträgen und Aufwendungen dargestellt wird (siehe hierzu ausführlich Abschnitt C.3). Wird eine GuV in Kontoform aufgestellt, werden die Aufwendungen, wie im GuV-Konto, auf der Sollseite und die Erträge auf der Habenseite ausgewiesen. Das GuV-Konto ist die Grundlage für die Erstellung der GuV. Der Unterschied besteht darin, dass die Erträge und Aufwendungen in der GuV zu größeren Positionen zusammengefasst und systematisch gegliedert werden müssen.

3.4 Zusammenfassender Überblick

Frage: Wie ist der zeitliche Ablauf der Buchhaltungsschritte innerhalb eines Geschäftsjahres?

Abbildung 3 zeigt den zeitlichen Ablauf der Buchhaltungsschritte innerhalb eines Geschäftsjahres im Überblick:

1. Auf Basis der Schlussbilanz des Vorjahres, die materiell die Eröffnungsbilanz des Geschäftsjahres darstellt, werden die Bestandskonten mit Gegenbuchung im Eröffnungsbilanzkonto eröffnet.
2. Die laufenden Geschäftsvorfälle werden auf den Bestands- und den am Geschäftsjahresanfang leeren Erfolgskonten gebucht.

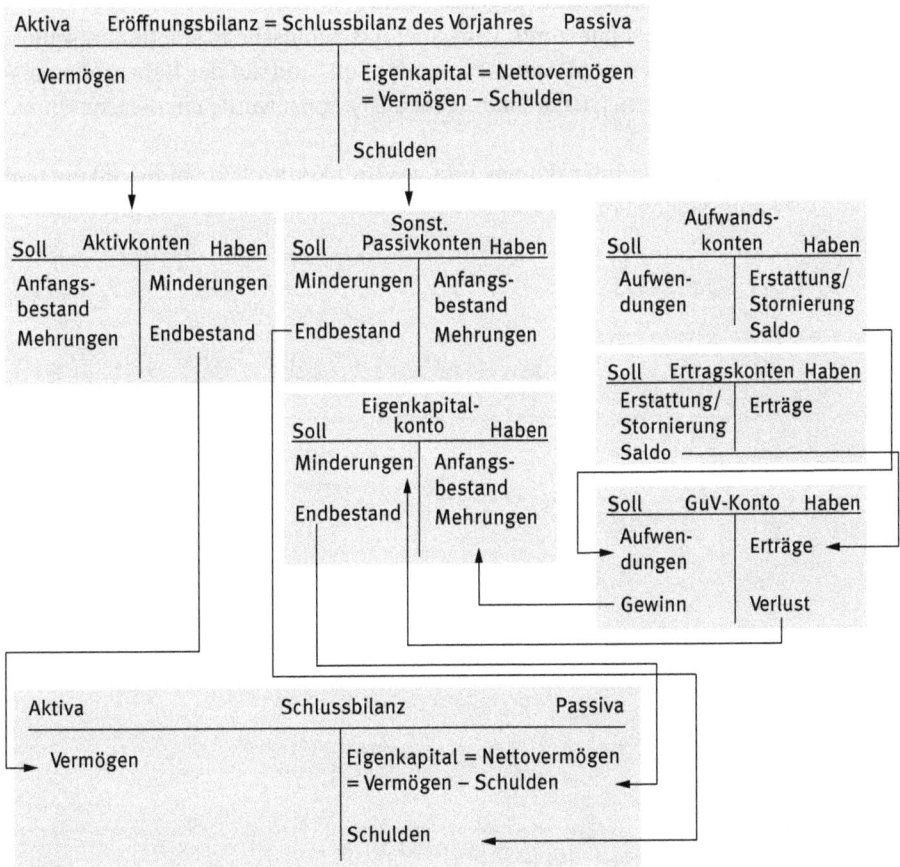

Abb. 3: Ablaufschritte der Buchhaltung im Periodenverlauf

3. Am Ende des Geschäftsjahres werden Sachverhalte gebucht, denen kein laufender Geschäftsvorfall zugrunde liegt, wie z. B. Abschreibungen (siehe hierzu Abschnitt A.4.3) oder Rechnungsabgrenzungsposten (siehe hierzu Abschnitt A.4.7). Diese Buchungen werden als „vorbereitende Abschlussbuchungen" bezeichnet.

4. Die Konten werden abgeschlossen, indem die Salden ermittelt werden:
   - Die Salden der Bestandskonten werden grundsätzlich unmittelbar oder mittelbar (z. B. über andere Bestandskonten) im Schlussbilanzkonto gegengebucht. Wird der Endbestand durch Inventur ermittelt und ergibt sich eine (Inventur-)Differenz zu dem Saldo aus den auf diesem Konto durchgeführten Buchungen, ist die Differenz einzubuchen und auf einem Erfolgskonto gegenzubuchen.
   - Die Salden der Erfolgskonten werden im GuV-Konto, dessen Saldo wiederum wird im Eigenkapitalkonto gegengebucht.
   - Auch das Eigenkapitalkonto wird über das Schlussbilanzkonto abgeschlossen. Die Summen der Positionen auf der Soll- und auf der Habenseite müssen übereinstimmen („die Bilanz geht auf"), sonst wurde mindestens einmal falsch gebucht.

5. Auf Basis des Schlussbilanzkontos und des GuV-Kontos können die Bilanz und die GuV aufgestellt werden.

4 Verbuchung ausgewählter Geschäftsvorfälle

4.1 Löhne und Gehälter

Frage: Was sind Löhne und Gehälter? `?`

Löhne und Gehälter umfassen die **Entlohnung der Mitarbeiter** im Unternehmen. In vielen Unternehmen besitzen die Personalaufwendungen, die sich aus Löhnen und Gehältern sowie sozialen Abgaben, Aufwendungen für Altersversorgung und Unterstützung zusammensetzen, einen erheblichen Anteil an den Gesamtaufwendungen. Dies gilt insbesondere für Dienstleistungsunternehmen, in denen der Produktionsfaktor Arbeit eine herausgehobene Bedeutung besitzt. Zu den (Brutto-)Löhnen und Gehältern zählen alle Entgeltbestandteile, die mit dem Mitarbeiter vereinbart sind, wie bspw. Zeitlöhne, Akkordlöhne, Festgehälter, Provisionen, Tantiemen oder Überstundenzuschläge. Dabei wird rechtlich zwischen den Gehältern für Angestellte und den Löhnen für gewerbliche Mitarbeiter unterschieden. Betriebswirtschaftlich besitzt diese Aufteilung allerdings nur geringe Relevanz.

Frage: Aus welchen Komponenten besteht die Entlohnung für den Produktionsfaktor `?`
Arbeit?

Die Löhne und Gehälter sind ein Bestandteil der Entlohnung für den Produktionsfaktor Arbeit, den **Personalaufwand.** Für dessen Berechnung sind steuerrechtliche, sozialversicherungsrechtliche, tarifliche und einzelvertragliche Aspekte zu beachten. Teilweise treten freiwillige Leistungen des Arbeitgebers hinzu.

Schließt ein Arbeitgeber mit einem Arbeitnehmer einen **individuellen Arbeitsvertrag** und erbringt der Arbeitnehmer die vertraglich geschuldete Arbeitsleistung, so besitzt er einen Anspruch auf das vereinbarte Arbeitsentgelt. Diese Entlohnung wird ihm zum vereinbarten Termin im Rahmen der Lohn- und Gehaltsabrechnung ausgezahlt. Bestimmte Teile der Entlohnung können sich aus dem Einzelvertrag, aber auch aus **Tarifverträgen** ergeben, die zwischen den Gewerkschaften als Vertreter einer großen Anzahl an Arbeitnehmern und den Arbeitgeberverbänden als Vertretung der Unternehmen geschlossen werden. Bei Haustarifverträgen schließen Gewerkschaften einen Vertrag mit einem einzelnen großen Arbeitgeber. Auf betrieblicher Ebene können Entlohnungsbestandteile aus **Betriebsvereinbarungen** zwischen dem Arbeitgeber und dem Betriebsrat resultieren.

In Deutschland sind alle Arbeitnehmer grundsätzlich Pflichtmitglied in den verschiedenen gesetzlichen Sozialversicherungssystemen. Auf Ausnahmen z. B. für Beamte oder für Bezieher von Gehältern über der Beitragsbemessungsgrenze wird im Folgenden nicht eingegangen. Die **Sozialversicherung** für Arbeitnehmer besteht aus den folgenden Säulen:
- Gesetzliche (oder private) **Krankenversicherung**
- Gesetzliche **Rentenversicherung**

https://doi.org/10.1515/9783110747683-004

- Gesetzliche **Arbeitslosenversicherung**
- Gesetzliche (oder private) **Pflegeversicherung**.

Bei den meisten gesetzlichen Sozialversicherungen teilen sich Arbeitgeber und Arbeitnehmer den zu zahlenden Betrag zumeist zur Hälfte (paritätische Finanzierung). Alle Beiträge zur Sozialversicherung werden zum Ende des laufenden Abrechnungsmonats von den Unternehmen an die Krankenversicherungen, die die Weiterverteilung an die übrigen beteiligten Sozialversicherungsträger übernehmen, geleistet.

In Deutschland ist der Arbeitgeber verpflichtet, die sich aus dem Arbeitsverhältnis für den Mitarbeiter ergebende Belastung an **Lohnsteuer** an das Finanzamt abzuführen (Quellenabzugsverfahren; vgl. eingehender Eisele/Knobloch, 2019, S. 348). Gleiches gilt für die sogenannten Zuschlagsteuern auf die Lohnsteuer: Dies ist generell der **Solidaritätszuschlag** sowie ggf. die **Kirchensteuer**, sofern der Mitarbeiter kirchensteuerpflichtig ist. Der Solidaritätszuschlag wurde ab dem 01.01.2021 für weite Teile der Steuerpflichtigen abgeschafft bzw. reduziert. Der Arbeitgeber hat im Rahmen der Lohn- und Gehaltsabrechnung die Steuerlast jedes einzelnen Mitarbeiters zu berechnen und die ermittelte Steuer im Folgemonat gesammelt für alle Mitarbeiter an das zuständige Finanzamt abzuführen.

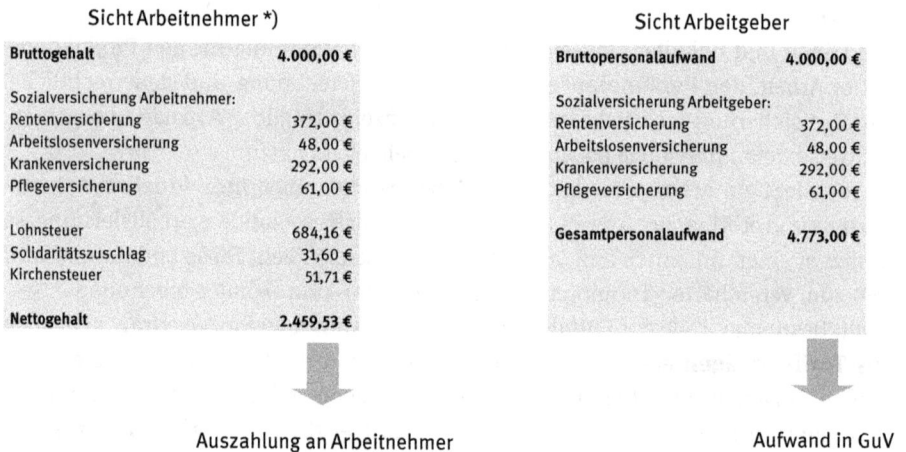

Sicht Arbeitnehmer *)		Sicht Arbeitgeber	
Bruttogehalt	**4.000,00 €**	**Bruttopersonalaufwand**	**4.000,00 €**
Sozialversicherung Arbeitnehmer:		Sozialversicherung Arbeitgeber:	
Rentenversicherung	372,00 €	Rentenversicherung	372,00 €
Arbeitslosenversicherung	48,00 €	Arbeitslosenversicherung	48,00 €
Krankenversicherung	292,00 €	Krankenversicherung	292,00 €
Pflegeversicherung	61,00 €	Pflegeversicherung	61,00 €
Lohnsteuer	684,16 €	**Gesamtpersonalaufwand**	**4.773,00 €**
Solidaritätszuschlag	31,60 €		
Kirchensteuer	51,71 €		
Nettogehalt	**2.459,53 €**		

⬇   ⬇

Auszahlung an Arbeitnehmer   Aufwand in GuV

*) Annahme: Jahr 2020, Arbeitnehmer in Niedersachsen, 1 Kind, Steuerklasse IV, kirchensteuerpflichtig

Abb. 4: Beispielhafte Zusammensetzung des Personalaufwands bei einem Bruttogehalt von 4.000 €

In Abbildung 4 ist links die Lohn- und Gehaltsabrechnung eines Mitarbeiters exemplarisch dargestellt. Von seinem vertraglich vereinbarten Bruttogehalt werden die **Arbeitnehmerbeiträge** zur Sozialversicherung sowie die entsprechenden Steuern einbehalten. Der sich aus dieser Ermittlung ergebende Restbetrag (Nettogehalt) wird an den Mitarbeiter ausgezahlt. Aus der Perspektive des Unternehmens (rechte

Seite in Abbildung 4) sind als Personalaufwand das Bruttogehalt sowie die **Arbeit-geberbeiträge** zur Sozialversicherung zu erfassen. Ggf. sind auch Zuschüsse zu vermögenswirksamen Leistungen, Beiträge zur gesetzlichen Unfallversicherung sowie freiwillige Sozialleistungen des Arbeitgebers zu berücksichtigen. Der Vergleich des Auszahlungsbetrags an den Mitarbeiter mit dem Gesamtaufwand des Unternehmens verdeutlicht exemplarisch die Steuer- und Sozialversicherungslast in Deutschland.

Frage: Wie wird der Personalaufwand gebucht?
Die buchhalterische Erfassung des Personalaufwands wird durch folgende Buchungs-sätze im Zeitpunkt der Lohn- und Gehaltsabrechnung vorgenommen (Beträge aus Abbildung 4):

(3) Lohn und Gehalt   4.000 € an Bank   3.232,53 €
                                          noch abzuführende Abgaben   767,47 €
(4) Sozialaufwand (AGA)   an Bank   773,00 €

Dabei gilt es zu berücksichtigen, dass verschiedene Bankkonten der Zahlungsempfänger angesprochen werden (z. B. individuelle Bankkonten der Mitarbeiter sowie unterschiedliche Bankverbindungen der einzelnen Krankenkassen). Die Bankauszahlung von 3.232,53 € teilt sich auf in eine Zahlung an den Mitarbeiter in Höhe von 2.459,53 € sowie 773,00 € an die Träger der Sozialversicherung (Arbeitnehmeranteil). Der Sozialaufwand in Buchung (4) umfasst nur den Arbeitgeberanteil; der Anteil des Arbeitnehmers an der Sozialversicherung wurde bereits in Buchung (3) miterfasst. Im Folgemonat wird dann die Steuerzahlung durch folgenden Buchungssatz veranlasst:

(5)   Noch abzuführende Abgaben   an   Bank   767,47 €

Sofern Mitarbeitern **Vorschüsse** für Lohn und Gehalt gewährt wurden, sind die Zahlungen als sonstige Forderungen im Zeitpunkt der Auszahlung zu erfassen und bei der nächsten Lohn- und Gehaltsabrechnung anstelle einer Bankauszahlung per Habenbuchung aufzulösen.

4.2 Umsatzerlöse mit Umsatzsteuer

4.2.1 Grundlagen der Erfassung von Umsatzerlösen

Frage: Was sind Umsatzerlöse?
Umsatzerlöse bilden das **betriebswirtschaftliche Resultat des betrieblichen Leistungserstellungsprozesses** von Produkten und Dienstleistungen ab (vgl. grundlegend zu Umsatzerlösen Breidenbach/Währisch, 2016, S. 1 ff.). Bei einer Molkerei ist

es beispielsweise das Ziel, eine bestimmte Menge Joghurt oder Butter in einem Zeitraum für die Kunden herzustellen. Die aus dem Verkauf dieser Produkte resultierenden Zuflüsse an finanziellen Mitteln bilden – unabhängig vom Zahlungszeitpunkt – die Basis der Umsatzerlöse. Im Rahmen von Markttransaktionen wird die Gegenleistung des Kunden (Kaufpreis) für die erhaltene Leistung des Unternehmens (z. B. die Butter) als Ertrag erfasst. Im Umsatzerlös spiegelt sich daher der **Markterfolg** der vom Unternehmen erstellten Leistungen wider.

Bis 2015 galt die Regelung, dass sich der Umsatzerlös nur auf Markttransaktionen im Rahmen der gewöhnlichen Geschäftstätigkeit bezog. Nach Inkrafttreten des Bilanzrichtlinie-Umsetzungsgesetzes (BilRUG) umfassen die **Umsatzerlöse** nun gemäß § 277 Abs. 1 HGB „Erlöse aus dem Verkauf und der Vermietung oder Verpachtung von Produkten sowie aus der Erbringung von Dienstleistungen der Kapitalgesellschaft nach Abzug von Erlösschmälerungen und der Umsatzsteuer sowie sonstigen direkt mit dem Umsatz verbundenen Steuern". Diese Regelung gilt formal nur für Kapitalgesellschaften und Unternehmen, die die Bestimmungen für Kapitalgesellschaften berücksichtigen müssen; faktisch hat sich diese Regelung aber auch für die übrigen Unternehmen durchgesetzt (vgl. Breidenbach/Währisch, 2016, S. 152).

Verkauft ein Unternehmen Produkte oder Dienstleistungen unmittelbar als **Bargeschäft**, fließt die Gegenleistung des Kunden sofort als Zugang zum Kassenbestand. Bei einem **Verkauf auf Ziel** wird hingegen der Kaufpreis vom Kunden nicht sofort entrichtet; die Bezahlung erfolgt erst zu einem späteren Zeitpunkt. Bis dahin wird in der Buchhaltung des liefernden Unternehmens eine Forderung aus Lieferungen und Leistungen gegenüber dem Kunden ausgewiesen.

4.2.2 Das Prinzip der Umsatzsteuer

? **Frage: Wie funktioniert die Umsatzsteuer in Deutschland?**

Alle Umsätze, die von Unternehmern getätigt werden, unterliegen in Deutschland grundsätzlich der Umsatzsteuer. Verkauft beispielsweise eine Molkerei eine bestimmte Menge Butter an ihre Kunden für 1.000 € Warenwert, so wird auf diesen Nettobetrag Umsatzsteuer fällig. Die Umsatzsteuer ist in Deutschland als **Allphasen-Umsatzsteuer mit vollständigem Vorsteuerabzug** ausgestaltet (vgl. z. B. Kraft/Kraft, 2018, S. 315 ff.). Materiell soll die Umsatzsteuer als **allgemeine Konsumsteuer** den Verbrauch bestimmter Güter in einem Land besteuern. Grundsätzlich unterliegen alle Lieferungen oder Leistungen sowohl an Unternehmen als auch an Konsumenten der Umsatzsteuer. Unternehmen zahlen somit Umsatzsteuer an ihre Lieferanten und berechnen ihrerseits ihren Kunden Umsatzsteuer. Die von den Kunden erhaltene Umsatzsteuer müssen die Unternehmen an das Finanzamt abführen (Umsatzsteuerschuld). Die Unternehmen können jedoch in der Regel die von ihnen an ihre Lieferanten gezahlte Umsatzsteuer für Vorleistungen als sogenannte **Vorsteuer** von ihrer eigenen Umsatzsteuerschuld abziehen; damit trifft sie die Umsatzsteuer ihrer Vorleis-

Tab. 1: Beispiel zur Umsatzsteuer über verschiedene Leistungsstufen bei einem einheitlichen Umsatzsteuersatz von 10 %

(Beträge in €)	Vor-leistung (brutto)	davon Vor-steuer	eigener Umsatz	Mehr-wert	Umsatz-steuer (10 %)	Rech-nungs-betrag	Umsatz-steuer-zahllast
Milchviehbetrieb	0	0	1.000	1.000	100	**1.100**	100
Molkerei	**1.100**	100	5.000	4.000	500	**5.500**	400
Einzelhändler	**5.500**	500	9.000	4.000	900	**9.900**	400
Endverbraucher	**9.900**	0					

tungen nicht. Faktisch wird damit die Umsatzsteuer zu einer **Mehrwertsteuer,** da ein Unternehmen Umsatzsteuer nur auf den von ihm geschaffenen Mehrwert (Umsatz – Vorleistungen) an das Finanzamt entrichtet. Da das Unternehmen lediglich die Differenz aus Umsatzsteuerschuld und Vorsteuer an das Finanzamt abführt und es die Umsatzsteuer auf die verkauften Güter vom Kunden erhält, wird das Unternehmen durch die Umsatzsteuer nicht belastet.

Beispiel: Die Molkerei M erhält – wie in Tabelle 1 dargestellt – Vorleistungen (Milch) im Wert von 1.000 € netto zuzüglich 100 € Umsatzsteuern (Annahme: Umsatzsteuersatz 10 %). Sie kann diesen Betrag im Rahmen ihrer Umsatzsteuererklärung als Abzugsposten (Vorsteuer) geltend machen. M hat einen eigenen Umsatz von 5.000 €, auf den sie 500 € Umsatzsteuern berechnen muss. Ihre Umsatzsteuerzahllast beträgt diese 500 € abzüglich der Vorsteuer von 100 €, also 400 €. Zum gleichen Betrag gelangt man, wenn der Umsatzsteuersatz von 10 % auf den durch die Molkerei geschaffenen Mehrwert (5.000 € Umsatz minus 1.000 € Vorleistungen) bezogen wird.

Am Ende des Umsatzsteuerprozesses ist der einzige wirtschaftlich Belastete aus der Umsatzsteuer der Endkonsument. Daher wird häufig davon gesprochen, dass die Umsatzsteuer dem Prinzip „den Letzten beißen die Hunde" entspricht. Dieser Effekt wird in Tabelle 1 verdeutlicht.

Frage: Gibt es in Deutschland unterschiedliche Umsatzsteuersätze?

In Deutschland gilt – mit Ausnahme eines Zeitraums während der Corona-Pandemie im Jahr 2020 – seit 2007 der **umsatzsteuerliche Regelsatz** von 19 %. Einige Lieferungen und Leistungen werden allerdings einem anderen Umsatzsteuersatz unterworfen. Bestimmte Güter insbesondere des täglichen Bedarfs (z. B. viele Lebensmittel, Bücher, Taxifahrten) werden mit dem seit 1983 geltenden **ermäßigten Satz** von 7 % besteuert. Im Einzelfall kann es schwierig sein zu bestimmen, welchem Umsatzsteuersatz ein Gut unterliegt (siehe hierzu Anlage 2 UStG).

Unternehmer in der Land- und Forstwirtschaft können unter bestimmten Voraussetzungen eine andere umsatzsteuerliche Behandlung praktizieren. Die sogenannten **pauschalierenden Land- und Forstwirte** setzen einen niedrigeren Umsatzsteuersatz für ihre Leistungen an und müssen diesen nicht an das Finanzamt abführen, sondern können die pauschalierte Umsatzsteuer als betrieblichen Ertrag vereinnahmen. Da sie diesen steuerlichen Vorteil nutzen können, dürfen sie allerdings keine Vorsteuer geltend machen. Sie haben jedoch auch die Möglichkeit, für einen Zeitraum von 5 Jahren für die Regelbesteuerung zu optieren. Das pauschalierte Umsatzsteuerverfahren soll der Vereinfachung der Besteuerung insbesondere für kleine land- und forstwirtschaftliche Betriebe dienen. Der Umsatzsteuersatz des pauschalierenden Landwirts liegt derzeit bei 10,7 % und der des Forstwirtes bei 5,5 %. Ab dem 01.01.2022 ist die Möglichkeit der Pauschalierung auf land- und forstwirtschaftliche Unternehmen mit maximal 600.000 € steuerpflichtigem Vorjahresumsatz beschränkt.

? **Frage: Werden alle Umsätze besteuert?**
Verschiedene Geschäfte werden als **umsatzsteuerfreie Leistungen** von einer Belastung mit der Umsatzsteuer freigestellt. Dies gilt insbesondere für:

- Exportumsätze
- bestimmte Umsätze im Geld- und Kapitalverkehr (insbesondere Zinszahlungen)
- Vermietung und Verpachtung von Immobilien. Bei Vermietung und Verpachtung besteht jedoch auch die Möglichkeit, für eine Umsatzbesteuerung zu optieren. Dies wird vielfach in der gewerblichen Vermietung praktiziert.

Im Rahmen der **Kleinunternehmerregelung** gemäß § 19 UStG muss von Unternehmen, die im letzten Geschäftsjahr maximal 22.000 € Umsatz erzielt haben und im laufenden Geschäftsjahr voraussichtlich weniger als 50.000 € Umsatz erwirtschaften, keine Umsatzsteuer abgeführt werden.

4.2.3 Die Verbuchung von Umsatzerlösen und Umsatzsteuer

Werden umsatzsteuerpflichtige Leistungen im Rahmen eines **Bargeschäfts** veräußert, lautet der relevante Buchungssatz:

(6) Kasse an Umsatzerlöse
Umsatzsteuerschuld

Im Handelsgeschäft mit Waren ist anstelle der Umsatzerlöse auch eine Buchung an Warenverkauf üblich (siehe Kapitel A.4.4).

Im Rahmen der Umsatzerfassung werden immer die Umsatzerlöse und die korrespondierende Umsatzsteuerschuld gegenüber dem Finanzamt als Tandembuchung gleichzeitig erfasst. Dadurch werden die Umsatzerlöse bei umsatzsteuerlicher Regelbesteuerung stets ohne den Umsatzsteueranteil gebucht (separate Habenbuchung der Umsatzsteuerschuld).

Bei einem **Zielgeschäft** kann nicht unmittelbar ein Zahlungsmittelkonto angesprochen werden, da dem Kunden ein Zahlungsziel gewährt wurde. Die Umsatzerlöse werden allerdings direkt bei Versand der Sachgüter bzw. bei Erbringung der Dienstleistung gebucht. Bis zum Zeitpunkt der Bezahlung durch den Kunden und damit des Zugangs an Zahlungsmitteln wird der Betrag in den Forderungen aus Lieferungen und Leistungen „geparkt". Das Unternehmen kann durch Auswertung des Kontos Forderungen aus Lieferungen und Leistungen erkennen, welcher Geschäftspartner ihm aus Markttransaktionen der Vergangenheit noch Geld schuldet. In den Forderungen aus Lieferungen und Leistungen (FLL) wird immer der Bruttobetrag, d. h. der Umsatz einschließlich etwaiger Umsatzsteuer, erfasst.

(7) FLL an Umsatzerlöse
              Umsatzsteuerschuld

Frage: Wie wird in einem Unternehmen ausgerechnet, wieviel Umsatzsteuer an das Finanzamt zu zahlen ist?

Erwirbt ein Unternehmen Sachgüter oder Dienstleistungen als Vorleistungen zur Erstellung seiner Produkte, ist die im Rechnungsbetrag enthaltene Umsatzsteuer des Lieferanten gesondert zu buchen, damit sie als **Vorsteuer** gegenüber dem Finanzamt geltend gemacht werden kann. Bei einem Einkauf von Vermögenswerten als Bargeschäft ist daher wiederum durch eine Tandembuchung die Vorsteuer zu erfassen:

(8) Aktives Bestandskonto (z. B. Rohstoffe) an Kasse
     Vorsteuer

Bei einem Einkauf auf Ziel wird anstelle der Habenbuchung Kasse das Konto Verbindlichkeiten aus Lieferungen und Leistungen (VLL) angesprochen.

In der Praxis wird zwecks Ermittlung der Umsatzsteuerzahllast im Rahmen der **Drei-Konten-Methode** ein zusätzliches Verrechnungskonto eingeführt. Mit dem Monatsabschluss wird der Saldo der Konten Umsatzsteuerschuld und Vorsteuer auf das **Umsatzsteuerverrechnungskonto** abgeschlossen:

(9)   Umsatzsteuerschuld   an Umsatzsteuerverrechnung
(10) Umsatzsteuerverrechnung an Vorsteuer

Ist die von den Kunden erhaltene Umsatzsteuer höher als die an Lieferanten gezahlte Vorsteuer, ergibt sich auf dem Konto Umsatzsteuerverrechnung als Haben-Saldo eine Umsatzsteuerzahllast, die bei Fälligkeit an das Finanzamt abgeführt wird, was durch folgende Buchung in der Buchhaltung erfasst wird:

(11) Umsatzsteuerverrechnung an Bank

Übersteigt die gezahlte Vorsteuer die erhaltene Umsatzsteuer (Soll-Saldo auf dem Umsatzsteuerverrechnungskonto), hat das Unternehmen gegenüber dem Finanzamt eine Forderung, die am Ende der Berichtsperiode wie folgt eingebucht wird, sofern der Betrag vom Finanzamt noch nicht erstattet worden ist:

(12)   Forderungen gegenüber dem Finanzamt   an   Umsatzsteuerverrechnung

? **Frage: Was passiert, wenn ein Kunde seine Rechnung nicht bezahlt?**
Bei Zielgeschäften kann es in der Praxis durchaus vorkommen, dass während der Forderungslaufzeit Zweifel an der Bonität des Kunden aufkommen bzw. dass Tatsachen bekannt werden (bis hin zum Insolvenzantrag), die einen vollständigen Forderungsausfall wahrscheinlich werden lassen. Aufgrund des Niederstwertprinzips (vgl. hierzu ausführlich Abschnitt C.2.2.4.2) ist dann zu prüfen, ob eine **Einzelwertberichtigung** auf die in Rede stehende Forderung aus Lieferungen und Leistungen vorzunehmen ist (zu sogenannten Pauschalwertberichtigungen vgl. ausführlich Engelhardt et al., 2020, S. 161 ff.; siehe auch Abschnitt C.2.5.2). Besteht beispielsweise in den Büchern des Unternehmens eine Forderung gegenüber einem Kunden aus einer Produktlieferung in Höhe von 10.000 € (inkl. der Umsatzsteuer) und wird nunmehr angenommen, dass aufgrund von Zahlungsschwierigkeiten des Kunden nur noch mit der Bezahlung von 60 % der Forderung zu rechnen ist, dann ist eine Einzelwertberichtigung von 4.000 € zu buchen. Da die Forderungen aus Lieferungen und Leistungen immer den Umsatzsteueranteil mit enthalten (Bruttoforderung), ist gemäß § 17 Abs. 2 Nr. 1 UStG im Zeitpunkt, wenn sicher feststeht, dass ein Teil der Forderung uneinbringlich ist, die anteilige Umsatzsteuer zu korrigieren. Damit wird sichergestellt, dass das Unternehmen nur Umsatzsteuer auf solche Geschäfte an das Finanzamt zahlt, die vom Kunden vollständig beglichen werden.

Vor der Wertkorrektur wird die Forderung auf das Konto **Dubiose** umgegliedert, damit deutlich wird, dass mit der vollständigen Bezahlung der Forderung nicht mehr gerechnet wird:

(13)   Dubiose   an   FLL

Die Einzelwertberichtigung einschließlich der Umsatzsteuerkorrektur erfolgen bei erwiesenem Forderungsausfall und bei Anwendung der direkten Verbuchung (vgl. zur direkten und zur indirekten Verbuchung von Einzelwertberichtigungen auf Forderungen Eisele/Knobloch, 2019, S. 502 ff.) durch folgenden Buchungssatz:

(14)   Abschreibung auf Forderungen   an   Dubiose
        Umsatzsteuerschuld

Ist die Forderung nur zweifelhaft, aber nicht uneinbringlich, erfolgt vorerst keine Umsatzsteuerkorrektur.

4.2.4 Erlösschmälerungen

Frage: Was sind Erlösschmälerungen und wie werden sie buchhalterisch behandelt? **?**
Umsatzerlöse bestehen in der Praxis aus vielen einzelnen Komponenten. Auf der Basis eines **Listenpreises** für standardisierte Güter können bspw. vielfältige Zu- und Abschläge mit dem Kunden vereinbart werden; dies sind z. B. Rabatte, Skonti, Boni oder Mindermengenzuschläge (vgl. z. B. Breidenbach/Währisch, 2016, S. 181 ff.). Als Umsatzerlös muss immer der Betrag nach Erlösschmälerung gebucht werden, der sich als Gegenleistung für die Lieferung oder Leistung des Unternehmens ergibt. Zwecks Analyse der Preissetzung werden in der Buchhaltung die einzelnen Preisbestandteile zumeist separat auf Konten erfasst, um die Erlössituation transparent darzustellen.

Frage: Was ist ein Rabatt? **?**
Rabatte sind von einem Verkäufer gewährte **Preisnachlässe**, die entweder prozentual oder in absoluter Höhe ausgewiesen werden (vgl. Breidenbach/Währisch, 2016, S. 69). In der vertrieblichen Praxis können Rabatte in unterschiedlicher Ausprägung beobachtet werden: Mengenrabatte, Messerabatte, Einführungsrabatte, Barzahlungsrabatte, Frühjahrsrabatte, Belegschaftsrabatte etc. Da Rabatte zumeist bei Rechnungsstellung bekannt sind, sind sie unmittelbar aus den Umsatzerlösen zu kürzen. Viele Unternehmen buchen daher als Umsatzerlös direkt den Betrag nach Rabatten. In der Praxis ist allerdings auch zu beobachten, dass Unternehmen, die die Erlösstruktur differenziert analysieren wollen, separate Konten für einzelne Rabattarten angelegt haben.

Frage: Was ist ein Bonus? **?**
Unter einem **Bonus** wird nachfolgend ein **nachträglicher Preisnachlass** verstanden, der von bestimmten Bedingungen nach der Rechnungsstellung des Basisgeschäfts abhängig ist. Häufig werden z. B. im Großhandelsgeschäft Jahresumsatz-Boni vereinbart. Hierbei wird die Summe aller Umsätze in einer Referenzperiode (z. B. das Kalenderjahr) anhand einer Bonusstaffel nachträglich bonifiziert.

Beispiel: Unternehmen U sagt seinem Kunden K vertraglich einen Bonus von 2 % auf den Gesamtumsatz zu, wenn K im Kalenderjahr Produkte im Wert von mehr als 2 Mio. € von U abnimmt. In 00 bezieht K von U Produkte im Wert von 2,4 Mio. € und erhält von U eine Gutschrift von 48.000 €. **i**

Da die Existenz und die Höhe einer Bonuszahlung erst in der Zukunft feststehen, wird die Erlösschmälerung erst in dem Zeitpunkt gebucht, in dem sie sicher besteht (z. B. nach Ende des Kalenderjahres).

? Frage: Was ist Skonto?

Unter einem **Skonto** versteht man eine Preisreduzierung, die der Kunde dafür erhält, dass er einen **kurzfristigen Kredit**, den ihm der Lieferant angeboten hat, nicht in Anspruch nimmt. Vielfach werden Kaufgeschäfte als Zielkäufe vereinbart. Der Käufer muss nicht sofort den Kaufpreis als Gegenleistung erbringen, sondern er bekommt eine Zahlungsfrist z. B. von 30 Tagen eingeräumt. Zahlt der Kunde aber früher als die vereinbarten 30 Tage, z. B. bereits nach 14 Tagen, sehen viele Kaufverträge vor, dies zu honorieren, indem der Kunde nachträglich z. B. 2 % vom Kaufpreis abziehen kann. Dieser Abzug ist der Betrag des Kundenskontos. Da der prozentuale Abzug vom Kaufpreis sich zumeist nur auf einen kurzen Zeitraum bezieht (im Beispiel 16 Tage), stellt die Gewährung von Skonto einen erheblichen wirtschaftlichen Vorteil für den Kunden dar, der diesen in der Praxis fast immer realisiert. Nehmen einzelne Kunden die Möglichkeit zur Ziehung von Skonto regelmäßig wahr, ist es in der Praxis üblich sowohl die Umsatzerlöse als auch die korrespondierende Forderung aus Lieferungen und Leistungen bereits um den Skontobetrag gekürzt einzubuchen.

---

i Beispiel: Unternehmen Z der Zuckerindustrie verkauft seinen Raffinade-Zucker an verschiedene Großabnehmer und Kleinkunden. Z veröffentlicht zum Beginn einer jeden Kalenderwoche eine Preisliste; die aktuelle Preisliste sieht einen Basispreis von 0,45 € je kg vor. Bei Bestellung von mehr als 1 t Zucker je Lieferung wird dem Kunden ein Rabatt von 5 % des Listenpreises gewährt. Die Allgemeinen Geschäftsbedingungen sehen ein Zahlungsziel von 45 Tagen vor. Kunden, die mit dem Unternehmen einen Jahresumsatz von mehr als 3 Mio. € tätigen, erhalten einen Bonus von 2,5 % auf den Gesamtumsatz.

Der Großkunde G hat 1,5 t Zucker bestellt und geliefert bekommen. Der Listenpreis beträgt für diese Menge 675 €. Aufgrund der Menge an Zucker, die G geliefert wurde, wird ein Mengenrabatt von 5 % auf den Basispreis von 675 € berücksichtigt. Der Rechnungsbetrag ohne Umsatzsteuer beträgt 641,25 € nach Mengenrabatt. G hat mit Z vereinbart, dass ihm ein Skonto von 2 % gewährt wird, wenn er innerhalb von 21 Tagen nach Rechnungstellung zahlt. G überweist 20 Tage nach Rechnungstellung 628,43 €, d. h. den Rechnungsbetrag von 641,25 € abzüglich 12,82 € Skonto.

Nach Ende des Geschäftsjahres überprüft Z für alle seine Großkunden, ob die Zielumsätze erreicht wurden. Wird der Zielumsatz von 3 Mio. € bei G überschritten, wird ein Bonus von 2,5 % auf den Gesamtumsatz gezahlt. Im Januar des Folgejahres ermittelt Z für den Kunden G einen fakturierten Umsatz (ohne Skonto, aber einschließlich Rabatten) von 3,27 Mio. € vor Umsatzsteuer und zahlt darauf nachträglich einen Bonus von 81.750 €.

? Frage: Wie wird das Skonto buchhalterisch behandelt?

Bei allen Geschäftsvorfällen, bei denen nachträglich die Höhe der Umsatzerlöse korrigiert wird, muss – als korrespondierende Tandembuchung – auch die Höhe der Umsatzsteuer angepasst werden. Hat ein Unternehmen bspw. durch folgende Buchung einen Umsatz im Rahmen eines Zielverkaufs unter Berücksichtigung von 10 % Umsatzsteuer erfasst

(15) FLL   11.000 €   an   Umsatzerlöse   10.000 €

                                  Umsatzsteuerschuld   1.000 €

und ist dem Kunden Skonto von 2 % bei Begleichung der Rechnung innerhalb von 14 Tagen zugesagt, dann sind zwei Szenarien zu unterscheiden:

Szenario 1: Der Kunde zahlt per Bank innerhalb der Skontofrist und zieht berechtigterweise 2 % vom Rechnungsbetrag ab. In der Buchhaltung des Lieferanten wird dadurch folgende Buchung ausgelöst:

(16) Bank   10.780 €   an   FLL   11.000 €

       Kundenskonto   200 €

       Umsatzsteuerschuld   20 €

Durch diese Buchung wird die in Buchungssatz (15) eingebuchte Forderung wieder ausgebucht, gleichzeitig wird der Bankeingang gebucht sowie die Umsatzschmälerung durch das Skonto inkl. der daraus resultierenden Umsatzsteuerreduktion erfasst.

Szenario 2: Der Kunde zahlt per Bank nicht innerhalb der Skontofrist, sondern nutzt das Zahlungsziel vollständig aus. In diesem Falle wird nur der Bankeingang gegen die bestehende Forderung wie folgt gebucht:

(17) Bank   11.000 €   an   FLL   11.000 €

Am Ende des Geschäftsjahres wird das Konto **Kundenskonto** abgeschlossen, indem der Saldo, der sich auf dem Konto Kundenskonto gesammelt hat, mit folgendem Buchungssatz gegen die Umsatzerlöse gebucht wird:

(18) Umsatzerlöse   an   Kundenskonto

Spiegelbildlich wird in der **Buchhaltung des Kunden** gebucht. Bei Rechnungserhalt wird, da es sich um ein Zielgeschäft handelt, die Verbindlichkeit aus Lieferungen und Leistungen erfasst:

(19) Warenbestand   10.000 €   an   VLL   11.000

       Vorsteuer   1.000 €

Bei dieser Buchung (19) ist zu beachten, dass kein Umsatzsteuerkonto angesprochen wird, sondern das Vorsteuerkonto (vgl. zur Systematik und Verbuchung der Umsatzsteuer einschließlich der Vorsteuer Abschnitte A.4.2.2 und A.4.2.3). Für das erhaltene Skonto (Lieferantenskonto) ist ein eigenständiges Konto einzurichten. Im Szenario 1

(s. o.), bei dem der Kunde das **Lieferantenskonto** zieht, bucht der Kunde:

(20)	VLL	11.000 €	an	Bank	10.780 €
				Lieferantenskonto	200 €
				Vorsteuer	20 €

Am Ende des Geschäftsjahres wird das Lieferantenskonto als Kürzung der Anschaffungskosten auf dem jeweiligen Bestandskonto (im Beispiel der Warenbestand; zur Berücksichtigung von Skonto in den Anschaffungskosten siehe C.2.2.1) abgeschlossen.

Die Verbuchung von erhaltenen und gewährten **Boni** ist analog der in den Buchungssätzen (16) und (17) dargestellten Vorgehensweise des Kundenskontos bzw. der im Buchungssatz (20) zum Ausdruck gekommenen Behandlung des Lieferantenskontos vorzunehmen. Sofern die Boni erst nach Abschluss des Geschäftsjahres festgestellt werden, stellen sie einen **periodenfremden Ertrag** (Lieferantenboni) **bzw. Aufwand** (Kundenboni) dar und werden entsprechend verbucht. Stehen Lieferantenboni am Ende des Geschäftsjahres rechtsverbindlich fest, werden sie noch für das vergangene Geschäftsjahr als Ertrag erfasst und in den sonstigen Vermögensgegenständen gegengebucht (vgl. Eisele/Knobloch, 2019, S. 147 f.).

4.3 Anlagennutzung

? **Frage: Wie wird die Wertminderung von Maschinen im Rechnungswesen erfasst?**
Nicht nur Rohstoffe, die in der Produktion eingesetzt werden, wie bspw. Zucker für die Lebensmittelproduktion, werden für betriebliche Zwecke verbraucht, sondern auch dauerhaft für Unternehmenszwecke genutzte Potenzialfaktoren – wie beispielsweise Maschinen – unterliegen einem Wertverzehr. Während der Wertverzehr von Rohstoffen einfach beobachtbar ist, vollzieht sich dieser bei **abnutzbaren Vermögensgegenständen** des Anlagevermögens schleichend und damit zumeist kontinuierlich über die gesamte Nutzungsdauer. Diese allmähliche Wertminderung von langlebigen Vermögensgegenständen wird im Rechnungswesen durch **Abschreibungen** erfasst (vgl. umfassend zur Abschreibung in verschiedenen Bereichen des Rechnungswesens Ballwieser, 2011, S. 3 ff.). **Nicht abnutzbare langlebige Vermögensgegenstände**, wie bspw. Grundstücke, unterliegen vom Grundsatz keiner Abnutzung und werden daher nicht planmäßig abgeschrieben. Mit Hilfe der Abschreibungen werden die Anschaffungs- bzw. Herstellungskosten des Vermögensgegenstandes auf die einzelnen Perioden der Nutzung verteilt, d. h. periodisiert. Im steuerlichen Kontext werden Abschreibungen auch als Absetzung für Abnutzung (AfA) bezeichnet (§ 7 EStG).

Frage: Was sind die Ursachen des Wertverzehrs von langlebigen Vermögensgegenständen? [?]

Werden langlebige Vermögensgegenstände im Unternehmen eingesetzt, nimmt ihr Wert im Zeitablauf vielfach ab. Die Ursachen für diesen Wertverzehr können verschiedener Natur sein (vgl. z. B. Küpper, 1993, Sp. 16):

- **Verschleiß:** Beim Verschleiß eines Vermögensgegenstandes wird das mengenmäßige Nutzenpotenzial des Anlagegutes reduziert. Dies kann durch Nutzung (Gebrauchsverschleiß), durch Einwirkung natürlicher Prozesse wie bspw. Korrosion (Ruheverschleiß) oder durch spezielle außergewöhnliche Ereignisse (Katastrophenverschleiß) auftreten.
- **Technische Überholung:** Der mengenmäßige Nutzenvorrat eines Vermögensgegenstandes bleibt zwar erhalten, sein Nutzen für das Unternehmen reduziert sich aber relativ, da durch den technischen Fortschritt bessere Aggregate für vergleichbare Einsatzzwecke verfügbar sind.
- **Wirtschaftliche Überholung:** Ein ähnlicher Effekt tritt bspw. durch Rückgang der Absatzpreise oder der Nachfrage der auf dem Anlagegut gefertigten Produkte sowie der Verringerung der (Wiederbeschaffungs-)Anschaffungskosten des Anlageguts selbst ein. Der Wertverlust hat in diesem Fall rein wirtschaftliche Ursachen.
- **Fristablauf:** Bei immateriellen Vermögensgegenständen wie bspw. Patenten oder Konzessionen vollzieht sich der Wertverzehr durch Fristablauf. Ein Patent wird z. B. nur für einen begrenzten Zeitraum gewährt; nach Ablauf dieses Zeitraums kann das mit dem Patent geschützte Know-how von jedermann genutzt werden.
- **Substanzverringerung:** Bestimmte Vermögensgegenstände (z. B. Kalibergwerke) werden durch Unternehmen ausgebeutet. Der Wertverzehr liegt dann in der Substanzverringerung des Abbaugebietes durch die Entnahme bestimmter Mengen.

Planmäßige Abschreibungen werden durch die **Abschreibungsausgangssumme**, die für Zwecke des handelsrechtlichen Jahresabschlusses auf Basis der Anschaffungs- bzw. Herstellungskosten festgelegt wird, sowie die **Abschreibungsmethode** bestimmt. Die verschiedenen Abschreibungsmethoden werden eingehender in Abschnitt C.2.2.4 erläutert.

Frage: Wie werden Abschreibungen gebucht? [?]

Buchungstechnisch wird in jeder Periode der Anlagennutzung mittels Habenbuchung der Bestand des Anlagegutes reduziert und gleichzeitig als Aufwandsbuchung im Soll die entsprechende Belastung des Periodenergebnisses durch die Abschreibung berücksichtigt (**direkte Abschreibung**). Abschreibungen dienen im Kontext der Bilanz dazu, das Vermögen eines Unternehmens unter Berücksichtigung des laufenden Wertverzehrs richtig auszuweisen, und gleichzeitig im Rahmen der Gewinn- und Verlustrechnung dem Ausweis eines aussagefähigen Periodenergebnisses. Als

Bestandskonten in der Bilanz sind hierbei insbesondere die Konten für Maschinen und technische Anlagen, Gebäude oder den Fuhrpark angesprochen.

---

i **Beispiel:** Unternehmen U erwirbt zu Beginn des Geschäftsjahres einen Kleintransporter für insgesamt 64.000 € (netto, ohne Umsatzsteuer), den es acht Jahre lang zu nutzen beabsichtigt. Bei gleichbleibender (linearer) Abschreibung beträgt der jährliche Abschreibungsbetrag 8.000 €. Die **Anschaffungsauszahlung** für den Kleintransporter (inkl. aller Anschaffungsnebenkosten z. B. für die Zulassung und die Kennzeichen) wird bei Bankzahlung durch folgenden Vorgang eingebucht:

(21)   Fuhrpark   an   Bank   64.000 €

Zum Ende des ersten Geschäftsjahres wird dann der Wertverbrauch des Kleintransporters während des gesamten Jahres mittels nachstehender **direkter Abschreibungsbuchung** erfasst:

(22)   Abschreibung   an   Fuhrpark   8.000 €

Nachdem Buchung (22) ausgeführt wurde, ergibt sich zum Ende des ersten Nutzungsjahres ein Restbuchwert des Kleintransporters von 56.000 €.

Nach dem siebten Nutzungsjahr beträgt der Restbuchwert noch 8.000 € (Anfangsbestand des achten Jahres). Auf dem entsprechenden Bestands- und Aufwandskonto werden die laufenden Buchungssätze gebucht; der Endbestand des Kontos Fuhrpark geht in die Schlussbilanz ein, während der Saldo des Abschreibungskontos in die Gewinn- und Verlustrechnung übernommen wird. Auf den beiden Konten wird im letzten Nutzungsjahr wie folgt gebucht (alle Beträge in €):

Soll	Fuhrpark		Haben	Soll	Abschreibung		Haben
EBK	8.000	Abschreibung	8.000	Fuhrpark	8.000	GuV	8.000
		SBK	0				
	8.000		8.000		8.000		8.000

In der Praxis wird nicht auf den Restbuchwert Null abgeschrieben, sondern es verbleibt ein Erinnerungswert von 1 € bis der Vermögensgegenstand das Unternehmen endgültig verlässt.

Es besteht auch die Möglichkeit, die Wertminderung nicht im Anlagenkonto, sondern auf einem Wertberichtigungskonto gegenzubuchen (**indirekte Abschreibung**). Das Wertberichtigungskonto ist ein passives Bestandskonto, das sämtliche Abschreibungen, die jemals auf das Anlagegut getätigt worden sind (kumulierte Abschreibungen), enthält. Der Buchwert des Anlagegutes wird ermittelt, indem der Bestand des Wertberichtigungskontos mit dem Bestand des Bestandskontos des Anlagegutes verrechnet wird. Durch eine indirekte Verbuchung der Abschreibungen stehen jederzeit Informationen über den Anschaffungswert eines Anlagegutes und die bislang durchgeführten Abschreibungen und somit über das Alter des Anlagegutes zur Verfügung. Darüber hinaus müssen Kapitalgesellschaften diese Beträge im Anlagenspiegel (siehe hierzu ausführlich Abschnitt C.2.4.4) veröffentlichen. In der Bilanz wird jedoch in der Regel der Buchwert der Anlagengüter ausgewiesen. Für Kapitalgesellschaften wird z. T. von der Pflicht eines Nettoausweises ausgegangen (vgl. Schubert/Andrejewski in

Beck'scher Bilanzkommentar 2020, § 253 Anm. 210), was auch dem Gliederungsschema für Kapitalgesellschaften nach § 266 HGB entspricht (vgl. Coenenberg et al., 2021b, S. 225). Im Folgenden wird von einer direkten Abschreibung ausgegangen.

Tritt während der Nutzungsdauer ein außergewöhnliches Ereignis ein, das einen besonderen Wertverlust begründet (z. B. Totalschaden des Kleintransporters wegen eines Verkehrsunfalls), ist die außerplanmäßige Wertkorrektur des Vermögensgegenstandes durch eine **außerplanmäßige Abschreibung** analog zur Buchung (22) vorzunehmen (zu außerplanmäßigen Abschreibungen siehe ausführlich Abschnitt C.2.2.4.2).

4.4 Wareneinkauf und Warenverkauf im Handelsbetrieb

Frage: Wie werden Verkäufe von Waren gebucht?

Das Geschäftsmodell von **Handelsunternehmen** ist von geringerer Komplexität als das von produzierenden Unternehmen, da Handelswaren von Dritten eingekauft und meist unverändert an Kunden weiterverkauft werden (siehe Abbildung 5). Für die Buchhaltung ist dies von Vorteil, da der betriebliche Transformationsprozess der Produktion nicht abgebildet werden muss. Im Handelsbetrieb sind nur die Geschäftsprozesse des Wareneinkaufs (Bestellung der Ware beim Lieferanten, Lieferung, Einlagerung) und des Warenverkaufs (Bestellung des Kunden, Versand der Produkte, Rechnungsstellung und Forderungsmanagement) buchhalterisch relevant.

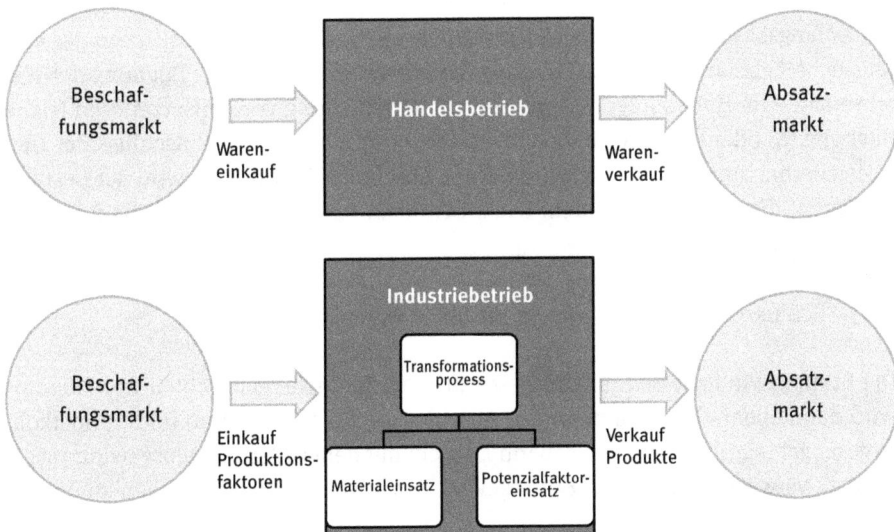

Abb. 5: Grundlegende Unterschiede Handelsbetrieb und Industriebetrieb

Grundsätzlich lassen sich die Warenwirtschaft und der Verkauf im Handelsbetrieb mit drei Methoden in der Buchhaltung abbilden, die sich in der Struktur der beteiligten Konten und der Transparenz der Warenströme unterscheiden:

1. Ein-Konto-Lösung: **Gemischtes Warenkonto.**
2. Zwei-Konten-Lösung: **Getrennte Warenkonten.** Dieses Verfahren wird nachfolgend nicht eingehender beschrieben, da es als Vorstufe der 3. Methode betrachtet werden kann.
3. Drei-Konten-Lösung: **Getrennte Warenkonten mit Wareneinsatzkonto.**

? **Frage: Wie vollziehen sich die Buchungen auf einem gemischten Warenkonto?**
Beim **gemischten Warenkonto** (1. Methode) werden alle für den Wareneinkauf und –verkauf relevanten Buchungen auf einem Konto vorgenommen. Dieses Konto stellt ein **gemischtes Bestands- und Erfolgskonto** dar.

i **Beispiel:** Unternehmer U führt nachstehendes gemischtes Warenkonto (alle Beträge in €):

Soll		Gemischtes Warenkonto	Haben
Anfangsbestand (zu Einstandswerten)	1.000	Warenverkäufe (zu Verkaufswerten)	2.200
Zugänge (zu Einstandswerten)	1.500		
Bruttogewinn	500	Schlussbilanz (Inventurwert, zu Einstandswerten)	800
	3.000		3.000

Der Anfangsbestand und die Zugänge werden wie bei allen Bestandskonten der Vorräte im Soll ggf. unter Berücksichtigung der Vorsteuer gebucht. Die Buchung der Warenverkäufe im Haben folgt der grundsätzlichen Buchung von Umsatzerlösen (siehe Buchung (6) oder (7)), wie sie bereits in Abschnitt A.4.2.3 unter Einschluss der Umsatzsteuerbuchung dargestellt wurde. Nach Abschluss der Inventur wird der Bestand an Waren, die sich noch auf dem Lager befinden, festgestellt und mittels folgender Buchung eingebucht:

(23)   Schlussbilanzkonto   an   gemischtes Warenkonto

Der Bruttogewinn aus den Handelsgeschäften als Saldo des gemischten Warenkontos wird dann ebenfalls im Rahmen des Abschlusses auf das Gewinn- und Verlustkonto gegengebucht; dieser Bruttogewinn ist nicht mit dem Unternehmensgewinn insgesamt zu verwechseln, da vom Bruttogewinn noch weitere Aufwendungen zu decken sind.

Bei gemischten Warenkonten sind folgende Aspekte zu berücksichtigen:
–   Das Konto enthält Buchungen, die auf **unterschiedlichen Bewertungskomponenten** basieren. Während die Zugänge an Waren, der Anfangsbestand und der

Inventurwert auf Einstandspreisen des Beschaffungsmarktes der Lieferanten beruhen, sind die Warenverkäufe mit den Verkaufspreisen an die Kunden bewertet. Der Bruttogewinn ist die Differenz zwischen Verkaufs- und Einstandswerten.

–   Der Inventurwert muss aus einer **separaten Ermittlung** gewonnen werden; er kann – selbst wenn keine Inventurdifferenz (z. B. aus Verderb oder Diebstahl von Waren) vorliegt – nicht aus dem Konto abgeleitet werden. Ohne korrekt ermittelten Inventurwert kann der Bruttogewinn des Handelsbetriebs nicht ausgewiesen werden.

–   Das gemischte Warenkonto besitzt eine geringe Transparenz, da nur der Bruttogewinn aus den Handelsgeschäften in der Gewinn- und Verlustrechnung deutlich wird. Die Umsatzerlöse als zentrale Ertragskennzahl des Unternehmens werden in der Gewinn- und Verlustrechnung nicht ausgewiesen. Für kleine und mittelgroße Kapitalgesellschaften ist dieses Vorgehen gemäß § 276 Satz 1 HGB zulässig (siehe zur Kritik an dieser Methode Breidenbach/Währisch, 2016, S. 184).

Frage: Wie werden Warentransaktionen auf getrennten Warenkonten mit Wareneinsatzkonto behandelt?

Beim **getrennten Warenkonto mit Wareneinsatzkonto** (3. Methode) werden zwei Erfolgskonten für den Wareneinsatz (Aufwandskonto) und den Warenverkauf (Ertragskonto) sowie ein Bestandskonto zur Ermittlung des Warenbestandes geführt. Auf dem **Warenbestandskonto** werden alle Warenzugänge und -abgänge, der Anfangsbestand sowie der Inventurwert als Endbestand auf der Basis der Wareneinstandspreise gebucht. Werden Waren an Kunden veräußert, werden die hieraus erzielten Umsatzerlöse (zu Verkaufspreisen) auf dem **Warenverkaufskonto** ausgewiesen. Gleichzeitig werden die Abgänge der Warenbestände, die aus dem Verkaufsprozess resultieren, auf dem **Wareneinsatzkonto** gebucht; dies dient der Ermittlung des Materialaufwandes für die Gewinn- und Verlustrechnung. Die Salden des Warenverkaufskontos und des Wareneinsatzkontos werden als Ertrags- bzw. Aufwandsposten auf das Gewinn- und Verlustkonto abgeschlossen. Der Abschluss des Warenbestandskontos erfolgt analog der Ein-Konto-Methode durch Buchung (23). Entspricht der Saldo nicht dem durch Inventur ermittelten Endbestand, liegt eine Inventurdifferenz vor, deren Ursache nachgegangen werden sollte.

Beispiel: Ein Handelsunternehmen H besitzt zu Beginn der Periode einen Anfangsbestand für eine Handelsware von 1.000 Stück je 15 € Einstandspreis. Warenzugänge waren in der Periode nicht zu verzeichnen. In der Periode wird eine Partie von 700 Stück an den Kunden K bar zu 20 € je Stück verkauft. Die nachstehenden Konten zeigen die Anfangsbestände sowie den Verkaufsvorgang, die durch ihn ausgelösten Buchungen und die entsprechenden Schlussbuchungen bei Anwendung der Drei-Konten-Lösung (alle Beträge in €):

Soll		Warenbestand		Haben
EBK	15.000	Wareneinsatz		10.500
		SBK (Inventurwert)		4.500
	15.000			15.000

Soll	Wareneinsatz		Haben		Soll	Warenverkauf		Haben
Warenbestand	10.500	GuV	10.500		GuV	14.000	Kasse	14.000
	10.500		10.500			14.000		14.000

Soll		GuV-Konto		Haben
Wareneinsatz	10.500	Warenverkauf		14.000
Bruttogewinn	3.500			
	14.000			14.000

In der betrieblichen Praxis werden zahlreiche Warenbestands-, Wareneinsatz- und Warenverkaufskonten geführt, um das Sortiment des Unternehmens bspw. nach Warengruppen oder die Verkäufe nach regionalen Absatzgebieten transparent abzubilden.

4.5 Einsatz von Roh-, Hilfs- und Betriebsstoffen im produzierenden Unternehmen

In **produzierenden Unternehmen** werden im Gegensatz zum Handelsunternehmen Rohstoffe und andere Materialien unter Einsatz weiterer Produktionsfaktoren wie bspw. Maschinen oder menschliche Arbeit zu einem neuen Gut transformiert. Der darin zum Ausdruck kommende betriebliche Produktionsprozess ist weitaus komplexer als ein Handelsgeschäft und bedarf daher einer umfassenden Abbildung im Rechnungswesen (siehe Abbildung 5).

?
Frage: Wie werden Materialien in der Buchhaltung systematisiert?
Roh-, Hilfs- und Betriebsstoffe sind allesamt Materialarten, deren Bestände in der Bilanz unter den Vorräten ausgewiesen werden und deren Verbrauch im Materialaufwand in der Gewinn- und Verlustrechnung erfasst wird. Bei den **Rohstoffen** handelt es sich allgemein um unbehandelte – mitunter sortierte oder klassifizierte – Naturstoffe wie bspw. Milch für die Lebensmittelindustrie oder Rohöl für die chemische Industrie (vgl. zur Systematisierung der Materialarten z. B. Hahn/Laßmann, 1999, S. 402 ff.). Werden Rohstoffe bereits durch Lieferanten zu Werkstoffen weiterverarbeitet bzw. werden diese zu einzelnen Bauteilen bzw. ganzen Baugruppen (Modulen) vormontiert, entstehen weiterverarbeitete Güter, die ebenfalls unter den Rohstoffen

bilanziert werden. Erfolgt diese Weiterverarbeitung im eigenen Unternehmen, werden diese Zwischenprodukte unter den unfertigen Erzeugnissen erfasst.

Rohstoffe und Hilfsstoffe gehen als Erzeugniseinsatzstoffe in die zu produzierenden Güter physisch ein und werden damit Bestandteil der produzierten Güter. Der Unterschied zwischen den Rohstoffen und den **Hilfsstoffen** ist wertmäßiger Natur: Hilfsstoffe wie bspw. Schrauben oder Nägel sind wertmäßig von geringer Bedeutung. **Betriebsstoffe** werden nicht Teil der neuen Produkte; sie wirken unterstützend am Produktionsprozess mit. Beispiele für Betriebsstoffe sind Energiestoffe (z. B. Diesel oder Erdgas), Prozesskatalysatoren sowie Schmier- und Kühlmittel.

Buchhalterisch werden für jede Materialart – analog dem Warenbestands- und -verbrauchskonto (vgl. Abschnitt A.4.4) – ein Bestandskonto und ein Aufwandskonto angelegt. In größeren industriellen Unternehmen existieren daher eine Vielzahl an Materialbestands- und -aufwandskonten. Der Materialverbrauch wird bspw. für die Rohstoffe durch den nachfolgenden Buchungssatz im Rechnungswesen erfasst:

(24)   Aufwand für Rohstoffe   an   Rohstoffe

Frage: Wie wird der Materialverbrauch in der Praxis erfasst?

Das grundlegende Problem in der Buchhaltungspraxis besteht in der **Erfassung des Materialverbrauchs** in seinen zeitlichen, mengen- und wertmäßigen Dimensionen. In komplexen Produktionsprozessen werden an vielen verschiedenen Stellen Materialien zur Produktion eingesetzt. Dabei kommen je nach Wert des eingesetzten Materials und je nach Produktionsprozess unterschiedliche Verfahren zur Erfassung des Verbrauchs zur Anwendung (siehe Abbildung 6).

Bei der **Skontraktionsmethode** werden mittels Materialentnahmescheinen (eigenständiger Buchhaltungsbeleg je Materialtransaktion) die Güterverbräuche direkt und unmittelbar erfasst. Damit besteht die Möglichkeit, den Verwendungsort und

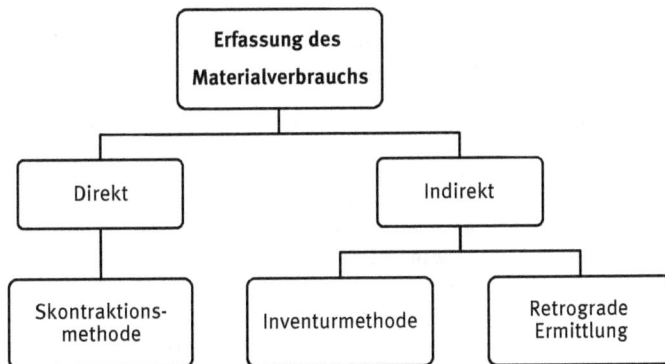

Abb. 6: Methoden zur Erfassung des Materialverbrauchs

-zweck des Materials direkt zu erfassen. Die Skontraktionsmethode ist die genaueste Aufzeichnungsart, die allerdings mit hohen Erfassungskosten (z. B. für Barcodes oder RFID) verbunden ist.

> **i** **Beispiel:** In einer Großbäckerei wird Mehl unterschiedlicher Typen verbraucht. Das Mehl wird in Säcken, denen jeweils ein Barcode aufgeklebt wurde, per Förderband zu den einzelnen Produktionsstellen transportiert. Der auf diesem Weg angebrachte Barcode-Leser erkennt, welcher Mehltyp in welcher Menge für das Produktionsprogramm des aktuellen Tages eingesetzt wurde.

Die **Inventurmethode** erfasst – als indirekte Methode – den Materialverbrauch über die allgemeine Lagerbestandsformel:

$$\text{Verbrauch} = \text{Anfangsbestand} + \text{Zugänge der Periode} - \text{Endbestand}$$

Der Materialverbrauch wird über eine Beständedifferenzrechnung der einzelnen Läger zum Ende der Abrechnungsperiode bestimmt. Bei der Inventurmethode kann nicht ermittelt werden, ob die Verbräuche für betriebliche Zwecke erfolgt sind oder ob Material aus anderem Grunde (z. B. Verderb oder Diebstahl) nicht mehr vorhanden ist.

> **i** **Beispiel:** Die Großbäckerei B verzeichnet durch Materialentnahmescheine die folgenden Weizenmehl-Abgänge eines bestimmten Typs im Monat Januar:

04.01.: 14 Sack je 25 kg
17.01.: 22 Sack je 25 kg
24.01.: 18 Sack je 25 kg

Zu Beginn der Periode waren 30 Sack je 25 kg auf dem Lager. Der Lieferant hat am 10.01. 50 Säcke und am 25.01. 20 Säcke geliefert. Der Preis je kg Weizenmehl beträgt 0,50 €.
  Gemäß der **Skontraktionsmethode** wird wie folgt gebucht (alle Beträge in €):

Soll	Rohstoffe (Mehl)		Haben	Soll	Rohstoffaufwand		Haben
EBK	375	Rohstoffaufwand	175	Rohstoffe	175	GuV	675
VLL	625	Rohstoffaufwand	275	Rohstoffe	275		
VLL	250	Rohstoffaufwand	225	Rohstoffe	225		
		SBK	575				
	1.250		1.250		675		675

Jede einzelne Bewegung auf dem Rohstoffkonto, d. h. Zugänge durch Lieferung sowie Verbräuche durch die Produktion, werden separat erfasst. Die einzelnen Verbräuche während des Monats Januar werden differenziert auf dem Konto Rohstoffaufwand dargestellt. Der Endbestand ergibt sich als Saldo aus dem Anfangsbestand, den Zugängen und den Abgängen.
  Hätte die Großbäckerei die **Inventurmethode** angewendet, lägen keine Informationen über die einzelnen Verbräuche an Weizenmehl vor. Der Verbrauch würde erst durch die Inventur Ende Januar ersichtlich. Die folgenden Konten zeigen das Vorgehen gemäß der Inventurmethode (alle Beträge in €):

Soll	Rohstoffe (Mehl)		Haben	Soll	Rohstoffaufwand		Haben
EBK	375	Rohstoffaufwand	675	Rohstoffe	675	GuV	675
VLL	625						
VLL	250	SBK	575				
	1.250		1.250		675		675

Es wird deutlich, dass erheblich weniger Materialverbrauchsbuchungen im Vergleich zur Skontraktionsmethode bei Anwendung der Inventurmethode erforderlich sind.

Die **retrograde Ermittlung** des Materialverbrauchs setzt am Produktionsergebnis (z. B. der Anzahl hergestellter Produkte) an. Mittels Rückrechnung aus Stücklisten oder Rezepturen wird – wiederum indirekt – vom Produktionsergebnis auf den Materialverbrauch geschlossen.

Beispiel: Ist in der Automobilindustrie durch Stücklisten bekannt, dass für die Produktion eines PKW vier Reifen benötigt werden, und wurden in der abgelaufenen Periode 500 PKW produziert, dann beträgt der Materialverbrauch an Reifen in dieser Periode 2.000 Stück.

4.6 Bestandsveränderungen

Frage: Was passiert, wenn am Ende einer Periode noch unfertige oder fertige Produkte am Lager sind?

Bislang wurde im Rahmen von produzierenden Unternehmen das Problem der **Lagerbestände an Produkten** ausgeklammert. In der Praxis sind allerdings sowohl zu Beginn einer Periode als auch an ihrem Ende Produkte am Lager. Die Bestände an fertigen und unfertigen (noch nicht verkaufsfertigen) Produkten sind gemäß § 253 Abs. 1 Satz 1 HGB mit ihren Herstellungskosten (betriebswirtschaftlich korrekt ist die Bezeichnung Herstellungsaufwendungen) zu bewerten. Im Rahmen der Abschlussbuchungen werden zur **periodengerechten Gewinnermittlung** Erhöhungen des Bestands an unfertigen oder fertigen Erzeugnissen als Ertrag bzw. deren Verminderung als Aufwand gebucht. Würde eine solche Korrektur nicht vorgenommen, würde sowohl das Vermögen des Unternehmens am Bilanzstichtag nicht korrekt wiedergegeben als auch der Gewinn im Falle der Bestandsverminderung zu hoch bzw. im Fall der Bestandserhöhung zu niedrig ausgewiesen. Zwecks Abbildung dieser Korrektur werden in der Buchhaltung Bestandskonten für alle verschiedenen fertigen Produktarten sowie für die unfertigen sogenannten Halbfabrikate geführt. Als korrespondierende Erfolgskonten werden Bestandsveränderungen an fertigen Erzeugnissen und Bestandsveränderungen an Halbfabrikaten gebucht.

Die Buchung der Bestandsveränderung für den Fall der unfertigen Erzeugnisse wird mittels nachfolgendem Buchungssatz auf Bestands- und Erfolgskonto vollzogen:

(25)   Unfertige Erzeugnisse   an   Bestandsveränderung unfertige Erzeugnisse

Die Buchung für fertige Erzeugnisse ist analog vorzunehmen. Das Konto Bestandsveränderung fertige bzw. unfertige Erzeugnisse wird auf das Gewinn- und Verlustkonto abgeschlossen.

---

i **Beispiel:** Ein Unternehmen der Zuckerindustrie stellt Raffinade-Zucker her und hat einen Anfangsbestand von 500 t, die im letzten Geschäftsjahr mit 160 €/t bewertet wurden. Der Herstellungsaufwand für die Produktion von 1.000 t im laufenden Geschäftsjahr liegt bei einem Wert von 300.000 €, die Umsatzerlöse betragen bei einem Verkauf von 600 t insgesamt 240.000 €. Somit beläuft sich der Endbestand an Zucker auf 900 t, der Wert beträgt 220.000 €. Wie hoch ist die Bestandsmehrung an Zucker und wie sind die Geschäftsvorfälle buchhalterisch zu erfassen?

1. **Buchung des Inventurbestandes:**

   Schlussbilanzkonto   an   Fertige Erzeugnisse   220.000 €

2. **Buchung der Bestandsveränderung:**

   Bestandsveränderung = Endbestand 220.000 € – Anfangsbestand 80.000 € = 140.000 €
   Fertige Erzeugnisse   an   Bestandsveränderung fertige Erzeugnisse   140.000 €

3. **Abschluss der Bestandsveränderung auf das GuV-Konto**

   Bestandsveränderung fertige Erzeugnisse   an   GuV   140.000 €

Alle Werte in tausend €:

Soll	Fertige Erzeugnisse		Haben	Soll	SBK		Haben
EBK	80	SBK	220	Fertige Erzeugnisse	220		
Bestands-veränderung fertige Erzeugnisse	140						
	220		220				

Soll	Bestandsveränderung fertige Erzeugnisse		Haben	Soll	GuV-Konto		Haben
GuV	140	Fertige Erzeugnisse	140	Aufwand	300	Umsatzerlöse	240
				Gewinn	80	Bestands-veränderung fertige Erzeugnisse	140
	140		140		380		380

4.7 Rechnungsabgrenzungsposten

Frage: Was ist zu berücksichtigen, wenn sich bei zeitraumbezogenen Aufwendungen und Erträgen die zugrundeliegende Periode und das Geschäftsjahr unterscheiden? ❓
Ein Teil der Aufwendungen und Erträge, z. B. Mieten, Versicherungsprämien oder Zinsen, bezieht sich auf einen Zeitraum. Wird bspw. in einem Unternehmen, das als Geschäftsjahr das Kalenderjahr hat, eine Miete am 01.07. für die nächsten zwölf Monate an den Vermieter gezahlt, sind die Mietaufwendungen auf die beiden betroffenen Geschäftsjahre aufzuteilen. Es würde nicht der **periodengerechten Gewinnermittlung** entsprechen, würde dem ersten Geschäftsjahr zusätzlich noch der hälftige Mietaufwand des nächsten Jahres zugeordnet. Zur Lösung dieses Abrechnungsproblems werden Rechnungsabgrenzungsposten gebildet.

Beispiel: Ein Unternehmen überweist am 30.06.00 eine Versicherungsprämie in Höhe von 10.000 € ℹ️
für den Zeitraum vom 01.07.00–30.06.01 an den Versicherer. Bilanzstichtag des Unternehmens ist der 31.12. Die Hälfte der bezahlten Versicherungsprämie betrifft das Geschäftsjahr 00, die andere Hälfte das Geschäftsjahr 01.
  Durch die Buchung der Zahlung

Versicherungsaufwand   an   Bank   10.000 €

ist der Versicherungsaufwand für das Geschäftsjahr 00 zu hoch ausgewiesen. 5.000 €, die erst das nächste Geschäftsjahr betreffen, müssen abgegrenzt werden. Dies geschieht durch eine Buchung am **Geschäftsjahresende**:

Aktive Rechnungsabgrenzungsposten   an   Versicherungsaufwand   5.000 €.

Im **nächsten Geschäftsjahr** wird der Versicherungsaufwand, der das neue Geschäftsjahr betrifft, durch die Auflösung des Rechnungsabgrenzungspostens erfasst:

Versicherungsaufwand   an   aktive Rechnungsabgrenzungsposten   5.000 €.

Im obenstehenden Beispiel wird deutlich, wie die Bilanz als Speicher zwischen den Geschäftsjahren fungiert: der im ersten Geschäftsjahr zu viel verbuchte Aufwand wird in der Bilanz „zwischengeparkt" und damit in das nächste Geschäftsjahr hinübergetragen. Mittels des Rechnungsabgrenzungspostens wird am Bilanzstichtag das Recht des Unternehmens gegenüber der Versicherungsgesellschaft auf weitere sechs Monate Versicherungsschutz in der Bilanz abgebildet.

  Je nachdem, ob die Zahlung im Voraus oder nachträglich erfolgt, werden antizipative oder transitorische Rechnungsabgrenzungsposten gebildet. Wird, wie im obigen Beispiel, die Zahlung im Voraus geleistet, entstehen **transitorische** (lat. transire: hinübergehen) **Rechnungsabgrenzungsposten**. Entsteht der Aufwand bzw. der Ertrag vor dem Bilanzstichtag, die Zahlung erfolgt jedoch erst im nächsten Geschäftsjahr,

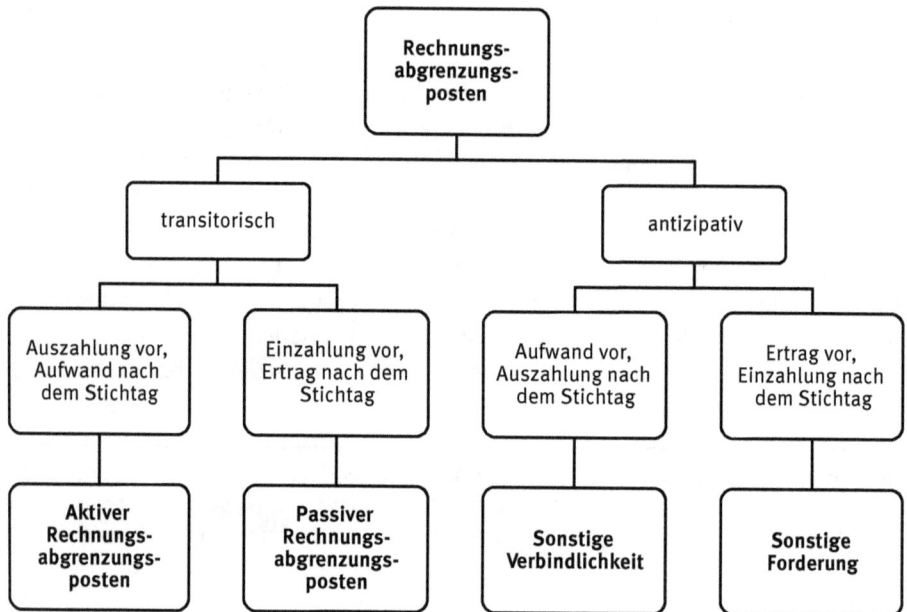

Abb. 7: Systematik der Rechnungsabgrenzungsposten

spricht man von **antizipativen** (lat. antecapere: vorwegnehmen) **Rechnungsabgrenzungsposten**.

Frage: Auf welchen Konten werden Rechnungsabgrenzungsposten gebucht?
Lediglich die **transitorischen Rechnungsabgrenzungsposten** werden gemäß § 250 Abs. 1 und 2 HGB als solche im Jahresabschluss auch bezeichnet. Die **antizipativen Rechnungsabgrenzungsposten** werden in der Regel unter den sonstigen Verbindlichkeiten bzw. sonstigen Forderungen ausgewiesen. Materiell besitzen sie aber die gleiche Bedeutung. Abbildung 7 zeigt die Systematik der Rechnungsabgrenzungsposten im Überblick.

Die Buchungssätze für die vier Typen von Rechnungsabgrenzungsposten sind nachstehend dargestellt:

1. **Aktiver Rechnungsabgrenzungsposten** im Geschäftsjahr der Bildung:
   (26)   Aktiver Rechnungsabgrenzungsposten   an   Aufwand

2. **Aktiver Rechnungsabgrenzungsposten** im Folgejahr (Auflösung):
   (27)   Aufwand   an   Aktiver Rechnungsabgrenzungsposten

3. **Passiver Rechnungsabgrenzungsposten** im Geschäftsjahr der Bildung:
   (28)   Ertrag   an   Passiver Rechnungsabgrenzungsposten

4. **Passiver Rechnungsabgrenzungsposten** im Folgejahr (Auflösung):

   (29)   Passiver Rechnungsabgrenzungsposten   an   Ertrag

5. **Sonstige Verbindlichkeit** im Geschäftsjahr der Bildung:

   (30)   Aufwand   an   Sonstige Verbindlichkeit

6. **Sonstige Forderung** im Geschäftsjahr der Bildung:

   (31)   Sonstige Forderung   an   Ertrag

Die sonstige Forderung bzw. die sonstige Verbindlichkeit werden im Folgejahr im Zeitpunkt der Zahlung aufgelöst.

5 Abschluss der Konten

? **Frage: Wie sind die verschiedenen Konten am Ende einer Rechnungsperiode abzuschließen?**

Am Ende eines Monats oder eines Geschäftsjahres sind alle Konten abzuschließen. Bei der Erörterung der einzelnen Bestands- und Erfolgskonten wurde bereits kurz darauf hingewiesen, auf welches Konto sie abzuschließen sind. Dies soll nachstehend nochmals in der Gesamtschau erfolgen.

Grundsätzlich werden alle **Aktiv- und Passivkonten** (Bestandskonten) auf das **Schlussbilanzkonto** (SBK) und alle **Ertrags- und Aufwandskonten** (Erfolgskonten) auf das **Gewinn- und Verlustkonto** (GuV-Konto) abgeschlossen. Folgende Besonderheiten sind zu beachten:

– Das **GuV-Konto** wird, nachdem alle übrigen Aufwands- und Ertragskonten verbucht sind, auf das Eigenkapitalkonto abgeschlossen.

– Der Saldo des **Vorsteuer-** und des **Umsatzsteuerschuldkontos** wird auf das Umsatzsteuerverrechnungskonto gebucht.

– Auf einem **gemischten Warenbestandskonto** (Ein-Konto-Methode) wird der durch Inventur ermittelte Schlussbestand durch Gegenbuchung auf das Schlussbilanzkonto erfasst, worauf der Saldo (Bruttogewinn) gegen das GuV-Konto gebucht wird.

– Bei Anwendung **getrennter Warenkonten** und **Wareneinsatzkonten** (Drei-Konten-Methode) werden die Inventurbestände gegen das Schlussbilanzkonto und die Wareneinsatzkonten – wie bei den RHB-Aufwendungen – auf den Materialaufwand abgeschlossen.

– Die Salden der **Kunden-Skonti und -Boni** werden in den Umsatzerlösen gegengebucht.

– **Lieferanten-Skonti und -Boni** werden – wie in Kapitel A.4.2.4 dargestellt – auf die jeweiligen Bestandskonten (z. B. Materialbestände) gebucht.

– Die Bestandsminderungen oder –mehrungen der **fertigen und unfertigen Erzeugnisse** werden auf dem Konto Bestandsveränderung gegengebucht. Dieses Konto wird seinerseits auf das GuV-Konto abgeschlossen.

Da die einzelnen Konten sich teilweise aufeinander beziehen, ist eine bestimmte **Reihenfolge zum Abschluss der Konten** zielführend. Damit wird sichergestellt, dass auf ein bereits abgeschlossenes Konto keine Buchungen mehr fließen können:

1. Zuerst werden alle mit der **Waren- und Materialwirtschaft** verbundenen Konten abgeschlossen.
2. Danach werden die Salden aller **übrigen Erfolgskonten** auf das GuV-Konto übertragen.

https://doi.org/10.1515/9783110747683-005

3. Nachdem alle Erfolgskonten bearbeitet sind, wird die **Umsatzsteuerverrechnung** durchgeführt.
4. Durch den Abschluss aller **Bestandskonten** auf das Schlussbilanzkonto wird die Schlussbilanz erstellt.

6 Zusammenfassende Aufgabe

Aufgabe 1

Die Eröffnungsbilanz der Food AG zum 01.01.00 besteht aus den folgenden Positionen:

Aktiva	Eröffnungsbilanz der Food AG zum 01.01.00		Passiva
Grundstücke und Gebäude	1.000.000	gezeichnetes Kapital	1.050.000
Technische Anlagen u. Maschinen	500.000	Rücklagen	750.000
RHB-Stoffe	350.000	Verbindlichkeiten Kreditinstitute	575.000
Unfertige Erzeugnisse	15.000	Verbindlichkeiten LuL	350.000
Fertige Erzeugnisse	500.000	Verbindlichkeiten Finanzamt	50.000
Forderungen LuL	180.000	sonstige Verbindlichkeiten	50.000
sonstige Vermögensgegenstände	10.000		
Bank	270.000		
	2.825.000		**2.825.000**

a) Richten Sie für die Positionen der Eröffnungsbilanz T-Konten ein und führen Sie die Eröffnungsbuchungen durch.

b) Im laufenden Geschäftsjahr sind folgende Geschäftsvorfälle buchhalterisch zu erfassen. Bilden Sie die entsprechenden Buchungssätze unter Berücksichtigung eines Umsatzsteuersatzes von 10 %. Folgende Konten sind ebenfalls erforderlich und daher einzurichten:
   - Verbindlichkeiten gegenüber Sozialversicherungsträgern
   - Vorsteuer
   - Umsatzsteuerschuld
   - Umsatzsteuerverrechnung
   - Umsatzerlöse
   - Kundenboni
   - Bestandsveränderung unfertige und fertige Erzeugnisse
   - RHB-Aufwendungen
   - Löhne und Gehälter
   - Soziale Abgaben
   - Abschreibungen
   - Sonstige Aufwendungen
   - Gewinn- und Verlustrechnung
   - Schlussbilanzkonto

1. Im Geschäftsjahr werden insgesamt Bruttoumsätze (inkl. Umsatzsteuer) von 2.750.000 € realisiert. Die aus diesen Transaktionen folgenden Forderungen aus Lieferungen und Leistungen werden im Geschäftsjahr zu 85 % per Banküberweisung durch die Kunden bezahlt. Alle Forderungen aus Lieferungen und Leistungen der Eröffnungsbilanz werden beglichen.

https://doi.org/10.1515/9783110747683-006

2. Die Auswertung der Lohnbuchhaltung umfasst für das gesamte Geschäftsjahr die folgenden Summen:

Bruttolöhne:	1.250.000 €
Lohnsteuer:	250.000 €
Sozialversicherung Arbeitnehmer:	200.000 €
Nettoauszahlung an Arbeitnehmer:	800.000 €
Sozialversicherung Arbeitgeber:	200.000 €

An die Träger der gesetzlichen Sozialversicherung werden bis zum 31.12.00 350.000 € gezahlt.

3. Für die Beschaffung neuer Rohstoffe werden brutto 385.000 € per Bank gezahlt. Die Kreditorenauswertung zum 31.12.00 zeigt Verbindlichkeiten gegenüber den Lieferanten von 270.000 €.

4. Alle Steuerschulden aus der Eröffnungsbilanz wurden im Geschäftsjahr 00 über das Bankkonto beglichen. Ferner wurden die folgenden Beträge per Bank an das Finanzamt überwiesen:

Umsatzsteuer:	200.000 €
Lohnsteuer:	225.000 €

5. Insgesamt wurden im Geschäftsjahr Rabatte in den Ausgangsrechnungen von 75.000 € berücksichtigt. Am 31.12.00 wird den Kunden mit dem Neujahrgruß insgesamt ein Bonus für in 00 getätigte Umsätze von 55.000 € (brutto) gutgeschrieben.

Im Rahmen der Jahresabschlusserstellung sind die folgenden Geschäftsvorfälle zu berücksichtigen:

6. Für die Nutzung des langfristig zu nutzenden Anlagevermögens sind die Abschreibungen zu buchen:
   – Die Gebäude werden mit 16.000 € abgeschrieben.
   – Die Abschreibungen auf technische Anlagen und Maschinen betragen 100.000 €.

7. Es sind die folgenden Abgrenzungen zu buchen:
   – Für bezogene Waren werden Bonus-Gutschriften der Lieferanten für das Geschäftsjahr 00 in Höhe von 20.000 € erwartet. Die im Vorjahresabschluss unter den sonstigen Vermögensgegenständen eingestellten Lieferanten-Boni wurden im Geschäftsjahr 00 vollständig, wie erwartet, gezahlt.
   – Die Wasserwerke haben die Rechnung für das abgelaufene Geschäftsjahr noch nicht gestellt; es wird aufgrund der Ablesung der Wasseruhr in Verbindung mit dem Versorgungsvertrag von einer Zahlung (netto) in Höhe von 20.000 € ausgegangen.

8. Durch Inventur zum Jahresende wurden folgende Bestände festgestellt:

   Roh-, Hilfs-, und Betriebsstoffe: 360.000
   Unfertige Erzeugnisse: 20.000
   Fertige Erzeugnisse: 400.000

9. Es ist die Umsatzsteuerverrechnung durchzuführen. Die Werte ermitteln sich aus den Salden der Konten.

Verbuchen Sie nunmehr die Geschäftsvorfälle auf den T-Konten. Schließen Sie alle Konten einschließlich der Gewinn- und Verlustrechnung sowie der Schlussbilanz ab.

Teil B: **Grundbegriffe des betrieblichen Rechnungswesens**

1 Unterschiedliche Grundbegriffe im betrieblichen Rechnungswesen

Frage: Warum gibt es verschiedene Grundbegriffe im betrieblichen Rechnungswesen?

Wer sich mit den Fragestellungen des betrieblichen Rechnungswesens beschäftigt, wird mit verschiedenen Grundbegriffen konfrontiert, die sich vergleichbar anhören und im Alltagssprachgebrauch vielfach synonym verwendet werden. Betriebswirtschaftlich sind diese Begriffe strikt zu trennen.

Die Begriffe Auszahlung, Ausgabe, Aufwand und Kosten beziehen sich auf **Inputgrößen** des betrieblichen Transformationsprozesses. Demgegenüber sind die Rechengrößen Einzahlung, Einnahme, Ertrag und Erlös auf den betrieblichen **Output** ausgerichtet.

Aus betriebswirtschaftlicher Perspektive beschreiben diese Begriffe den Einfluss von Vorgängen auf die beiden wesentlichen Ziele eines Unternehmens in der Marktwirtschaft: die Erfolgserzielung und den Erhalt der Zahlungsfähigkeit (Liquidität). Dabei sind auch die unterschiedlichen **Informationsinteressen** verschiedener **Adressatengruppen** (z. B. Fremdkapitalgeber, Arbeitnehmer oder Eigentümer) des betrieblichen Rechnungswesens zu berücksichtigen. Die Begriffe sind präzise voneinander abzugrenzen. Nur das Beherrschen dieser Grundbegriffe sichert eine friktionsfreie Kommunikation mit und über das betriebliche Rechnungswesen.

https://doi.org/10.1515/9783110747683-007

2 Grundlagen und Teilbereiche des betrieblichen Rechnungswesens

? Frage: Was ist das betriebliche Rechnungswesen?

Das **betriebliche Rechnungswesen** umfasst die Abbildung wirtschaftlicher Zustände zu einem Zeitpunkt und von wirtschaftlichen Prozessen während eines Zeitraums, gemessen in Geldeinheiten (vgl. Busse von Colbe, 2011, S. 652). Im Gegensatz zum volkswirtschaftlichen Rechnungswesen, das alle Aktivitäten einer Volkswirtschaft oder eines Landes zusammengefasst abbildet, stellt das betriebliche Rechnungswesen das Unternehmen in das Zentrum seiner Betrachtung. Wenn wirtschaftliche Daten über ein Unternehmen in geordneter Art und Weise bereitgestellt werden sollen, wird auf das Informationssystem des Rechnungswesens zurückgegriffen. Mit der **Abbildung** sind sowohl Aspekte der Ermittlung, d. h. der Berechnung wirtschaftlicher Größen, der Aufbereitung (z. B. durch Zusammenfassungen) als auch die zweckmäßige Darstellung dieser Informationen angesprochen. Im Rechnungswesen werden nur hilfsweise Mengen- und Zeitgrößen zwecks Berechnung bestimmter Größen erfasst. Das Ziel und der Kern des Rechnungswesens ist die Abbildung in **Geldeinheiten** (z. B. in €) bewerteter Größen, sogenannter monetärer Werte.

? Frage: Wie werden wirtschaftliche Zustände und wirtschaftliche Prozesse abgebildet?

Wirtschaftliche Zustände zu einem **Zeitpunkt** werden mit Hilfe von **Bestandsgrößen** dargestellt (siehe hierzu auch Abschnitt A.3.2 zu den Bestandskonten). Bestandsgrößen entsprechen der Höhe einer Berichtsgröße zu einem bestimmten Stichtag. Ein Beispiel für eine Bestandsgröße ist der Kassenbestand zum 31.12.00. In der Schlussbilanz eines Unternehmens werden für den Bilanzstichtag die Bestandsgrößen Vermögen, Schulden sowie das Eigenkapital mit weiteren Aufgliederungen ausgewiesen.

Stromgrößen messen hingegen **wirtschaftliche Prozesse** innerhalb einer bestimmten **Zeitspanne**. Die Umsatzerlöse des Monats Januar 01 oder die Einzahlungen in der 27. Kalenderwoche sind Beispiele für Stromgrößen. Stromgrößen werden bspw. in der Gewinn- und Verlustrechnung erfasst (siehe hierzu auch Abschnitt A.3.3 zu den Erfolgskonten).

Im Rahmen der Buchhaltung werden Bestandsgrößen in den Endbeständen der Bestandskonten und Stromgrößen sowohl als Bewegungen auf den Bestands- als auch auf den Erfolgskonten ersichtlich. Stromgrößen erklären – als Bewegungsgrößen – die Veränderung von Bestandsgrößen; so bildet der Saldo der positiven und der negativen Stromgrößen in einer Periode immer die Veränderung der korrespondierenden Bestandgröße zwischen dem ersten und dem letzten Tag der Periode. Damit können zu bestimmten Bestandsgrößen korrespondierende Stromgrößen gefunden werden und

https://doi.org/10.1515/9783110747683-008

umgekehrt. Die Stromgrößen auf dem GuV-Konto erklären bspw. die erfolgswirksame Veränderung des Eigenkapitals zwischen dem Beginn und dem Ende des Geschäftsjahres.

Frage: Aus welchen Bestandteilen besteht das betriebliche Rechnungswesen? [?]
Man unterscheidet nach den Informationsadressaten das Interne Rechnungswesen und das Externe Rechnungswesen. Die im **Internen Rechnungswesen** (nach innen gerichtetes Rechnungswesen) generierten Daten dienen im Rahmen der Selbstinformation insbesondere der internen Dokumentation, Planung und Kontrolle von Liquidität und Rentabilität eines Unternehmens. Die Erfassung und Verarbeitung der Informationen ist in der Regel nicht reglementiert und erfolgt für unternehmensinterne Adressaten, insbesondere für das Management (bei Einzelunternehmen auch für den Unternehmer). Das Interne Rechnungswesen kann bspw. die folgenden Fragen beantworten:

- Was kostet mein Produkt? (Kalkulationsfragen)
- Welche von zwei anzuschaffenden Maschinen ist die wirtschaftlichere? (Investitionsfragen)
- Wie viele liquide Mittel stehen planmäßig im nächsten Monat zur Verfügung? (Liquiditätsfragen)

Bestandteile des Internen Rechnungswesens sind bspw. die Kosten- und Erlösrechnung oder die Investitionsrechnung.

Die im **Externen Rechnungswesen** (nach außen gerichtetes Rechnungswesen) erfassten Informationen dienen im Rahmen der Fremdinformation der Unterrichtung unternehmensexterner Adressaten (z. B. Fremdkapitalgeber oder Fiskus). Das Externe Rechnungswesen kann z. B. Antworten auf die folgenden Fragen geben:

- Wie sicher ist der an das Unternehmen vergebene Kredit? (Soliditäts- bzw. Bonitätsfragen)
- Wie setzt sich der Gesamterfolg des Unternehmens zusammen? (Erfolgsstrukturfragen)
- Wie hoch ist die Liquidität des Unternehmens, aus der z. B. die Lieferantenrechnungen bedient werden können? (Liquiditätsfragen)

Das Externe Rechnungswesen unterliegt aufgrund seiner Ausrichtung auf externe Adressaten gesetzlichen Vorschriften, damit eine standardisierte Information auf verlässlicher Basis erfolgt.

Abbildung 8 zeigt die Bestandteile des Externen Rechnungswesens einer Unternehmung. Der **Jahresabschluss**, die **Steuerbilanz** und der konsolidierte Jahresabschluss mehrerer rechtlich selbständiger Unternehmen, die zusammen eine wirtschaftliche Einheit bilden (**Konzernabschluss**), sind regelmäßig, mindestens einmal jährlich zu erstellen. In besonderen Situationen, wie z. B. im Falle einer In-

```
                          ┌───────────────────────────┐
                          │  Externes Rechnungswesen  │
                          └───────────────────────────┘
                ┌──────────────────────────┴──────────────────────────┐
     ┌──────────────────────────┐                        ┌──────────────────────┐
     │  Regelmäßige Erfassung   │                        │  Fallweise Erfassung │
     └──────────────────────────┘                        └──────────────────────┘
```

| Jahresabschluss | Steuerbilanz | Konzernabschluss | Sonderprüfungen | Sonderbilanzen |

| Bilanz
GuV
ggf. Anhang
ggf. Kapitalflussrechnung
ggf. Eigenkapitalspiegel
ggf. Segment-
berichterstattung | | Bilanz
GuV
Anhang
Kapitalflussrechnung
Eigenkapitalspiegel
Segmentbericht-
erstattung |

| Lagebericht | | Lagebericht |

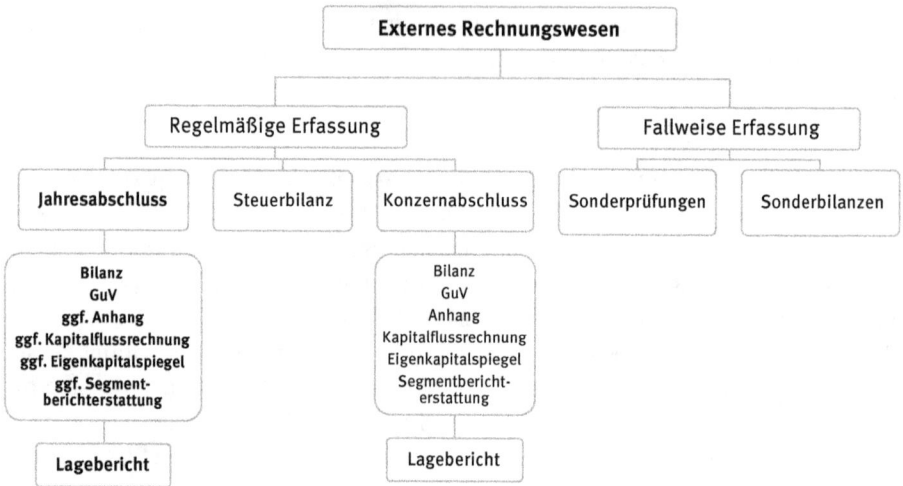

Abb. 8: Bestandteile des Externen Rechnungswesens (in Anlehnung an Busse von Colbe, 2011, S. 653)

solvenz, sind **Sonderbilanzen** (z. B. eine Insolvenzbilanz) zu erstellen, die zum Teil auf Basis von Rechnungslegungsregeln erstellt werden, die von den handelsrechtlichen Normen abweichen. **Sonderprüfungen** werden bei besonderen Anlässen, z. B. bei Kapitalerhöhungen aus Gesellschaftsmitteln oder im Falle einer Verschmelzung, durchgeführt. Basis des externen Rechnungswesens sind die auf den Konten der **Finanzbuchhaltung** gebuchten Daten.

3 Unternehmensziele und betriebliches Rechnungswesen

Frage: Welche Ziele verfolgt ein Unternehmen? ▐?▌

Jedes Unternehmen verfolgt individuelle Ziele als Leitlinien seines Handelns. Gemeinsames wesentliches Merkmal von Unternehmen, die in marktwirtschaftlichen Wirtschaftssystemen aktiv sind, ist das Streben nach **Erfolg**. Sofern der Erfolg positiv ist, wird er **Gewinn** genannt, ist er negativ, handelt es sich um einen **Verlust**. Dabei ist es nicht erforderlich, dass ein Unternehmen die Gewinnmaximierung anstrebt; auch bei der Erzielung eines Mindestgewinns bzw. der Kostendeckung steht eine Erfolgsgröße im Zentrum des betrieblichen Handelns. Das Erfolgsziel kann als absolutes oder als relatives Ziel definiert sein. Im letzteren Fall spricht man auch vom Rendite- oder **Rentabilitätsziel** (z. B. Kapitalrentabilität als Quotient aus Erfolg und Kapitaleinsatz).

Zur Sicherstellung der langfristigen Stabilität eines Unternehmens ist die **Liquidität** jederzeit einzuhalten. Unter Liquidität wird die Fähigkeit eines Unternehmens verstanden, jederzeit den **fälligen Zahlungsverpflichtungen** nachzukommen. In vielen Situationen besitzt die Liquidität die Rolle eines das Erfolgsziel flankierenden Nebenziels; in bestimmten Situationen (z. B. in der Corona-Pandemie) erhält das Liquiditätsziel eine überragende Bedeutung. Fremdkapitalgeber besitzen, da sie zumeist nicht am Erfolg des Unternehmens partizipieren, ein deutlich höheres Interesse an der Liquiditäts- als an der Erfolgssituation des Unternehmens.

Frage: Welche Beziehung besteht zwischen Liquidität und Erfolg? ▐?▌

Die Zielbeziehung von Erfolg und Liquidität wird in Deutschland durch die Bestimmungen zur Insolvenz deutlich. Die **Insolvenzordnung** kennt die Insolvenzgründe der (drohenden) Zahlungsunfähigkeit und der Überschuldung (§§ 17 ff. InsO). Abbildung 9 stellt in einem Vier-Quadranten-Schema die Zusammenhänge anhand der beiden Dimensionen Liquidität und Gewinn bzw. Erfolg dar. Von **Zahlungsunfähigkeit** bzw. Illiquidität wird gesprochen, wenn das Unternehmen nicht mehr in der Lage ist, den laufenden Zahlungsverpflichtungen nachzukommen (Verfehlung des Liquiditätsziels). Unternehmen mit einer negativen Liquidität können ihre Zahlungsverpflichtungen nicht bedienen und sind vom Illiquiditätskonkurs bedroht. Bei einer **Überschuldung** sind mehr Schulden als Vermögensgegenstände im Unternehmen vorhanden. Das Unternehmen hat in den abgelaufenen Geschäftsjahren Verluste erwirtschaftet, die in Summe die Höhe des Eigenkapitals übersteigen. Ausweistechnisch befindet sich das Eigenkapital bei Überschuldung auf der Aktivseite der Bilanz.

Im linken unteren Quadranten der Abbildung 9 ist sowohl die Zahlungsunfähigkeit als auch die Überschuldung gegeben. Unternehmen, die das dauerhafte Überleben bzw. die Unternehmenserhaltung anstreben, sollten möglichst im oberen rechten Quadranten positioniert sein. Bei positiver Liquidität und Gewinnen ist zu beachten,

https://doi.org/10.1515/9783110747683-009

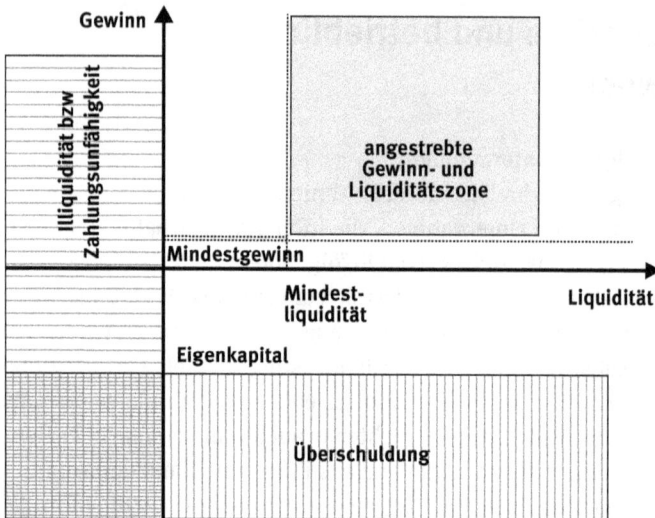

Abb. 9: Unternehmensziele und ihre Beziehung anhand der Insolvenzordnung (in Anlehnung an Chmielewicz, 1976, S. 88)

dass viele Unternehmen eine Mindestliquidität als Reserve für etwaige Unsicherheiten aufweisen wollen und dass gemäß den individuellen Unternehmenszielen ein Mindestgewinn oder eine Mindestrendite erzielt werden soll. Beide Mindestgrößen dienen als Schutz vor Illiquidität bzw. Überschuldung, wenn Einzahlungen unvorhergesehen ausbleiben oder in mehreren Jahren hintereinander Verluste erwirtschaftet werden. Da hohe Liquiditätshaltung mit Erfolgseinbußen verbunden ist, weil bspw. nicht in rentierliche neue Maschinen investiert wird, sollte sich die Liquidität möglichst nahe an der Mindestliquidität orientieren.

? Frage: Welche Bestandteile des Rechnungswesens werden zur Überwachung welcher Ziele eingesetzt?

Das betriebliche Rechnungswesen unterstützt dabei, die Erreichung der beiden für die Unternehmen entscheidenden Ziele Liquidität und Erfolg zu dokumentieren, zu planen und zu kontrollieren. Je nach Adressatenkreis und Zielsetzung werden dabei unterschiedliche Bestandteile des Rechnungswesens eingesetzt (siehe Abbildung 10).

Für **unternehmensinterne Adressaten** (z. B. die Unternehmensleitung) wird zwecks Erreichung des Erfolgsziels die **Kosten- und Erlösrechnung** eingesetzt, während für das Liquiditätsziel die **Finanzrechnung** entscheidend ist. **Unternehmensexterne Adressaten** greifen für Informationen über den Erfolg des Unternehmens auf die **Gewinn- und Verlustrechnung**, hinsichtlich der Liquidität auf die **Kapitalflussrechnung** zurück. Die Kapitalflussrechnung zeigt eine strukturierte Ver-

		Ziele der Unternehmung	
		Erfolg	**Liquidität**
Adressat	**Intern**	Kosten- und Erlösrechnung	Finanzrechnung
	Extern	GuV (und Bilanz)	Kapitalfluss-rechnung

Abb. 10: Unternehmensziele, Adressaten und die Bestandteile des Rechnungswesens

änderung der Zahlungsmittel während einer Periode und ist treffender als Zahlungsflussrechnung zu bezeichnen.

Alle diese Bestandteile des Rechnungswesens sind Stromgrößenrechnungen; die korrespondierenden Bestände sind in der Bilanz ablesbar. So verzeichnet die Bilanz den Bestand der liquiden Mittel (insbesondere den Kassen- und den Bankbestand) und den Bestand aller durch das Unternehmen erwirtschafteten Eigenmittel der Eigentümer als „Bestand der kumulierten Gewinne" neben den direkten Einlagen der Eigenkapitalgeber. Die aufgezeigten Bestandteile des Rechnungswesens bedienen sich zur Erfüllung ihrer Aufgabe jeweils spezieller Rechengrößen. So werden bspw. in der Gewinn- und Verlustrechnung die Stromgrößen Aufwendungen und Erträge betrachtet.

4 Fondsabgrenzungen

? Frage: Was sind Fonds?

Fonds stellen – als Bestandsgrößen – betriebswirtschaftliche Kategorien („Sammelposten") dar, die für unterschiedliche Aufgaben verwendet werden. Die Betriebswirtschaft unterscheidet drei Fonds, die anhand der Bilanz abgegrenzt werden können (vgl. Abbildung 11).

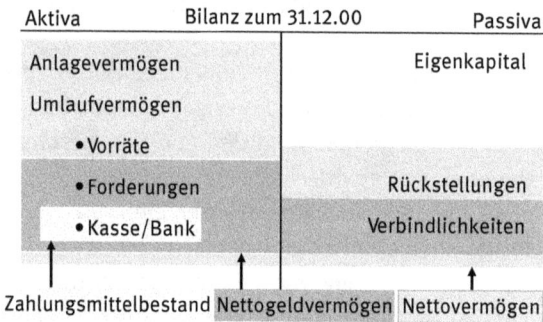

Abb. 11: Abgrenzung verschiedener bilanzieller Fonds anhand einer vereinfachten Bilanz

? Frage: Welche Fonds können aus der Bilanz abgegrenzt werden?

Den ersten Fonds bilden die **Zahlungsmittelbestände.** Hierzu zählen alle Geldmittel, die unmittelbar zur Begleichung offener Zahlungsverpflichtungen eingesetzt werden können. Dies sind insbesondere der Kassenbestand und das auf Bankkonten verfügbare Buchgeld. „Geldbestände" in Kryptowährungen zählen ausdrücklich nicht hierzu. Der Fonds der Zahlungsmittel ist für die Liquiditätssituation des Unternehmens von entscheidender Bedeutung, da die Zahlungsverpflichtungen aus ihm direkt erfüllt werden können.

Neben diesen unmittelbar für Finanztransaktionen zur Verfügung stehenden Mitteln können andere Bilanzpositionen kurz- oder mittelfristig in Liquidität umgesetzt werden („Geldvermögen"). So wird davon ausgegangen, dass die Kunden zum Ende ihres Zahlungsziels die Forderungen aus Lieferungen und Leistungen bedienen und dem Unternehmen hierdurch liquide Mittel zufließen. Auf der anderen Seite muss das Unternehmen seine Verbindlichkeiten (z. B. an Lieferanten oder an Fremdkapitalgeber) begleichen. Es ist damit zu rechnen, dass diese Positionen die Liquidität in Zukunft belasten. Daher umfasst der zweite Fonds des **Nettogeldvermögens** neben dem Zahlungsmittelbestand (1. Fonds) alle Forderungen sowie sonstiges kurz- und mittelfristiges Geldvermögen (z. B. Forderungen, Wertpapiere des Umlaufvermögens) und

https://doi.org/10.1515/9783110747683-010

als Abzugsposten die Verbindlichkeiten. Rechnerisch besteht damit das Nettogeldvermögen aus:

	Bar- und Buchgeldbestand (1. Fonds)
+	sonstiges kurz- und mittelfristiges Geldvermögen (z. B. Forderungen)
−	Verbindlichkeiten
=	Nettogeldvermögen (2. Fonds)

Mit der Veränderung des Nettogeldvermögens sind immer **Güterbewegungen** im Unternehmen verbunden. Bei Absatz- wie bei Liefergeschäften können Bar- und Zielgeschäfte unterschieden werden. Werden Güter **an Kunden** verkauft und sofort geliefert, werden bei **Bartransaktionen** die Finanzmittel unmittelbar gegen die Leistung getauscht. Es findet ein sofortiger Zugang an liquiden Mitteln statt. Bei **Zielkäufen** wird dem Kunden ein Zahlungsziel eingeräumt innerhalb dessen er die Zahlungsmittel dem Unternehmen übergibt. Innerhalb des Zahlungsziels bis zur Bezahlung durch den Kunden hat das Unternehmen eine Forderung aus Lieferungen und Leistungen in der Bilanz gebucht. In beiden Fällen, d. h. bei Bar- als auch bei Zieltransaktionen, erhöht sich das Nettogeldvermögen infolge der Lieferung und damit des Abgangs von Gütern. Eine Lieferung **an das Unternehmen**, also der Zugang von Gütern, kann analog entweder wiederum als Bartransaktion (Verringerung der liquiden Mittel) oder über das Einbuchen einer Verbindlichkeit aus Lieferungen und Leistungen (Erhöhung der Verbindlichkeiten und damit Verringerung des Nettogeldvermögens) vorgenommen werden.

Das Nettogeldvermögen stellt damit das **monetäre Äquivalent der Güterbewegungen** – sowohl eingehender wie ausgehender Güter – im Unternehmen dar. Reine Geldbewegungen, wie z. B. die Aufnahme oder Rückzahlung von Darlehen oder die Begleichung der Forderungen durch die Kunden, ändern das Nettogeldvermögen nicht.

Vom Nettogeldvermögen zum **Nettovermögen** als dritten Fonds gelangt man, wenn zum Nettogeldvermögen das Sachvermögen bestehend aus den **Vorräten** und dem **Anlagevermögen** hinzugerechnet wird sowie neben den Verbindlichkeiten auch die Rückstellungen subtrahiert werden. Es umfasst damit alle Aktiva abzüglich aller Schulden (Verbindlichkeiten und Rückstellungen) und ist **identisch** mit dem **Eigenkapital**. Das Nettovermögen ist die zentrale Größe für alle Eigentümer. Sie haben bspw. bei Auflösung des Unternehmens einen Anspruch auf ihren Anteil am Eigenkapital. Ist das Unternehmen erfolgreich und produziert einen Gewinn, erhöht sich das Nettovermögen. Im Rahmen der Buchhaltung wird dies dadurch deutlich, dass das GuV-Konto auf das Eigenkapitalkonto abgeschlossen wird (vgl. Abschnitt A.3.4).

5 Rechengrößen des Liquiditätsziels

5.1 Einzahlungen und Auszahlungen

Frage: Was sind Einzahlungen?

Einzahlungen sind **Zugänge zum Zahlungsmittelfonds.** Fließen dem Unternehmen Zahlungsmittel in Form von Bargeld oder Buchgeld auf Bankkonten zu, erhöht sich der Zahlungsmittelfonds (siehe Abschnitt B.4). Die zugrundeliegende Frage, die bei der Prüfung auf eine Einzahlung beantwortet werden muss, lautet: Sind Gelder in Form von Zahlungsmitteln durch eine bestimmte Transaktion zugeflossen? Einzahlungen können sowohl aus dem operativen Geschäft des Unternehmens, z. B. durch Barverkäufe von Produkten, als auch aus reinen Finanztransaktionen wie bspw. der Rückzahlung eines an einen Geschäftspartner gewährten Darlehens resultieren. Sie sind in der Praxis eindeutig durch ihre Registrierung im Kassenbuch oder auf dem (elektronischen) Bankauszug identifizierbar. Sobald buchhalterisch ein **Zahlungsmittelkonto im Soll** angesprochen wird, handelt es sich um eine Einzahlung.

Frage: Was sind Auszahlungen?

Auszahlungen sind **Abgänge vom Zahlungsmittelfonds.** Zahlt das Unternehmen Bar- oder Buchgeld an Dritte, reduziert sich dadurch der Bestand des Zahlungsmittelfonds. Einer Auszahlung liegt die Frage zugrunde: Sind Zahlungsmittel durch einen Geschäftsvorfall aus dem Unternehmen abgeflossen? Beispiele für Auszahlungen sind die Begleichung einer fälligen Rechnung an einen Lieferanten (operative Auszahlung) und die Rückzahlung eines Kredits an die Bank (Finanzauszahlung). Sämtliche Abgänge von Zahlungsmitteln werden unabhängig vom Zweck der Zahlung und ihrer Veranlassung als Auszahlung bezeichnet. Auszahlungen werden im Kassenbuch verzeichnet oder ergeben sich aus Abbuchungen oder Überweisungen vom Bankkonto. Auszahlungen werden immer dann erfasst, wenn ein **Zahlungsmittelkonto im Haben** angesprochen wird.

Frage: Was ist der Liquiditätssaldo?

Die **Differenz aus den Einzahlungen und den Auszahlungen**, die in einer Periode angefallen sind, wird als Liquiditätssaldo bezeichnet; er erklärt als Differenz der Stromgrößen Ein- und Auszahlungen die **Veränderung der Bestandsgröße Liquidität** (Veränderung des Zahlungsmittelfonds) zwischen zwei Stichtagen. In der Literatur wird der Liquiditätssaldo – in unterschiedlichen Abgrenzungen – auch als **Cashflow** (Zahlungsmittelfluss) bezeichnet; ein positiver Cashflow entspricht einem Einzahlungsüberschuss. Der Liquiditätssaldo als Veränderung des Zahlungsmittelbestands ist für die Planung und Kontrolle des Liquiditätsziels der Unternehmung von herausragender Bedeutung. Er gibt an, ob in einer bestimmten Periode zusätzliche

https://doi.org/10.1515/9783110747683-011

Zahlungsmittel generiert werden konnten oder nicht. Diese zusätzlichen liquiden Mittel stehen dann gemeinsam mit dem Zahlungsmittelbestand zu Beginn der Periode zur Begleichung fälliger Zahlungen in der Folgeperiode zur Verfügung. Der Liquiditätssaldo kann bei entsprechender Abgrenzung der Kapitalflussrechnung eines Unternehmens entnommen werden.

5.2 Einnahmen und Ausgaben

Frage: Warum wird bei der Betrachtung des Liquiditätsziels ein weiteres Begriffspaar benötigt?

Im Abschnitt B.4 wurde für Liquiditätszwecke neben dem Zahlungsmittelbestand auch das Nettogeldvermögen abgegrenzt. Während der Zahlungsmittelbestand nur die unmittelbar einsetzbaren, jederzeit verfügbaren liquiden Mittel (kurzfristige Liquidität) beinhaltet, bezieht das **Nettogeldvermögen** darüber hinaus auch die **gesamten Forderungen und Verbindlichkeiten** ein. Damit werden im Nettogeldvermögen alle Güterbewegungen zwischen der Umwelt und dem Unternehmen erfasst und sowohl Bartransaktionen als auch Zielgeschäfte berücksichtigt. Reine Finanztransaktionen, die als Zahlungsmittelzuflüsse in absehbarer Zeit einen Zahlungsmittelabfluss nach sich ziehen werden und umgekehrt (z. B. die Aufnahme oder die Gewährung eines Darlehens), verändern das Nettogeldvermögen hingegen nicht. Das Nettogeldvermögen stellt die mittelfristige Liquidität des Unternehmens dar.

Frage: Was sind Einnahmen?

Einnahmen sind **Erhöhungen des Nettogeldvermögens** (2. Fonds). Sie knüpfen an den **Güterabgang** in einer Periode bspw. durch den Versand von fertigen Produkten zu den Kunden an und werden **unabhängig vom korrespondierenden Zahlungstermin** im Rechnungswesen gebucht. Als Buchungsbelege dienen z. B. die Versandpapiere als die Einnahme begründende Dokumente. Ob eine Einnahme erkannt wird, hängt also von der Beantwortung der folgenden Frage ab: Sind Güter aus dem Unternehmen abgegangen?

Geschäftsvorfälle, die eine Einzahlung, aber keine Einnahme darstellen, resultieren aus einem Zahlungsmittelzufluss, dem eine Verminderung der Forderungen oder eine Erhöhung der Verbindlichkeiten in gleicher Höhe kompensatorisch gegenübersteht (z. B. Begleichung einer Forderung aus Lieferungen und Leistungen durch Banküberweisung). Bei einem Barverkauf fallen Einzahlung und Einnahme zeitlich zusammen. Bei Zielgeschäften, bei denen die Rechnung erst zu einem späteren Termin durch den Kunden bezahlt wird, erfolgt zuerst die Einnahme beim Versand der Produkte und nach Ablauf der Zahlungsfrist beim Zahlungseingang die Einzahlung. Leistet der Kunde zunächst eine Anzahlung und erhält zu einem späteren Zeitpunkt das Produkt, findet die Einzahlung vor der Einnahme statt. Einzahlungen können damit **zeitlich**

vor der Einnahme (bei einer **Kundenanzahlung**), **gleichzeitig** mit (bei einem **Barge-schäft**) oder auch **nach** der Einnahme (**Zielgeschäft**) liegen. In Bezug auf eine Transaktion kann der Zeitpunkt der Erfassung von Einzahlung und Einnahme differieren, der **Wert der Einzahlung entspricht** aber immer dem **Wert der Einnahme**.

? **Frage: Was sind Ausgaben?**

Ausgaben sind **Reduzierungen des Nettogeldvermögens**. Ein Güterzugang bspw. aus der Lieferung von Rohstoffen oder der Erbringung von Arbeitsleistungen durch Mitarbeiter, bewirkt im **Zeitpunkt des Güterzuflusses** eine Ausgabe. Die Ausgabe ist – wie die Einnahme – nicht an den Zahlungstermin für die entsprechende Leistung gebunden, sondern an den Güterzugang. Es wird damit unterschieden zwischen dem Zahlungszeitpunkt, der eine Auszahlung bewirkt, und dem Güterzugang im Unternehmen, der die Ausgabe begründet. Der Unterschied zwischen Ausgabe und Auszahlung liegt nur in der **unterschiedlichen zeitlichen Zuordnung** (Verschiebung auf der Zeitachse). Eine Differenzierung zwischen Ausgaben und Auszahlungen ist dadurch erforderlich, dass der Zahlungszeitpunkt vom Lieferzeitpunkt eines Gutes abweichen kann. Grundsätzlich kann – wie im Falle von Einzahlung und Einnahme – die Auszahlung **vor** (bei einer geleisteten Anzahlung), **zeitgleich** mit (Bargeschäft) oder **nach** der Ausgabe (Zielkauf) erfolgen. Bei Bargeschäften, bei denen Zahlungsmittel abgegeben werden und gleichzeitig das Gut in Empfang genommen wird, fallen Ausgabe und Auszahlung zusammen.

i **Beispiel:** Ein Landwirt schließt mit dem Landhandel einen Vertrag über die Lieferung von Saatgut ab. Mit Vertragsabschluss ist eine Abschlagszahlung von 1/3 des Kaufpreises in Höhe von 30.000 € fällig. Daher wird im Zahlungszeitpunkt des Abschlags eine Auszahlung von 30.000 € (geleistete Anzahlung) gebucht. Bei vollständiger Lieferung des Saatgutes im Frühjahr wird der volle Betrag von 90.000 € als Ausgabe berücksichtigt. Nun wird die vorherige Anzahlung aus- und eine Verbindlichkeit aus Lieferungen und Leistungen von 60.000 € eingebucht. Nach der Ernte erfolgt die Restzahlung; die Verbindlichkeit aus Lieferungen und Leistungen wird beglichen und die verbliebene Auszahlung von 60.000 € erfasst.

In der Praxis werden Ausgaben bspw. anhand des **Lieferscheins** des Lieferanten gebucht. Zwecks Identifizierung einer Ausgabe muss gefragt werden, ob Güter neu im Unternehmen eingetroffen sind.

? **Frage: Was ist der Finanzsaldo?**

Durch **Subtraktion der Ausgaben von den Einnahmen** ermittelt sich der Finanzsaldo (Veränderung des 2. Fonds). Der Finanzsaldo wird wie der Liquiditätssaldo zur Planung und Kontrolle der Liquidität eingesetzt. Er umfasst den Wert aller Transaktionen, welche durch Güterzu- und -abgänge veranlasst sind (monetäres Äquivalent der Güterbewegungen).

Als Steuerungsgröße entspricht der Finanzsaldo der Änderung der **mittelfristigen Liquidität**. Darüber hinaus schafft er die Verbindung zwischen der Zahlungsebene und der Erfolgsebene. Nicht jede Auszahlung führt zu einer Ausgabe, aber jeder Ausgabe liegt, bis auf wenige Ausnahmen, eine Auszahlung zugrunde und jeder Ausgabe folgt ein Aufwand (vgl. Abschnitt B.6.1), wenn das Gut verbraucht wird. Bestimmte Güter bezieht ein Unternehmen nicht zu einem bestimmten Zeitpunkt, sondern innerhalb einer bestimmten Periode (z. B. Personalzahlungen und Zinszahlungen). Die in diesen Beispielen dem Unternehmen zugehenden Güter sind die Arbeitskraft und die Möglichkeit, Fremdkapital zu nutzen. Sie werden mit der Vergütung des jeweiligen Produktionsfaktors bewertet. Arbeitskraft und Kapitalüberlassung gehen dem Unternehmen nicht zu einem Zeitpunkt zu, sondern stehen dem Unternehmen während eines Zeitraums zur Verfügung. Die Ausgaben werden jedoch nicht permanent während des Zeitraums erfasst, sondern in der Regel zu dem Zeitpunkt, zu dem auch der entsprechende Aufwand in der Buchhaltung gebucht wird (vgl. Abschnitt A.4.1 und A.4.7).

Auszahlungen, mit denen kein Aufwand zusammenhängt, begründen zu keinem Zeitpunkt eine Ausgabe. Daher resultieren bspw. aus Dividenden-Auszahlungen keine Ausgaben, obwohl sie eine Entlohnung der (Eigen-)Kapitalgeber für eine Kapitalüberlassung darstellen.

6 Rechengrößen des Erfolgsziels

6.1 Erträge und Aufwendungen

? **Frage: Warum werden die Begriffe „Erträge" und „Aufwendungen" benötigt?**

Wenn beurteilt werden soll, ob ein Unternehmen erfolgreich ist oder nicht, könnte man abwarten, bis das Unternehmen seinen Betrieb einstellt und dann über alle Perioden der Lebensdauer hinweg prüfen, ob mehr Einzahlungen als Auszahlungen generiert wurden. Dieses Vorgehen ist wenig praktikabel, da nicht erst die gesamte Lebensdauer eines Unternehmens abgewartet werden kann, sondern bereits „zwischendurch" Erfolgsinformationen benötigt werden. Die Lösung dieses Problems liegt in der Periodisierung von Einzahlungen bzw. Einnahmen und Auszahlungen bzw. Ausgaben zu verschiedenen Perioden, denen sie „zugehörig" sind. **Periodisierung** bedeutet, eine bestimmte Wertgröße einer spezifischen Periode zuzuweisen, die nicht zwangsläufig die Periode der Zahlung ist.

Gemäß § 252 Abs. 1 Nr. 5 HGB sind Erträge und Aufwendungen unabhängig von ihrem Zahlungszeitpunkt zu erfassen. Mittels Konventionen oder sachlichen Zuordnungsvorschriften werden die Zahlungsgrößen auf der Zeitachse verschoben. So werden bspw. Umsatzeinzahlungen aus Warenverkauf der Periode der Lieferung als Ertrag und Materialeinsätze dem Zeitpunkt ihres Verbrauchs in der Produktion als Aufwand zugewiesen. Mit der Periodisierung wird der Übergang vom liquiditätsbezogenen Rechnungswesen mit seinen spezifischen Rechengrößen zum erfolgsorientierten Rechnungswesen vollzogen.

Das **Steuerrecht** verwendet ein weiteres Begriffspaar: **Betriebseinnahmen** und **-ausgaben** im Sinne des § 4 Abs. 1 EStG. Diese Begriffe sind nicht den betriebswirtschaftlichen Begriffen Einnahme und Ausgabe entlehnt. Inhaltlich liegen die steuerlichen Betriebseinnahmen näher an den betriebswirtschaftlichen Erträgen und die Betriebsausgaben näher an den Aufwendungen, sind aber nicht mit ihnen gleichzusetzen, da sie steuerspezifischen Regelungen folgen.

? **Frage: Was sind Erträge?**

Als Ertrag wird die **Erhöhung des Nettovermögens** als Resultat der Tätigkeit eines Unternehmens verstanden. Keinen Ertrag stellt daher die Erhöhung des Nettovermögens aus einer Einzahlung der Eigentümer in das Eigenkapital dar (erfolgsneutrale Eigenkapitalerhöhung). Typischerweise entstehen Erträge wenn neue Güter entstehen. Geschäftsvorfälle, die das Geldvermögen erhöhen, bei denen es aber zu einer betragsgleichen Reduzierung des Sachvermögens kommt, führen zwar zu Einzahlungen und zu Einnahmen, aber nicht zu Erträgen (z. B. Verkauf einer Maschine zum Buchwert). Der Wert einer Transaktion ist für die Erfassung einer Einzahlung, einer Einnahme und eines Ertrags identisch.

https://doi.org/10.1515/9783110747683-012

Erträge werden – sofern sie sich nicht auf einen speziellen Zeitraum beziehen – gemäß deutschem Handelsrecht in dem Zeitpunkt realisiert (siehe auch das **Realisationsprinzip** in Abschnitt C.1.3.2), in dem die Leistung erbracht wurde, z. B. ein **Gut dem Kunden geliefert** wird und das **Risiko des zufälligen Untergangs** des Gutes vom Lieferanten auf den Kunden übergeht (vgl. hierzu ausführlicher Breidenbach/ Währisch, 2016, S. 168 ff.). Ab diesem Zeitpunkt hat das Unternehmen einen Anspruch auf die Gegenleistung, die zumeist der **Kaufpreis** bildet. Einzahlungen können zeitlich wiederum vor, gleichzeitig oder nach den Erträgen anfallen.

Beispiel: Ein Kunde leistet eine hälftige Anzahlung von 10.000 € auf die Lieferung einer Menge Schweinehälften (im Zahlungszeitpunkt 10.000 € Einzahlung beim Lieferanten). Der Ertrag aus diesem Geschäftsvorfall wird erst dann realisiert, wenn die Schweinehälften ausgeliefert werden (im Lieferzeitpunkt Ertrag von 20.000 €). Erst wenn die zweite (Schluss-)Zahlung in Höhe von 10.000 € fällig ist und gezahlt wird, werden die übrigen Einzahlungen in Höhe 10.000 € erfasst.

In der betrieblichen Praxis fallen Einnahmen und Erträge vielfach zeitgleich an, da im Lieferzeitpunkt gleichzeitig gemäß dem Kaufvertrag der Anspruch auf den Kaufpreis entsteht. Buchhalterisch sind Erträge mit der Buchung auf bestimmten Erfolgskonten – den **Ertragskonten** – als Unterkonten des GuV-Kontos verbunden (siehe Abschnitt A.3.3).

Frage: Was sind Aufwendungen?

Aufwendungen sind **Reduzierungen des Nettovermögens**, die auf einen **Güterverbrauch** zurückzuführen sind. Anders formuliert stellen sie die **periodisierten Ausgaben** einer Periode dar. Die Ausgaben werden mittels Periodisierung auf der Zeitachse verschoben. Wird bspw. Material geliefert, führt dies im Anlieferzeitpunkt zu Ausgaben, aber erst im Zeitpunkt des Materialverbrauchs zu Aufwand. Besonders deutlich wird der Unterschied zwischen Ausgaben und Aufwand bei den **Abschreibungen**.

Beispiel: Die Anschaffung und Lieferung einer neuen Verpackungsmaschine führt im **Anschaffungszeitpunkt** zu **Ausgaben**. Diese Ausgaben werden für eine periodengerechte Gewinnermittlung auf die Perioden verteilt, in denen die Maschine genutzt wird. Anderenfalls würde im Jahr der Anschaffung ein zu niedriges Ergebnis ausgewiesen (hoher Aufwand in Höhe der vollen Ausgaben) und in den Folgejahren könnte die Maschine „kostenlos" (präziser: aufwandslos) genutzt werden. Bei den Abschreibungen fallen Ausgaben und Aufwand auseinander, da die gesamten Ausgaben im Rahmen der **Abschreibungen als spezielle Aufwandsart** über die verschiedenen Perioden der Nutzung der Maschine verteilt werden (vgl. ausführlicher zu den Abschreibungen Abschnitt C.2.2.4).

Aufwand und Ertrag richten sich im Jahresabschluss nicht durchgängig nach den hier dargestellten betriebswirtschaftlichen Grundsätzen, sondern nach handelsrechtlichen Vorschriften, die davon abweichen können (siehe hierzu Abschnitt C.3).

? **Frage: Welche Bedeutung besitzt der Jahresüberschuss gemäß der handelsrechtlichen Gewinn- und Verlustrechnung?**

Die Differenz zwischen den Erträgen und den Aufwendungen bildet, sofern sie positiv ist, den **Jahresüberschuss**, sofern negativ, den **Jahresfehlbetrag** für die handelsrechtliche Gewinn- und Verlustrechnung. Sie soll aufzeigen, ob das Unternehmen in einer bestimmten Periode insgesamt erfolgreich gehandelt hat. Dabei ist zu beachten, dass diese Erfolgsgrößen insbesondere für externe Adressaten von Bedeutung sind. Die Ermittlung muss daher von Fachkundigen nachvollziehbar sein und sollte auf nicht – oder nur begrenzt – gestaltbaren Größen beruhen. Dementsprechend ergibt sich ihre Höhe aus den ihnen zugrundeliegenden Zahlungen. Der Zeitpunkt der Erfassung im Rechnungswesen wird durch Vorschriften des Handelsgesetzbuchs und die Grundsätze ordnungsmäßiger Buchführung (GoB, vgl. Abschnitt C.1.3.2) bestimmt.

6.2 Exkurs: Erlöse und Kosten

? **Frage: Warum werden die Begriffe „Erlöse" und „Kosten" benötigt?**

Das letzte Begriffspaar, Erlöse und Kosten, wird im Rahmen dieses Lehrbuches nicht weiter benötigt, da es dem Internen Rechnungswesen zuzuordnen ist. Der Vollständigkeit halber sollen die Begriffe insbesondere in ihrer Abgrenzung zu den Erträgen und Aufwendungen an dieser Stelle diskutiert werden. Erlöse und Kosten messen wie Erträge und Aufwendungen den Erfolg eines Unternehmens. Wie die Temperatur mit unterschiedlichen Messkonzepten oder Skalen z. B. in Grad Celsius (°C) oder in Kelvin (K) gemessen werden, kann der Erfolg ebenso mittels einer Aufwands- und Ertragsrechnung wie mit einer Kosten- und Erlösrechnung bestimmt werden.

? **Frage: Was sind Erlöse?**

Erlöse sind bewertete Güter, die in einer Periode aufgrund betrieblicher Tätigkeiten entstanden sind. Die Erlöse setzen sich aus den **Umsatzerlösen**, als Entgelte für die in einer Periode verkauften Produkte und Dienstleistungen, sowie den **Erlösen** aus **Bestandsveränderungen** (siehe auch Abschnitt A.4.6) und **aktivierten Eigenleistungen** zusammen. Damit umfassen sie die Gesamtheit aller in der Periode produzierten Güter unabhängig davon, ob sie bereits verkauft sind (Umsatzerlöse), sich noch auf Lager befinden (Bestandsveränderung) oder zukünftig im eigenen Unternehmen zwecks Produktion neuer Güter weiterverwendet werden sollen (aktivierte Eigenleistungen).

Zuweilen wird für den vorstehend definierten Erlösbegriff auch der Terminus Leistung verwendet (vgl. bspw. Plinke/Utzig, 2020, S. 41 f.). Dem soll hier nicht gefolgt werden, da der Begriff der Leistung in der Physik bereits anders belegt ist und hierunter betriebswirtschaftlich unbewertete Größen verstanden werden.

Frage: Was sind Kosten?

Kosten sind der bewertete, betriebszweckbezogene Güterverbrauch einer Periode. Unter den Kosten werden – wie bei den Aufwendungen – nur **Gütereinsätze** oder -verzehre als Input des betrieblichen Leistungsprozesses und nicht bereits die Anlieferung oder Einlagerung der Güter abgebildet. Allerdings werden nur solche Güterverbräuche unter den Kosten erfasst, die sich auf den **Betriebszweck** des Unternehmens (z. B. Produktion von Lebensmitteln) zurückführen lassen. Damit sind die unter den Kosten berücksichtigten Güterverbräuche enger abgegrenzt als bei den Aufwendungen. Werden bspw. Spenden für soziale Zwecke als Aufwand gebucht, stellen diese keine Kosten dar, da sie nicht zwangsläufig für die betriebliche Leistungserstellung benötigt werden. Außerordentlicher Güterverbrauch (z. B. aus einem Großfeuerschaden) wird ebenfalls nicht als Kosten erfasst.

Die **Bewertung der Kosten** folgt grundsätzlich dem **Tagespreisprinzip**. Für betriebswirtschaftliche Analysen soll den mit aktuellen Tagespreisen bewerteten Erlösen auch ein gleiches Preisgerüst auf der Kostenseite gegenübergestellt werden (identischer Bewertungszeitpunkt von Kosten und Erlösen). Damit sind bei den Kosten nicht die historischen Anschaffungswerte zur Bewertung eines Güterverbrauchs relevant, sondern die an den aktuellen Marktpreisen orientierten Tageswerte. Der Kostenbegriff löst sich vollständig von der Zahlungsbasis für einen Gütereinsatz und stellt eine eigenständige Bewertungskategorie dar. Mit dieser Bewertung soll die **Substanzerhaltung** des Betriebes gewährleistet werden, die zum Ziel hat, Produkte so zu kalkulieren, dass der Verkauf zu diesen Werten die Wiederbeschaffung der genutzten Produktionsfaktoren zum aktuellen Preisniveau sicherstellt.

Beispiel: In einem Produktionsprozess wird Rohöl verwendet. Für die Monatsproduktion wurden 10.000 Fässer Öl verbraucht. Diese Fässer wurden vor einem Monat für 50 € je Fass eingekauft. Durch eine kriegerische Auseinandersetzung im Nahen Osten ist der Rohölpreis auf 65 € je Fass angestiegen. Der Ölverbrauch wird **zu Anschaffungswerten** mit einem **Aufwand** in Höhe von 50.000 € und zu **Tageswerten** mit **Kosten** von 65.000 € bewertet.

Frage: Was ist das Betriebsergebnis?

Das Betriebsergebnis wird durch die Differenz aus Erlösen und Kosten einer Periode gebildet. Es misst – tagesnah bewertet – den Erfolg der betrieblichen Tätigkeit des Unternehmens. Das Betriebsergebnis kann durch verschiedene Korrekturen in den Jahresüberschuss bzw. den Jahresfehlbetrag übergeleitet werden.

Frage: Wie grenzen sich Aufwand und Kosten voneinander ab?

Mit der Abgrenzung von Aufwand zu den Kosten hat sich *Eugen Schmalenbach* bereits früh beschäftigt und zur Beantwortung das in Abbildung 12 dargestellte Schema entwickelt. Der obere Teil der Abbildung stellt den Aufwandsbegriff und der untere den Kostenbegriff dar.

Aufwand		
Neutraler Aufwand • betriebsfremd, • periodenfremd, • außerordentlich	**Zweckaufwand** **(betrieblich, periodisch, ordentlich)**	
	kostengleicher Aufwand	**Andersaufwand**
	.·.·.·.·.·.·.·.·.·.·.·. ·Grundkosten·.·.·.·.·. .·.·.·.·.·.·.·.·.·.·.·.	ᐧᐧᐧKalkulatorische Kostenᐧᐧᐧ ᐧᐧᐧAnderskostenᐧᐧᐧ Zusatzkosten
	Kosten	

Abb. 12: Abgrenzung von Aufwand und Kosten (in Anlehnung an und in Erweiterung von Schmalenbach, 1963, S. 10)

Der Aufwand setzt sich aus dem **neutralen Aufwand,** der grundsätzlich keinen Kostencharakter besitzt, und dem **Zweckaufwand,** dessen Güterverbräuche grundsätzlich auch in der Kostenrechnung Berücksichtigung finden, zusammen. Zum neutralen Aufwand zählen

- der **betriebsfremde Aufwand,** der nicht für die betriebliche Leistungserstellung angefallen ist (z. B. Spenden oder Spekulationsverluste),
- der **periodenfremde Aufwand,** der nicht durch die Leistungserstellung in dieser Periode verursacht wurde (z. B. Nachzahlung von Kfz-Steuern für das Vorjahr)
- und der **außerordentliche Aufwand.**

Außerordentliche Aufwendungen erwachsen aus Ereignissen, die nur selten auftreten (geringe Wahrscheinlichkeit) und gleichzeitig einen wesentlichen Einfluss im Sinne einer finanziellen Dimension für das Unternehmen (z. B. durch die Vernichtung besonders wertvoller Vermögensgegenstände) besitzen. Ein typisches Beispiel für außerordentliche Aufwendungen sind die Wertberichtigungen in Folge eines Großbrandes in der Fertigungshalle. Güterverbräuche, die auf betriebsfremde, periodenfremde oder außerordentliche Transaktionen zurückzuführen sind, werden in der Kostenrechnung nicht erfasst.

Der **Zweckaufwand** unterteilt sich in den **kostengleichen Aufwand,** bei dem Kosten und Aufwand vollständig identisch sind, und den **Andersaufwand.** Den Andersaufwendungen liegen wie den Anderskosten gleiche Güterverbräuche zugrunde; sie werden aber entweder unterschiedlichen Perioden zugeordnet oder anders bewertet. **Abschreibungen** als typischer Fall der Andersaufwendungen werden für die handelsrechtliche Gewinn- und Verlustrechnung mit **historischen Anschaffungs- oder Herstellungskosten** der abzuschreibenden Anlagen bewertet, während sie in der Kostenrechnung mit den **tagesaktuellen Wiederbeschaffungswerten** erfasst werden.

Die Kosten setzen sich gemäß Abbildung 12 aus den – mit dem kostengleichen Aufwand identischen – **Grundkosten** und den **kalkulatorischen Kosten** zusammen. Neben den bereits dargestellten **Anderskosten** beinhalten die kalkulatorischen Kosten auch die Zusatzkosten. **Zusatzkosten** liegen grundsätzlich keine Zahlungen zugrunde; sie werden aus betriebswirtschaftlichen Gründen – zu Vergleichszwecken oder zur vollständigen Erfassung aller betrieblichen Güterverbräuche – den Kosten hinzugefügt. Unter den Zusatzkosten werden insbesondere die folgenden Wertansätze verstanden:

– **Kalkulatorischer Unternehmerlohn:** Bei Einzelkaufleuten und bestimmten Personengesellschaften arbeiten die Unternehmer in ihrem Unternehmen unentgeltlich, da sie aufgrund des Selbstkontrahierungsverbots des § 181 BGB keinen Arbeitsvertrag mit sich selbst abschließen können. Der Wertverbrauch der Arbeitsleistung des Unternehmers würde, wenn keine Zusatzkosten erfasst würden, in die Kosten nicht einbezogen. Daher wird zusätzlich ein bewerteter Güterverbrauch in Höhe des Arbeitsentgelts, das der Unternehmer bei einer Tätigkeit außerhalb seines Unternehmens erzielen könnte (Opportunitätskosten), unter den Kosten berücksichtigt.

– **Kalkulatorische Eigenmiete:** In vergleichbarer Situation wie beim kalkulatorischen Unternehmerlohn überlässt der Unternehmer aus dem Privatvermögen seinem Unternehmen entgeltfrei eine Immobilie zum betrieblichen Gebrauch. Hätte das Unternehmen die Immobilie von einem Dritten gemietet, wären Mietaufwendungen entstanden. Der Güterverbrauch durch die betriebliche Nutzung der Immobilie wird als kalkulatorische Eigenmiete erfasst, obwohl ihm keine Mietzahlungen zugrunde liegen. Die Höhe richtet sich nach der bei Vermietung an Externe erzielbaren Miete.

– **Kalkulatorische Zinsen auf das Eigenkapital:** Zinsen für Fremdkapital werden an die Kreditgeber gezahlt. Die Entlohnung für das von den Eigentümern in das Unternehmen eingebrachte Eigenkapital erfolgt in Form des Anspruchs auf den Jahresüberschuss. Der Güterverbrauch, der dadurch entsteht, dass die Eigentümer ihrem Unternehmen das Eigenkapital zur Verfügung gestellt haben und es nicht in andere Unternehmen investiert haben, wird durch die Verzinsung des Eigenkapitals in den Kosten abgebildet. Der hierbei angesetzte Zinssatz ist unter Berücksichtigung der alternativen Anlagemöglichkeiten gleichen Risikos zu bemessen.

7 Teilbereiche des Rechnungswesens und ihre Rechengrößen

? Frage: Welche Grundbegriffe des Rechnungswesens werden zur Sicherstellung der Liquidität eingesetzt?

Für die Sicherstellung der **Liquidität** werden die Begriffspaare **Ein- und Auszahlung** sowie **Einnahme und Ausgabe** verwendet. Sowohl in der internen **Finanzrechnung,** die neben dem aktuellen Zahlungsmittelfluss einer abgelaufenen Periode auch die Liquiditätsplanung für zukünftige Perioden enthält, als auch in der für externe Adressaten aufgestellten und ggf. veröffentlichten **Kapitalflussrechnung** werden diese Grundbegriffe eingesetzt. Je nach Fondsabgrenzung können für beide Rechnungen Ein- und Auszahlungen nebst dem Liquiditätssaldo oder auch Einnahmen und Ausgaben einschließlich des Finanzsaldos Verwendung finden.

? Frage: Welche Grundbegriffe des Rechnungswesens werden zur Verfolgung des Erfolgsziels verwendet?

Die Verwendung der Rechengrößen für die Kosten- und Erlösrechnung sowie für die Gewinn- und Verlustrechnung als zentrale Instrumente des Erfolgsziels ist eindeutig. In der **Kosten- und Erlösrechnung,** die das Erfolgsziel aus der Perspektive der internen Adressaten – zumeist des Managements – betrachtet, werden grundsätzlich die **Kosten und Erlöse** zur Ermittlung des Betriebsergebnisses als Saldo verwendet. Die Unternehmen sind in der konkreten Definition der Kosten und Erlöse frei und könnten diese nach den individuellen Rechnungszielen bestimmen. Der der Kosten- und Erlösrechnung zugrunde gelegte Erfolg unterscheidet sich zumindest vom handelsrechtlichen Erfolg (Jahresüberschuss/-fehlbetrag), indem bei der Bewertung sowohl in den Erlösen als auch in den Kosten aktuelle Preisniveaus berücksichtigt werden. Daneben sollen – insbesondere zu Vergleichszwecken – normalisierte Rechengrößen ohne größere Ausreißer erfasst werden. Letztlich ist die Definition der Kosten und Erlöse aber vom speziellen Rechnungsziel abhängig. Daher sind in der betrieblichen Praxis viele verschiedene Kosten- und Erlösbegriffe anzutreffen. In der betriebswirtschaftlichen Literatur ist der hier vorgestellte wertmäßige Kosten- und Erlösbegriff herrschende Meinung.

Die **handelsrechtliche Gewinn- und Verlustrechnung** ist demgegenüber rechtlich normiert (siehe hierzu im Detail Abschnitt C.3). Der Jahresüberschuss bzw. Jahresfehlbetrag als Differenz zwischen Erträgen und Aufwendungen bildet die Grundlage für die Information externer Adressaten, für die Ergebnisbesteuerung sowie für die Gewinnentnahme durch die Eigentümer des Unternehmens (zu den Funktionen des Jahresabschlusses siehe ausführlich Abschnitt C.1.2). Damit ist es unumgänglich, die Höhe und den Zeitpunkt der Erfassung von **Erträgen und Aufwendungen** allgemein-

https://doi.org/10.1515/9783110747683-013

gültig zu bestimmen. Hierzu dienen die GoB (siehe Abschnitt C.1.3.2) und die Ansatz- und Bewertungsvorschriften des HGB (siehe Abschnitt C.2).

Für langfristige bzw. mehrperiodige Entscheidungen über betriebliche Kapazitäten im Rahmen von **Investitionsrechnungen** werden **Ein- und Auszahlungen** verwendet, da nur diese Rechengrößen über die Zahlungsmittel verzinslich anlegt werden können und damit über verschiedene Perioden vergleichbar gemacht werden können.

8 Zusammenfassende Aufgabe

Aufgabe 2

Die Design GmbH stellt Möbel her. Zum 31.12.00 erstellte sie folgende zusammengefasste Bilanz:

Bilanz der Design GmbH zum 31.12.00 (in T€)

Sachanlagen (Grundstücke, Gebäude, Maschinen usw.)	4.800	Gez. Kapital	1.500
		Kapitalrücklage	1.100
		Gewinnrücklagen	1.675
Rohstoffe	1.350	Jahresüberschuss	300
Forderungen aus LuL	750	Anleihen	1.000
Sonstige Forderungen	900	Verbindlichkeiten aus LuL	600
		Verb. ggü. Kreditinstituten	800
Kasse, Bank	1.400	Sonstiges Fremdkapital	2.225
	9.200		**9.200**

Ermitteln Sie bitte auf Basis folgender Sachverhalte die Ein- und Auszahlungen, die Einnahmen und Ausgaben, die Erträge und Aufwendungen sowie die Erlöse und Kosten der Design GmbH sowie die entsprechenden Salden für das Geschäftsjahr 01. Geben Sie an, ob ein Einzahlungs- oder Auszahlungsüberschuss, ein Einnahmen- oder Ausgabenüberschuss, ein Jahresüberschuss oder –fehlbetrag und ein positives oder negatives Betriebsergebnis erwirtschaftet wurde.

1. Die Design GmbH kauft in 01 Rohstoffe im Wert von 3.000 T€. 15 % hiervon sind am Jahresende noch nicht bezahlt. Der Wert des Rohstoffbestands am Ende des Jahres beträgt 1.300 T€. Die Verbindlichkeiten gegenüber Lieferanten, die Anfang 01 bestehen, begleicht die Design GmbH in 01 vollständig.

2. Aus dem Verkauf ihrer Produkte erzielt die Design GmbH in 01 Umsatzerlöse in Höhe von 8.000 T€. Bis zum Jahresende sind 6 % der Umsätze von den Kunden noch nicht bezahlt. Die zu Beginn von 01 ausstehenden Rechnungen werden in 01 zu 90 % bezahlt, der Rest ist uneinbringlich.

3. Der Lohn- und Gehaltsaufwand der Design GmbH beträgt in 01 3.000 T€ und ist bis auf 3 T€, die Arbeitnehmer in 01 bereits als Vorschuss erhalten hatten, in 01 liquiditätswirksam.

4. Eine Maschine mit einem Buchwert von 40 T€ wird für 30 T€ verkauft. Der Käufer bezahlt die Hälfte des Kaufpreises sofort, den Rest erst in 02.

5. Ende 01 wird eine neue Maschine gekauft. Der Rechnungspreis beträgt 900 T€. Die Design GmbH bezahlt noch in 01 und erhält dadurch 2 % Skonto.

6. Die Abschreibungen auf Sachanlagen betragen in 01 1.200 T€. In der Kostenrechnung werden die Abschreibungen auf Basis von Wiederbeschaffungswerten berechnet, die durchschnittlich um 10 % über den Anschaffungskosten liegen.

https://doi.org/10.1515/9783110747683-014

7. Die zu Beginn von 01 bestehenden Anleihen werden mit 3 % p. a. verzinst (Zinstermin: 31.12.), die Verbindlichkeiten gegenüber Kreditinstituten mit 2 % p. a. (Zinsbelastung vierteljährlich am Quartalsende). Die Design GmbH tilgt am 31.03. und am 30.09.01 Verbindlichkeiten gegenüber Kreditinstituten in Höhe von jeweils 200 T€. In der Kostenrechnung werden anstelle des Zinsaufwands kalkulatorische Zinsen in Höhe von 130 T€ berücksichtigt.

8. Der Jahresüberschuss aus 00 wird in 01 zu 50 % ausgeschüttet, der Rest wird in die anderen Gewinnrücklagen eingestellt.

Teil C: **Jahresabschluss**

1 Grundlagen des Jahresabschlusses

1.1 Definition und Bestandteile des Jahresabschlusses

Frage: Was ist ein Jahresabschluss?

Bis auf wenige Ausnahmen (siehe hierzu Abschnitt C.1.4) ist jeder Kaufmann gesetzlich verpflichtet, am Ende jedes Geschäftsjahres für sein Unternehmen die Bücher abzuschließen („Bilanz ziehen") und einen Jahresabschluss aufzustellen (§ 242 HGB). Der Jahresabschluss besteht mindestens aus einer Bilanz und einer Gewinn- und Verlustrechnung (GuV).

In einer **Bilanz** werden das Vermögen (Aktiva) des Unternehmens und das Kapital (Eigen- und Fremdkapital; Passiva), mit dem das Vermögen finanziert wird, einander gegenübergestellt (siehe auch Abschnitt A.1).

In der **Gewinn- und Verlustrechnung** wird aus den Erträgen und den Aufwendungen des betrachteten Geschäftsjahres der Jahresüberschuss (bzw. der Jahresfehlbetrag), also der Gewinn (bzw. der Verlust) des Unternehmens, ermittelt. Hierzu ein stark vereinfachtes Beispiel:

Beispiel: Ein Unternehmen hat zu Beginn der Periode 00 eine Maschine im Wert von 100.000 €, Materialien zur Produktion im Wert von 10.000 € und ein Guthaben bei seiner Bank in Höhe von 20.000 €. Das ist sein Vermögen. Zur Finanzierung hat der Eigentümer des Unternehmens 50.000 € eingezahlt (Eigenkapital) und das Unternehmen hat bei der Bank ein Darlehen in Höhe von 80.000 € aufgenommen. Die Bilanz zu Beginn der Periode sieht wie folgt aus (alle Beträge in €):

Aktiva		Bilanz zum 01.01.00	Passiva
Maschinen	100.000	Eigenkapital	50.000
Vorräte	10.000	Fremdkapital	80.000
Bankguthaben	20.000		
	130.000		130.000

In der Periode 00
- verliert die Maschine durch die Nutzung 20.000 € an Wert,
- kauft das Unternehmen Materialien für 50.000 €, die es per Banküberweisung bezahlt; es verbraucht in der Periode nur 90 % der beschafften Materialien,
- verkauft das Unternehmen sämtliche produzierten Güter für 300.000 €; die Kunden überweisen den Betrag auf das Bankkonto,
- überweist das Unternehmen Miete für die Produktions- und Lagerhalle und für die Büroräume in Höhe von 90.000 € sowie Löhne und Gehälter in Höhe von 120.000 € vom Bankkonto,
- zahlt das Unternehmen 10.000 € von dem Darlehen zurück.

Die Bilanz am Ende der Periode 00 sieht dann wie folgt aus (alle Beträge in €):

https://doi.org/10.1515/9783110747683-015

Aktiva		Bilanz zum 31.12.00	Passiva	
Maschinen	80.000	**Eigenkapital**		50.000
	(100.000 – 20.000)	**Gewinn (Saldo)**		**25.000**
Vorräte	15.000	Fremdkapital		70.000
	(10.000 + 5.000)			(80.000 – 10.000)
Bankguthaben	50.000			
(20.000 – 50.000 + 300.000 – 90.000				
– 120.000 – 10.000)				
	145.000			145.000

Das Eigenkapital ergibt sich als Saldo aus dem Vermögen auf der Aktivseite der Bilanz und dem Fremd-kapital auf der Passivseite. Die Veränderung gegenüber dem Betrag zu Beginn der Periode ist (sofern der Eigentümer kein Kapital zugeführt oder entnommen hat) der Gewinn (globale Darstellung). In der GuV sieht man die Struktur des Erfolges, d. h. aus welchen Aufwendungen und Erträgen sich der Ge-winn zusammensetzt (detaillierte Darstellung; alle Beträge in €):

Soll		GuV für die Periode 00	Haben
Wertminderung Maschinen	20.000	Produktverkäufe	300.000
Verbrauch Materialien	45.000		
Miete	90.000		
Löhne/Gehälter	120.000		
Gewinn (Saldo)	**25.000**		
	300.000		300.000

Abschlüsse werden von allen rechnungslegungspflichtigen Unternehmen mindestens einmal im Jahr erstellt (Jahresabschluss). Bestimmte Unternehmen erstellen und ver-öffentlichen bspw. zur laufenden Berichterstattung über den Geschäftsgang auch un-terjährig Quartalsabschlüsse.

Gemäß § 264 Abs. 1 Satz 1 HGB bzw. § 336 Abs. 1 Satz 1 HGB enthält der Jahresab-schluss von

– Kapitalgesellschaften (z. B. Aktiengesellschaft, Gesellschaft mit beschränkter Haftung),
– besonderen Personenhandelsgesellschaften (Personenhandelsgesellschaften, bei denen kein Vollhafter entweder eine natürliche Person oder eine andere Per-sonenhandelsgesellschaft mit einer natürlichen Person als Vollhafter ist, z. B. GmbH & Co. KG) und
– Genossenschaften

als weiteren Bestandteil einen **Anhang** mit zusätzlichen Angaben, Erläuterungen und Detaillierungen zu den Positionen von Bilanz und GuV (siehe hierzu ausführlicher Abschnitt C.4).

Der Jahresabschluss von kapitalmarktorientierten Kapitalgesellschaften, die nicht zur Aufstellung eines Konzernabschlusses verpflichtet sind, enthält gemäß § 264 Abs. 1 Satz 2 HGB ferner eine Kapitalflussrechnung und einen Eigenkapitalspie-gel. **Kapitalmarktorientiert** ist eine Kapitalgesellschaft gemäß § 264d HGB, wenn sie einen organisierten Markt im Sinn des § 2 Abs. 11 WpHG durch die Ausgabe von Wertpapieren im Sinn des § 2 Abs. 1 WpHG (z. B. Aktien oder Schuldverschreibungen) in Anspruch nimmt bzw. wenn sie die Zulassung entsprechender Wertpapiere an einem organisierten Markt beantragt hat.

Eine **Kapitalflussrechnung** (präziser: Zahlungsstromrechnung) stellt die Zahlungsströme eines Unternehmens in der betrachteten Periode dar und zeigt damit, aus welchen Ein- und Auszahlungen die Änderung der liquiden Mittel resultiert. Für eine Kapitalflussrechnung gibt es viele Darstellungsmöglichkeiten. Für das obige Beispiel könnte sie z. B. so aussehen:

Beispiel (Fortsetzung): **Kapitalflussrechnung für die Periode 00:**   `i`

	Einzahlungen aus Produktverkäufen	300.000 €
−	Auszahlungen für Materialien	−50.000 €
−	Auszahlungen für Löhne/Gehälter	−120.000 €
−	Auszahlungen für Miete	−90.000 €
−	Darlehenstilgung	−10.000 €
=	Änderung der liquiden Mittel	30.000 €
+	Anfangsbestand der liquiden Mittel	+20.000 €
=	Endbestand der liquiden Mittel	50.000 €

Der **Eigenkapitalspiegel** verdeutlicht, wie sich die verschiedenen Bestandteile des Eigenkapitals (siehe Abschnitt C.2.7) während der betrachteten Periode verändert haben; er ist damit eine Bewegungsrechnung, welche die Entwicklung des Eigenkapitals innerhalb des Geschäftsjahres erklärt. In obigem Beispiel besteht die einzige Eigenkapitalveränderung in dem Gewinn von 25.000 €.

Gemäß § 264 Abs. 1 Satz 2 HGB können kapitalmarktorientierte Kapitalgesellschaften, die nicht zur Aufstellung eines Konzernabschlusses verpflichtet sind, eine **Segmentberichterstattung** als Teil des Jahresabschlusses erstellen (Wahlrecht). In einer Segmentberichterstattung werden bedeutsame wirtschaftliche Größen, wie z. B. das Vermögen und das Ergebnis des Gesamtunternehmens, auf wesentliche Teilbereiche, die Segmente, aufgeteilt. Dadurch wird ersichtlich, welche Bedeutung die einzelnen Segmente für die wirtschaftliche Lage des Gesamtunternehmens besitzen.

Zusätzlich zum Jahresabschluss müssen große und mittlere Kapitalgesellschaften und besondere Personenhandelsgesellschaften sowie Genossenschaften gemäß § 264 Abs. 1 Satz 1 HGB bzw. § 336 Abs. 1 Satz 1 HGB einen **Lagebericht** aufstellen, der insbesondere eine verbale Beschreibung des Geschäftsverlaufs und der Lage des Unternehmens umfasst (siehe hierzu ausführlicher Abschnitt C.5).

Tabelle 2 stellt die Bestandteile des Jahresabschlusses, die verschiedene Unternehmen in Abhängigkeit von ihrer Rechtsform aufstellen müssen oder können, im Überblick dar.

Tab. 2: Die Bestandteile des Jahresabschlusses

Einzelkaufleute und Personen-handelsgesellschaften	Kapitalgesellschaften, besondere Personenhandels-gesellschaften und Genossenschaften	Kapitalmarktorientierte Kapitalgesellschaften, die keinen Konzernabschluss aufstellen müssen
Bilanz	Bilanz	Bilanz
Gewinn- und Verlustrechnung	Gewinn- und Verlustrechnung	Gewinn- und Verlustrechnung
	Anhang[*]	Anhang
		Kapitalflussrechnung
		Eigenkapitalspiegel
		Segmentberichterstattung (Wahlrecht)

[*] Ausnahme: Kleinstkapitalgesellschaften gemäß § 267a HGB, wenn bestimmte Angaben gemäß § 264 Abs. 1 Satz 5 HGB unter der Bilanz erfolgen.

1.2 Funktionen des Jahresabschlusses

? **Frage: Welchen Zwecken soll ein Jahresabschluss dienen?**

Dem Jahresabschluss werden in der Regel folgende drei Funktionen zugeschrieben:

- **Dokumentationsfunktion:** Durch die Abbildung der in der Berichtsperiode ent-standenen und verbrauchten Werte sowie des Bestandes an Vermögensgegen-ständen und Schulden wird das Unternehmensgeschehen dokumentiert. Dies dient der Rechenschaftslegung gegenüber Dritten, z. B. als Nachweis einer ord-nungsgemäßen Geschäftsführung.
- **Einkommensbemessungsfunktion:** Im Rahmen des Jahresabschlusses wird das Periodeneinkommen des Unternehmens, der Gewinn (ggf. Verlust), ermittelt. Dieser Gewinn dient zum einen als Basis für die Bemessung der Ertragssteuern des Unternehmens, zum anderen für die Verteilung des Überschusses an die Eigentümer. Zuweilen werden auch Erfolgsbeteiligungen verschiedener Mitarbei-tergruppen anhand des Periodengewinns bemessen.
  - **Bemessung der Ertragssteuern:** Gemäß § 5 Abs. 1 Satz 1 EStG bildet der nach handelsrechtlichen Vorschriften erstellte Jahresabschluss die Grundlage für die Steuerbilanz eines Unternehmens. Die Handelsbilanz ist damit Basis für die Steuerbilanz (**Maßgeblichkeitsprinzip**). Zum Teil schreiben allerdings steuerrechtliche Vorschriften zwingend etwas anderes als das Handelsrecht vor. Dann wird das Maßgeblichkeitsprinzip durchbrochen und die steuerliche Vorschrift genießt Vorrang für die Steuerbilanz.
    Darüber hinaus erlauben steuerliche Wahlrechte z. T. ein Abweichen der Steu-erbilanz von der Handelsbilanz. Wird ein steuerliches Wahlrecht so ausgeübt, dass sich der Wert eines Wirtschaftsgutes in der Steuerbilanz von dem in der Handelsbilanz unterscheidet, muss das betroffene Wirtschaftsgut gemäß § 5

Abs. 1 Satz 2 und 3 EStG in ein Verzeichnis aufgenommen werden, in dem der Tag der Anschaffung oder Herstellung, die Anschaffungs- oder Herstellungskosten, die Vorschrift des ausgeübten Wahlrechts und die vorgenommenen Abschreibungen nachzuweisen sind.

- **Gewinnverteilung an die Eigentümer des Unternehmens:** Für jede Rechtsform bestehen gesetzliche Bestimmungen, wie der auf Basis der gesetzlichen Vorschriften ermittelte Periodengewinn zu verwenden bzw. auf die Eigentümer des Unternehmens aufzuteilen ist (§§ 120 f. HGB für die OHG, §§ 167 f. HGB für die KG, § 58 AktG für die AG und die KGaA, § 29 Abs. 1 GmbHG für die GmbH, § 19 Abs. 1 GenG für die Genossenschaft). So erhalten z. B. gemäß § 121 Abs. 1 HGB die Gesellschafter einer OHG im ersten Schritt eine 4 %-Verzinsung auf ihren Kapitalanteil und im zweiten Schritt gemäß § 121 Abs. 3 HGB einen pro-Kopf-Anteil vom übrigen Gewinn.

- **Informationsfunktion:** Durch die Pflicht zur Buchführung (§ 238 Abs. 1 HGB) und zur Aufstellung eines Jahresabschlusses (§ 242 HGB) wird der Kaufmann zur **Selbstinformation** über die wirtschaftliche Lage seiner Unternehmung gezwungen. Darüber hinaus dient der Jahresabschluss der **Information Unternehmensexterner** über die wirtschaftliche Situation des Unternehmens. Kapitalgesellschaften sind gesetzlich – aufgrund der Haftungsbeschränkung – verpflichtet, ihren Jahresabschluss zu veröffentlichen, so dass sich jeder über ihre wirtschaftliche Lage ein Bild machen kann. In § 264 Abs. 2 HGB ist festgelegt, dass der Jahresabschluss einer Kapitalgesellschaft unter Beachtung der GoB „ein den tatsächlichen Verhältnissen entsprechendes Bild der Vermögens-, Finanz- und Ertragslage der Kapitalgesellschaft zu vermitteln" hat. Ist dies unter besonderen Umständen nicht der Fall, sind zusätzliche Anhangangaben erforderlich. Die Vertreter einer Kapitalgesellschaft, die Inlandsemittent bestimmter Wertpapiere ist, müssen in einer gesonderten schriftlichen Erklärung versichern, dass entweder der Jahresabschluss nach bestem Wissen das geforderte tatsächliche Bild der wirtschaftlichen Lage vermittelt oder die zusätzlichen Angaben im Anhang enthalten sind (Bilanzeid).

Zu den Adressaten des Jahresabschlusses zählen neben dem Kaufmann selbst bzw. der Unternehmensleitung z. B. Anteilseigner, die nicht in der Geschäftsführung tätig sind, Gläubiger, Arbeitnehmer, Lieferanten, Kunden und die allgemeine Öffentlichkeit. Diese Adressaten besitzen unterschiedliche Interessen. Ihr Informationsbedürfnis ist daher nicht einheitlich.

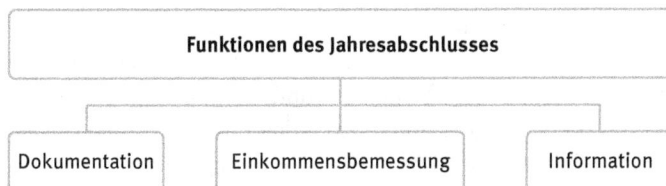

Abb. 13: Die Funktionen des Jahresabschlusses

Zwischen den drei Funktionen des Jahresabschlusses bestehen teilweise Konflikte. Es ist z. B. zulässig, selbst hergestellte Produkte mit einem niedrigeren Wert als den bei ihrer Produktion entstandenen Kosten zu bewerten (siehe Abschnitt C.2.2.2). Dadurch wird in der Periode der Produktion ein geringerer Gewinn ausgewiesen, so dass die Eigentümer weniger Gewinne entnehmen können. Dies dient der finanziellen Stabilität des Unternehmens. Der im Jahresabschluss angesetzte Wert der Produkte entspricht dann jedoch nicht dem wirtschaftlichen Wert, so dass die Informationsfunktion des Jahresabschlusses beeinträchtigt ist.

Durch das **Bilanzrechtsmodernisierungsgesetz** (BilMoG) wurden die Vorschriften des HGB so geändert, dass die Informationsvermittlung durch den Jahresabschluss gegenüber der vorherigen Rechtslage verbessert wurde. Wahlrechte wurden aufgehoben und selbst erstellte immaterielle Vermögenswerte des Anlagevermögens können nun aktiviert werden. Der Jahresabschluss soll jedoch weiterhin – neben der Dokumentation – sowohl der Einkommensbemessung als auch der Informationsvermittlung dienen. Im Gegensatz dazu soll ein Abschluss nach internationalen Rechnungslegungsnormen (siehe Abschnitt C.1.3) ausschließlich über die wirtschaftliche Lage des Unternehmens informieren.

1.3 Rechtliche Grundlagen des handelsrechtlichen Jahresabschlusses

? **Frage: Welche rechtlichen Grundlagen müssen bei der Erstellung eines Jahresabschlusses berücksichtigt werden?**

Der Jahresabschluss ist in Deutschland durch Gesetze, insbesondere durch das **Handelsgesetzbuch (HGB)** geregelt. Die Bestimmungen müssen in Einklang mit europäischen Regeln stehen.

Die Europäische Union (EU) erlässt zur Regulierung der Rechnungslegung vor allem Richtlinien und Verordnungen. Richtlinien müssen durch die Mitgliedstaaten in nationales Recht umgesetzt werden. Verordnungen gelten unmittelbar für jeden Bürger und jedes Unternehmen eines Mitgliedsstaates. Die aktuellen HGB-Vorschriften sind ursprünglich durch die 4. (Einzelabschluss), die 7. (Konzernabschluss) und die 8. (Abschlussprüfung) EG-Richtlinie geprägt.

Die internationale Entwicklung der Rechnungslegung spiegelt sich in der Fortentwicklung der europäischen Vorschriften wider: Mittlerweile wurde die 8. EG-Richtlinie durch die Abschlussprüferrichtlinie vom 17. Mai 2006 reformiert. Die 4. und die 7. EG-Richtlinie wurden im Laufe der Jahre mehrmals geändert. Durch die Richtlinie 2013/34/EU (Bilanzrichtlinie) vom 26.06.2013 wurden die Vorschriften zum Einzel- und zum Konzernabschluss nochmals überarbeitet und zusammengefasst. Diese Richtlinie ersetzt die 4. und die 7. EG-Richtlinie. Durch das Bilanzrichtlinie-Umsetzungsgesetz (BilRUG) wurde die Richtlinie in deutsches Recht umgesetzt. Zunehmende Bedeutung hat die nicht-finanzielle Berichterstattung erlangt, die auf europäischer Ebene durch die Richtlinie 2014/95/EU (CSR-Richtlinie) und im deutschen Recht durch das CSR-Richtlinie-Umsetzungsgesetz kodifiziert wurde (siehe Abschnitt C.5).

Aufgrund der Globalisierung der Wirtschaft, insbesondere der Kapitalmärkte, erscheint eine weltweite Harmonisierung der Rechnungslegung sinnvoll. Eine private internationale Organisation, der International Accounting Standards Board (IASB), entwickelt Rechnungslegungsstandards, die weltweit einheitlich angewandt werden sollen. Die EU hat durch die sogenannte IAS-Verordnung die Anwendung der **International Financial Reporting Standards** (IFRS) für Konzernabschlüsse kapitalmarktorientierter Unternehmen mit Sitz in der EU vorgeschrieben und den Mitgliedstaaten freigestellt, die Anwendung der IFRS für die Konzernabschlüsse nicht kapitalmarktorientierter Unternehmen sowie für die Jahresabschlüsse der rechtlich selbständigen Unternehmen vorzuschreiben oder durch Wahlrechte zu ermöglichen.

In Deutschland haben alle Unternehmen, die einen Konzernabschluss erstellen müssen und nicht kapitalmarktorientiert sind, die Wahl, ihren Konzernabschluss nach den Regelungen des HGB oder nach IFRS zu erstellen. Der Jahresabschluss der einzelnen Kaufleute bzw. Unternehmen (Einzelabschluss) muss weiterhin zwingend nach den Vorschriften des HGB aufgestellt werden. Wenn ein Unternehmen jedoch seinen Einzelabschluss veröffentlichen muss (siehe Abschnitt C.6), hat es die Wahl, den HGB-Abschluss oder einen zusätzlichen Einzelabschluss nach IFRS zu publizieren.

Die EG-Richtlinien (s. o.) wurden im Laufe der Zeit so geändert, dass die Mitgliedstaaten ihre nationalen Rechnungslegungsvorschriften den IFRS angleichen können. Durch das BilMoG wurde das HGB 2009 den internationalen Vorschriften teilweise angenähert. Es bestehen jedoch weiterhin Unterschiede.

Im Zuge der Internationalisierung der deutschen Rechnungslegung wurde 1998 das **Deutsche Rechnungslegungs Standards Committee** (DRSC) gegründet. Es
- entwickelt Empfehlungen zur Anwendung der Grundsätze über die Konzernrechnungslegung, die Deutschen Rechnungslegungs Standards (DRS),
- berät das Bundesministerium der Justiz und für Verbraucherschutz (BMJV) bei Gesetzgebungsvorhaben zur Rechnungslegung,
- vertritt die Bundesrepublik Deutschland in internationalen Standardisierungsgremien und
- erarbeitet Interpretationen der IFRS (§ 342 HGB).

Durch die Auslegung der geltenden Rechnungslegungsvorschriften im Rahmen der Abschlussprüfung und bei Rechtsstreitigkeiten beeinflussen auch die Abschlussprüfer und die (Finanz-)Gerichte die deutsche Rechnungslegung.

Abbildung 14 zeigt im Überblick, welche Institutionen den Inhalt des handelsrechtlichen Jahresabschlusses bestimmen bzw. beeinflussen.

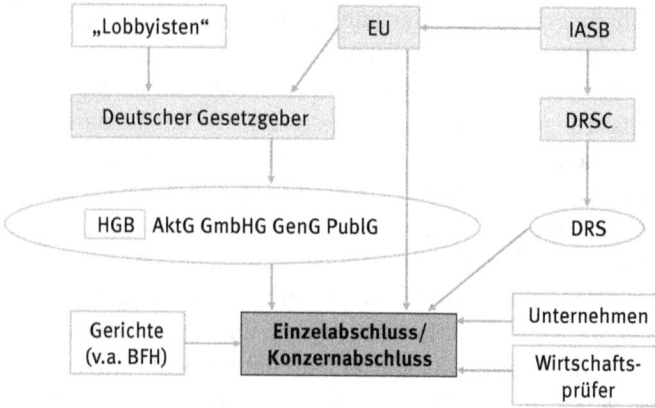

Abb. 14: Einflüsse auf die Normierung der Rechnungslegung in Deutschland

1.3.1 Gesetzliche Vorschriften

? **Frage: Welche gesetzlichen Vorschriften müssen bei der Erstellung eines Jahresabschlusses beachtet werden?**

Die meisten Gesetzesvorschriften zum handelsrechtlichen Jahresabschluss finden sich im **Dritten Buch des HGB**. Während der **erste Abschnitt** (§§ 238–263 HGB) die Vorschriften enthält, die **alle Kaufleute** beachten müssen, finden sich im **zweiten Abschnitt** (§§ 264–335 HGB) Bestimmungen, die nur von **Kapitalgesellschaften und bestimmten Personenhandelsgesellschaften gemäß § 264a HGB** eingehalten werden müssen. Dabei wird teilweise zwischen kleinsten, kleinen, mittelgroßen und großen Kapitalgesellschaften unterschieden (siehe Tabelle 3). §§ 267, 267a HGB enthalten die Umschreibung der Größenklassen.

Die Zuordnung zu einer **Größenklasse** hängt von der Über- oder Unterschreitung von mindestens zwei der Merkmale an den Abschlussstichtagen von zwei aufeinan-

Tab. 3: Größenklassen für Kapitalgesellschaften gemäß §§ 267, 267a HGB

	Kleinst- kapital- gesellschaften	Kleine Kapital- gesellschaften	Mittelgroße Kapital- gesellschaften	Große Kapital- gesellschaften
Bilanzsumme* (Mio. €)	≤ 0,35	> 0,35 ≤ 6	> 6 ≤ 20	> 20
Umsatzerlöse (Mio. €)	≤ 0,7	> 0,7 ≤ 12	> 12 ≤ 40	> 40
Arbeitnehmer (Jahresdurchschnitt)	≤ 10	> 10 ≤ 50	> 50 ≤ 250	> 250

* Summe aller Aktiv- bzw. Passivposten abzüglich eines auf der Aktivseite ausgewiesenen Fehlbetrages.

derfolgenden Geschäftsjahren ab. Ausnahmen bestehen bei Gründung einer Kapitalgesellschaft (bzw. besonderen Personenhandelsgesellschaft gemäß § 264a HGB) oder wenn ein Unternehmen durch Umwandlung die Rechtsform einer Kapitalgesellschaft (bzw. besonderen Personenhandelsgesellschaft gem. § 264a HGB) annimmt; dann sind die Werte am ersten Abschlussstichtag relevant (§ 264 Abs. 4 HGB). Eine kapitalmarktorientierte Kapitalgesellschaft i. S. d. § 264d HGB gilt gemäß § 267 Abs. 3 Satz 2 HGB immer als groß. Die besonderen Regelungen für kleine Kapitalgesellschaften gelten auch für Kleinstkapitalgesellschaften, sofern für diese keine anderen Bestimmungen relevant sind (§ 267a Abs. 2 HGB). Unternehmen, deren Geschäftszweck nicht in der Produktion oder dem Handel mit Gütern, sondern in der Kapitalanlage oder der Verwaltung von Kapitalanlagen besteht (siehe im Einzelnen § 267a Abs. 3 HGB), können keine Kleinstkapitalgesellschaften sein.

Neben der rechtsform- und der größenbezogenen Unterscheidung existiert zum Teil auch eine Differenzierung nach der Inanspruchnahme von Kapitalmärkten, so dass einige gesonderte Vorschriften für **kapitalmarktorientierte Kapitalgesellschaften** bestehen (siehe hierzu bereits Abschnitt C.1.1 im Hinblick auf die Bestandteile des Jahresabschlusses). Diese gesonderten Regelungen berücksichtigen z. B., dass für kapitalmarktorientierte Unternehmen eine große Anzahl an Kapitalgebern besteht, die sich persönlich nicht kennen.

Die Spezialgesetze zu den verschiedenen Rechtsformen von Unternehmen (AktG, GmbHG, GenG) enthalten wenige, rechtsformspezifische Bestimmungen zum Jahresabschluss. Im **Publizitätsgesetz** (PublG) finden sich Vorschriften zur Rechnungslegung großer Einzelkaufleute, Personenhandelsgesellschaften und weiterer in § 3 Abs. 1 PublG definierter Rechtsformen, die mindestens zwei der folgenden Größenmerkmale an mindestens drei aufeinanderfolgenden Abschlussstichtagen erfüllen (siehe Tabelle 4).

Tab. 4: Größenklassen für Großunternehmen gemäß § 1 PublG

Bilanzsumme (Mio. €)	Umsatzerlöse (Mio. €)	Arbeitnehmer (Jahresdurchschnitt)
> 65	> 130	> 5.000

Gemäß § 5 Abs. 1 PublG müssen Unternehmen, die aufgrund ihrer Größe unter das Publizitätsgesetz fallen, bei der Aufstellung ihrer Bilanz und ihrer GuV die strengeren Bestimmungen für Kapitalgesellschaften beachten. Das PublG verweist dabei auf die HGB-Vorschriften. Jedoch haben nur die Rechtsformen, die nicht Personenhandelsgesellschaft oder Einzelkaufmann sind, den Jahresabschluss um einen Anhang zu erweitern und einen Lagebericht zu erstellen. Der Jahresabschluss kapitalmarktorientierter Unternehmen, die unter das PublG fallen, besteht gemäß § 5 Abs. 2a PublG aus denselben Bestandteilen wie der kapitalmarktorientierter Kapitalgesellschaften (siehe Tabelle 2): § 264 Abs. 1 Satz 2 HGB ist sinngemäß anzuwenden.

1.3.2 Grundsätze ordnungsmäßiger Buchführung

? **Frage: Was sind „Grundsätze ordnungsmäßiger Buchführung"?**

Der Gesetzgeber schreibt vor, dass ein Kaufmann bzw. ein Unternehmen in seinen Büchern seine Vermögenslage nach den **Grundsätzen ordnungsmäßiger Buchführung (GoB)** darstellt bzw. den Jahresabschluss unter Beachtung der GoB erstellt (§§ 238 Abs. 1 Satz 1, 243 Abs. 1, 264 Abs. 2 Satz 1 HGB). Allerdings definiert er nicht, was die GoB sind. Es handelt sich um einen unbestimmten Rechtsbegriff, der immer dann zur Anwendung kommt, wenn der Gesetzgeber einen Sachverhalt nicht abschließend regeln, sondern flexibel halten möchte.

Man versteht unter den GoB **allgemein anerkannte Regeln über das Führen von Handelsbüchern und die Erstellung des Jahresabschlusses** von Unternehmen (siehe zu den GoB für die Buchhaltung bereits Abschnitt A.2.1). Die GoB dienen zum einen der Auslegung von Gesetzesvorschriften, zum anderen der Ausfüllung von Gesetzeslücken. Durch den Verweis auf die GoB hat der Gesetzgeber vermieden, jedes Rechnungslegungsproblem durch eine eigene Vorschrift regeln zu müssen, und hat die Weiterentwicklung der Rechnungslegung und ihre Anpassung an sich ändernde Rahmenbedingungen ermöglicht.

? **Frage: Wie werden „Grundsätze ordnungsmäßiger Buchführung" ermittelt?**

Zwei traditionelle Vorgehensweisen zur Ermittlung der GoB sind die induktive und die deduktive Methode. Werden GoB **induktiv** ermittelt, ergeben sie sich aus der Buchführungspraxis „ordentlicher und ehrenwerter Kaufleute". Dann stellt sich jedoch regelmäßig die Frage, wann eine Vorgehensweise in der Praxis dem Vorgehen ehrenwerter Kaufleute entspricht.

Deduktiv werden GoB aus den Funktionen des Jahresabschlusses abgeleitet. Je nachdem, welche Funktion zugrunde gelegt wird, kann diese Methode jedoch zu unterschiedlichen Ergebnissen führen (siehe Abschnitt C.1.2).

Bei Anwendung der **hermeneutischen** Methode werden die vorhandenen Gesetzesregelungen ausgelegt. Dabei werden folgende Kriterien zugrunde gelegt (vgl. Baetge et al. 2019, S. 109 f.; Kirsch, StuB 2008, S. 453 f.):

- Wortlaut und Wortsinn der gesetzlichen Vorschriften
- Bedeutungszusammenhang der gesetzlichen Vorschriften
- Entstehungsgeschichte der gesetzlichen Vorschriften und Ansichten des Gesetzgebers (z. B. Gesetzentwürfe, Gesetzesbegründungen)
- Ziel der Vorschriften
- betriebswirtschaftliche Kriterien
- u. U. Konventionen
- Konformität mit höherrangigem Recht.

Zum Teil sind die GoB im HGB kodifiziert. In der europäischen Bilanzrichtlinie (siehe Abschnitt C.1.3) sind wesentliche GoB in Artikel 6 als „Allgemeine Grundsätze für die Rechnungslegung" aufgeführt.

Frage: Was sind die wichtigsten Grundsätze ordnungsmäßiger Buchführung und was bedeuten sie?

Bilanzierung beschäftigt sich insbesondere mit den Fragen

- zum **Ansatz**: Was (z. B. welche Vermögensgegenstände) ist in den Jahresabschluss aufzunehmen?
- zur **Bewertung**: Wie ist die einzelne Position (z. B. ein Darlehen) zu bewerten?
- zum **Ausweis**: Wie ist die Position im Jahresabschluss darzustellen?

Die wichtigsten GoB geben auf diese Fragen grundlegende Antworten und bilden die **Basis für den Ansatz, die Bewertung und den Ausweis von Jahresabschlusspositionen**. Darüber hinaus sind einige GoB zu beachten, damit der Jahresabschluss seine Funktionen grundsätzlich erfüllen kann. Abbildung 15 zeigt eine Übersicht der wichtigsten GoB.

Bei den **allgemeinen Bilanzierungsprämissen** handelt es sich um grundsätzliche Voraussetzungen dafür, dass ein Jahresabschluss seine Funktionen erfüllen kann:

- **Periodisierungsgrundsatz**: *Aufwendungen und Erträge sind unabhängig von dem Zahlungszeitpunkt zu berücksichtigen* (§ 252 Abs. 1 Nr. 5 HGB). Eine wesentliche Aufgabe des Jahresabschlusses ist die Ermittlung eines periodengerechten Gewinns. Der Gewinn entspricht dem Saldo aus Erträgen und Aufwendungen. Aufwendungen und Erträgen liegen in der Regel zu irgendeinem Zeitpunkt Zahlungen zugrunde. Durch den Periodisierungsgrundsatz bestimmt das HGB, dass für die Erfassung der Aufwendungen und der Erträge der Zahlungszeitpunkt irrelevant ist. Entscheidend ist, wann ein wirtschaftlicher Wert verbraucht wird (Aufwand) bzw. wann ein wirtschaftlicher Wert entsteht (Ertrag) (siehe auch Abschnitt B.6.1). Die einzelnen **Abgrenzungsgrundsätze** konkretisieren, wann Aufwendungen und Erträge zu erfassen sind (siehe Abbildung 16):
  - **Grundsatz der sachlichen Abgrenzung**: *Sofern Aufwendungen bestimmten Leistungen zugeordnet werden können, sind sie in der Periode zu erfassen, in der auch die mit den Leistungen im Zusammenhang stehenden Erträge realisiert werden.* Erträge und Aufwendungen, die über eine gemeinsame Leistung miteinander verknüpft sind, sollen auch gemeinsam realisiert werden. Solange ein Ertrag noch nicht realisiert ist, sind Aufwendungen, die im Zusammenhang mit der Leistung entstanden sind, zu aktivieren. Daher werden noch nicht verkaufte Erzeugnisse mit ihren Herstellungskosten aktiviert und die mit der Herstellung verbundenen Aufwendungen durch eine Ertragsbuchung bzw. Aufwandskorrekturbuchung neutralisiert. Erst wenn die Güter

Allgemeine Bilanzierungsprämissen

• **Periodisierungsgrundsatz**
  ➤ Abgrenzungsgrundsätze
 	
• **Grundsatz der Richtigkeit und der Willkürfreiheit**
 	
• **Grundsatz der Vergleichbarkeit**
  ➤ Stetigkeitsprinzip
 	
• **Grundsatz der Wesentlichkeit**

Ansatz	Bewertung	Ausweis

Grundsatz der Vollständigkeit
  ➤ Stichtagsgrundsatz
  ➤ Grundsatz der Bilanzidentität
	• **Going-Concern-Prinzip**
	
	• **Grundsatz der Einzelbewertung**
	
	• **Vorsichtsprinzip**
	  ➤ Prinzip der verlustfreien Bewertung
	
	• **Realisationsprinzip**
	  ➤ Anschaffungswertprinzip
	
	• **Imparitätsprinzip**
	  ➤ Niederstwert- und Höchstwertprinzip
		• **Grundsatz der Klarheit und der Übersichtlichkeit**
		
		• **Saldierungsverbot**
		
		• **Grundsatz der Kongruenz**

Abb. 15: Übersicht über wesentliche Grundsätze ordnungsmäßiger Buchführung

verkauft werden, werden die Herstellungsaufwendungen durch eine entsprechende Buchung ergebniswirksam (siehe hierzu auch Abschnitt A.4.6).

Beispiel: Im Geschäftsjahr 00 stellt der Einzelkaufmann Schreiner einen Tisch her. Der Aufwand für die Herstellung des Tisches, der dieser Leistung eindeutig zurechenbar ist, beträgt insgesamt 400 €. Schreiner bucht den Aufwand im Soll, der damit zunächst den Gewinn des Geschäftsjahres 00 mindert. Ertrag im Zusammenhang mit der Herstellung des Tisches entsteht, wenn der Tisch verkauft und ausgeliefert wird. Aufgrund des Grundsatzes der sachlichen Abgrenzung darf der Aufwand erst in der Periode ergebniswirksam werden, in der der Tisch geliefert wird. Durch die Gegenbuchung im Haben zu der Aktivierung des Tisches mit einer Sollbuchung (Buchungssatz: „fertige Erzeugnisse an Erhöhung Bestand fertige Erzeugnisse") im Jahresabschluss 00 wird der Aufwand „neutralisiert". Wird der Tisch in 01 für 500 € (ohne Umsatzsteuer) verkauft, erfasst Schreiner einen Umsatzertrag in Höhe von 500 € und den Aufwand in Höhe der Herstellungskosten des Tisches von 400 € durch die Buchung des Abgangs des Tisches („Verringerung fertige Erzeugnisse an fertige Erzeugnisse").

– **Grundsatz der zeitlichen Abgrenzung**: *Streng zeitraumbezogen anfallende Aufwendungen und Erträge* (z. B. Mieten, Zinsen) *sind zeitproportional zu er-*

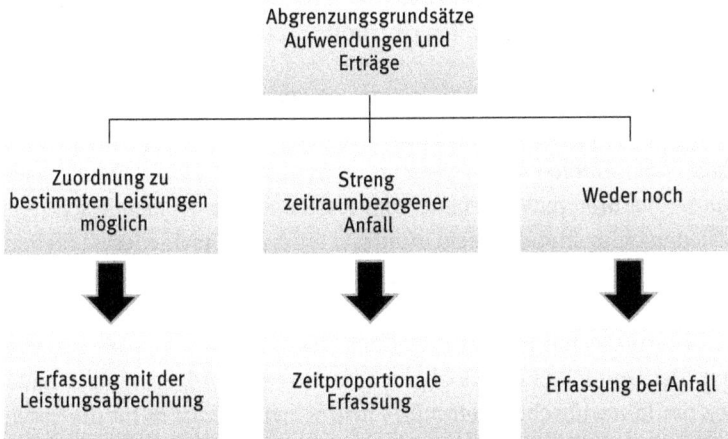

Abb. 16: Abgrenzungsgrundsätze für Aufwendungen und Erträge

fassen. Liegt in dem Zeitraum, auf den sich ein Aufwand oder ein Ertrag bezieht (z. B. ein Versicherungsbeitrag für den Zeitraum 01.07.–30.06.), ein Bilanzstichtag, ist unabhängig vom Zahlungszeitpunkt (am Anfang oder am Ende des Zeitraums) der Aufwand bzw. der Ertrag zu erfassen, der in dem Zeitraum bis zum Bilanzstichtag (z. B. 01.07.–31.12.) entstanden ist. Hierdurch entstehen in der Bilanz antizipative (es wurde noch keine Zahlung geleistet) bzw. transitorische (es wurde bereits für den ganzen Zeitraum bezahlt) Rechnungsabgrenzungsposten (siehe Abschnitt A.4.7 und C.2.9).
Aufwendungen und Erträge, die weder leistungs- noch zeitraumbezogen sind, sind in der Periode zu erfassen, in der sie anfallen (z. B. Währungsverluste, außerplanmäßige Abschreibungen).

- **Grundsatz der Richtigkeit und der Willkürfreiheit**: *Die betrieblichen Vorgänge sind in der Buchhaltung und im Jahresabschluss richtig wiederzugeben* (§ 239 Abs. 2 HGB). Dazu gehört, dass alle Geschäftsvorfälle vollständig erfasst, den Tatsachen entsprechend bewertet und zutreffend bezeichnet werden. Die Aufstellung des Jahresabschlusses muss nachvollziehbar sein. Annahmen, die Schätzungen zugrunde liegen, dürfen nicht willkürlich getroffen werden, sondern müssen durch sachkundige Dritte überprüfbar sein.

- **Grundsatz der Vergleichbarkeit**: *Die Positionen der Jahresabschlüsse eines Unternehmens aus verschiedenen Perioden müssen vergleichbar sein*, damit die Entwicklung der wirtschaftlichen Lage des Unternehmens mit Hilfe eines Zeitvergleichs der Jahresabschlüsse beurteilt werden kann.
Hieraus leitet sich das **Stetigkeitsprinzip** ab: *Im aktuellen Jahresabschluss sind die im vorherigen Jahresabschluss angewandten Ansatz- und Bewertungsmethoden beizubehalten* (**materielle Stetigkeit** gemäß §§ 246 Abs. 3, 252 Abs. 1 Nr. 6 HGB).

Kapitalgesellschaften haben darüber hinaus auch die Form der Darstellung, insbesondere die Gliederung beizubehalten (**formelle Stetigkeit** gemäß § 265 Abs. 1 HGB).

– **Grundsatz der Wesentlichkeit:** *Sofern eine Information für die Vermittlung eines den tatsächlichen Verhältnissen entsprechenden Bildes der Vermögens-, Finanz- und Ertragslage von untergeordneter Bedeutung ist und die Entscheidung eines Jahresabschlussadressaten nicht beeinflussen würde, kann sie vernachlässigt werden.* Seinen Niederschlag findet dieser Grundsatz auch an verschiedenen Stellen im HGB, z. B. in § 256 HGB im Zusammenhang mit Bewertungsvereinfachungsverfahren. Der Grundsatz der Wesentlichkeit hilft dem Jahresabschlussersteller, die Menge an Informationen bei der Erstellung des Jahresabschlusses sinnvoll zu verarbeiten. Der Grundsatz ist jedoch auch im Sinne der Adressaten: Je mehr Informationen der Jahresabschluss enthält, umso schwieriger ist es für die Leser, die für sie wichtigen Informationen zu finden. Daher ist es von Vorteil, wenn der Jahresabschluss tatsächlich nur wesentliche Informationen enthält.

Grundlage für alle Fragen des **Ansatzes** ist der Grundsatz der **Vollständigkeit:** *Sämtliche buchungsfähigen Vorgänge sind zu erfassen* (§ 239 Abs. 2 HGB) und *sämtliche Vermögensgegenstände, Schulden, Rechnungsabgrenzungsposten, Aufwendungen und Erträge sind – sofern gesetzlich nichts Anderes bestimmt ist – in den Jahresabschluss aufzunehmen* (§ 246 Abs. 1 HGB). Dabei beziehen sich die Bestände im Jahresabschluss auf den Schlusstag des Geschäftsjahres (**Stichtagsgrundsatz** gemäß § 242 Abs. 1 Satz 1 HGB) und die Größen, die sich auf einen Zeitraum beziehen (Stromgrößen), auf die Zeitspanne zwischen zwei Bilanzstichtagen. Alle Ereignisse bis zum Bilanzstichtag sind zu berücksichtigen, auch wenn sie erst nach dem Bilanzstichtag bekannt werden (Wertaufhellung). Ereignisse, die erst nach dem Bilanzstichtag eintreten, sind grundsätzlich nicht zu berücksichtigen.

---

i **Beispiel:** Mitarbeiter M von Unternehmen U (Bilanzstichtag: 31.12.) lässt am 30.12.00 ein firmeneigenes Notebook so unglücklich fallen, dass es nicht mehr nutzbar ist, sondern nur noch entsorgt werden kann. Das Notebook ist damit am 31.12.00 kein durch das Unternehmen nutzbarer Vermögenswert mehr und ist in der Bilanz zum 31.12.00 nicht mehr anzusetzen (zu den Ansatzkriterien siehe Abschnitt C.2.1), auch wenn diese Information das Rechnungswesen erst im neuen Jahr erreicht. Wenn M das Notebook erst am 02.01.01 fallen lässt, ist es in die Bilanz zum 31.12.00 aufzunehmen, auch wenn vor Erstellung des Abschlusses bekannt wird, dass es nicht mehr vorhanden ist: am Bilanzstichtag war das Notebook ein nutzbarer Vermögensgegenstand des Unternehmens und ist damit in der Bilanz gemäß dem Stichtagsgrundsatz aufzuführen.

Der Stichtagsgrundsatz gilt nicht nur für den Ansatz, sondern auch für die Bewertung.

---

i **Beispiel:** Der Kunde K des Unternehmens U zahlt im Geschäftsjahr 00 seine Rechnungen erst nach der 1. oder 2. Mahnung. Im Januar 01 meldet K Insolvenz an. Im Februar 02 schließt K mit einem Investor einen Vertrag über eine langfristige Finanzierung ab, so dass die Zahlungsfähigkeit wiederhergestellt wird.

Die Insolvenz ist ein wertaufhellendes Ereignis, da es die angespannte Lage von K Ende 00 lediglich belegt. Auf dieser Basis schreibt U seine Forderungen gegenüber K im Jahresabschluss für das Geschäftsjahr 00 ab. Die Finanzierungszusage des Investors ist hingegen ein wertbegründendes Ereignis, das bei der Jahresabschlusserstellung 00 nicht berücksichtigt werden darf (vgl. hierzu auch die Beispiele und Erörterungen bei Hoffmann/Lüdenbach, 2021, § 252 Rz. 70 ff.).

Dadurch, dass die Eröffnungsbilanz eines Geschäftsjahres mit der Schlussbilanz des vorangegangenen Geschäftsjahres übereinstimmen muss (**Grundsatz der Bilanzidentität**, für die Wertansätze in § 252 Abs. 1 Nr. 1 HGB kodifiziert), wird gewährleistet, dass auch in der Totalperiode (= Gesamtlebensdauer eines Unternehmens) sämtliche Geschäftsvorfälle erfasst werden.

Für die **Bewertung** von Bilanz- und GuV-Positionen bilden folgende Grundsätze die Basis:

- **Going-Concern-Prinzip** (Grundsatz der Unternehmensfortführung): *Bei der Bewertung der Bilanzpositionen ist grundsätzlich von der Fortführung der Unternehmenstätigkeit auszugehen* (§ 252 Abs. 1 Nr. 2 HGB). Bei einer Abweichung von dieser Annahme müssten Vermögensgegenstände und Schulden mit ihrem Veräußerungswert bewertet werden, was zum Teil zu erheblich abweichenden Werten führen könnte. Eine Spezialanlage, die ausschließlich von dem bilanzierenden Unternehmen genutzt werden kann und die für mehrere Millionen Euro angeschafft wurde, wäre z. B. nur noch mit ihrem Schrottwert zu bilanzieren, während ihr Wert für das Unternehmen bei fortgeführter Unternehmenstätigkeit in der Regel mindestens die fortgeführten Anschaffungskosten beträgt.
- **Grundsatz der Einzelbewertung**: *Grundsätzlich sind alle Vermögensgegenstände und Schulden einzeln zu bewerten* (§§ 240 Abs. 1 und 252 Abs. 1 Nr. 3 HGB). Teilweise besteht ein Problem in der Abgrenzung der Bewertungseinheit: Gehört z. B. ein Aufzug zu einem Gebäude oder ist er ein gesondert zu bewertender Vermögensgegenstand? Entscheidend ist hierbei der einheitliche Nutzungs- und Funktionszusammenhang.
- **Vorsichtsprinzip**: *Vermögensgegenstände und Schulden sind vorsichtig zu bewerten* (§ 252 Abs. 1 Nr. 4 1. Hs. HGB), d. h., Vermögensgegenstände dürfen nicht mit einem höheren, Schulden nicht mit einem niedrigeren Wert angesetzt werden, als sich unter Berücksichtigung aller vorhersehbaren Risiken ergibt. Hieraus folgt das **Prinzip der verlustfreien Bewertung**: Vermögensgegenstände und Verpflichtungen sind so zu bewerten, dass bei ihrem Abgang bzw. bei ihrer Erfüllung für das Unternehmen kein Verlust entsteht. Das Vorsichtsprinzip liegt dem Imparitätsprinzip (s. u.) zugrunde.
- **Realisationsprinzip**: *Gewinne sind erst zu erfassen, wenn sie realisiert sind* (§ 252 Abs. 1 Nr. 4 2. Hs. HGB). Ein Ertrag und infolge dessen ein Gewinn aus einem Geschäft gilt dann als realisiert, wenn ein Gut geliefert bzw. eine Dienstleistung er-

bracht worden ist. Bis zu diesem Zeitpunkt sind erworbene *Vermögensgegenstände und Erzeugnisse höchstens mit Anschaffungs- oder Herstellungskosten (AHK) zu bewerten* (**Anschaffungswertprinzip** gemäß § 253 Abs. 1 HGB).

– **Imparitätsprinzip**: Gewinne und Verluste werden imparitätisch, d. h. ungleich, behandelt: *Verluste sind bereits zu erfassen, wenn sie mit ausreichender Sicherheit erkennbar sind* (§ 252 Abs. 1 Nr. 4 1. Hs. HGB), *Gewinne erst, wenn sie realisiert sind*. Hieraus resultiert die Bestimmung, dass Vermögensgegenstände abgeschrieben werden müssen bzw. dürfen, wenn ihr Wert am Bilanzstichtag unter dem Buchwert liegt (**Niederstwertprinzip**, siehe Abschnitt C.2.2.4.2) bzw. dass Verbindlichkeiten mit einem höheren Wert anzusetzen sind, wenn der Rückzahlungsbetrag am Bilanzstichtag über dem Buchwert liegt (**Höchstwertprinzip**, siehe Abschnitt C.2.8.2).

---

i **Beispiel:** Unternehmen U kauft im Dezember 00 Waren für 10.000 €, die U im nächsten Jahr 01 verkaufen und ausliefern möchte.

a) Der Wert der Waren beträgt am Bilanzstichtag 31.12.00 12.000 €. Würde U die Waren nun mit 12.000 € bewerten, würde sich der Wert auf dem Aktivkonto „Waren" um 2.000 € erhöhen und der Wertzuwachs als Ertrag gebucht werden. Dieser Ertrag wird jedoch erst realisiert, wenn U die Waren verkauft und an den Kunden liefert. Aufgrund des Realisationsprinzips darf die Werterhöhung daher nicht am Bilanzstichtag berücksichtigt werden. Die Waren müssen weiterhin mit ihren Anschaffungskosten (Anschaffungswertprinzip) bewertet werden.

b) Der Wert der Waren beträgt am Bilanzstichtag 31.12.00 nur noch 9.000 €. Bewertet U die Waren nun mit 9.000 €, verringert sich der Wert auf dem Aktivkonto „Waren" um 1.000 €, die Wertverringerung bedeutet einen Aufwand. Dieser Aufwand wird erst realisiert, wenn U die Waren verkauft, jedoch sind Verluste bereits zu berücksichtigen, wenn sie erkennbar sind, was hier der Fall ist. U muss daher aufgrund des Imparitätsprinzips die Waren in der Bilanz zum 31.12.00 mit 9.000 € bewerten und den Verlust (anders als den Gewinn unter a) bereits vor seiner Realisierung erfassen.

Der **Ausweis** von Bilanz- und GuV-Positionen beruht vor allem auf folgenden Grundsätzen:

– **Grundsatz der Klarheit und der Übersichtlichkeit** (§ 243 Abs. 2 HGB): *Der Jahresabschluss muss übersichtlich gegliedert und die einzelnen Positionen müssen eindeutig bezeichnet sein.*

– **Saldierungsverbot** (§ 246 Abs. 2 Satz 1 HGB): Die geforderte Übersichtlichkeit darf nicht durch die Saldierung von Jahresabschlusspositionen erzielt werden: *Vermögensgegenstände dürfen nicht mit Schulden* (z. B. Guthaben auf dem laufenden Konto bei der Hausbank mit einem Darlehen, das von der Hausbank gewährt wurde), *Erträge nicht mit Aufwendungen* (z. B. Zinserträge mit Zinsaufwendungen) *verrechnet werden.*

– **Grundsatz der Kongruenz**: *Die Summe der Periodengewinne entspricht dem Totalgewinn während der gesamten Existenz des Unternehmens.* Daraus folgt, dass

Aufwendungen und Erträge immer in der GuV erfasst werden müssen und nicht erfolgsneutral direkt im Eigenkapital verbucht werden dürfen.

Durch das BilMoG hat sich die Bedeutung der einzelnen GoB zum Teil verändert. Früher hatte z. B. das Vorsichtsprinzip eine wesentliche Stellung. Ein ordentlicher Kaufmann rechnete sich eher zu arm als zu reich. Dadurch sollte verhindert werden, dass im Zweifelsfall zu hohe Gewinne ausgeschüttet bzw. besteuert wurden.

Im Laufe der Zeit wurde die Informationsfunktion des Jahresabschlusses jedoch immer wichtiger, was insbesondere durch die Neuregelungen des BilMoG auch im HGB seinen Niederschlag gefunden hat. Das Vorsichtsprinzip wird heute eher so ausgelegt, dass Schulden nicht unter- und Vermögensgegenstände nicht überbewertet werden dürfen. Umgekehrt sollen Schulden aber auch nicht zu hoch und Vermögensgegenstände nicht zu niedrig bewertet werden. Der Grundsatz der Vollständigkeit wurde z. B. durch die Aufhebung des Ansatzverbots für selbsterstellte immaterielle Vermögensgegenstände des Anlagevermögens gestärkt. Der Grundsatz der Stetigkeit wurde durch die Aufnahme der Ansatzstetigkeit in § 246 Abs. 3 HGB vervollständigt.

Die GoB werden teilweise durch Gesetzesvorschriften außer Kraft gesetzt. Hierauf wird im Folgenden an den relevanten Stellen eingegangen.

1.4 Allgemeine Bestimmungen zum Jahresabschluss

Frage: Wer hat einen Jahresabschluss zu erstellen, wann ist ein Jahresabschluss aufzustellen, in welcher Sprache und in welcher Währung?

Grundsätzlich ist gemäß §§ 238 Abs. 1, 240, 242 Abs. 1 HGB jeder Kaufmann verpflichtet, Bücher zu führen, mindestens einmal jährlich ein Inventar zu erstellen und einen Jahresabschluss aufzustellen. Gemäß § 241a HGB sind jedoch Einzelkaufleute, die in zwei aufeinander folgenden Geschäftsjahren jeweils nicht mehr als 600.000 € Umsatzerlöse und 60.000 € Jahresüberschuss aufweisen, davon befreit. Gleiches gilt, wenn die Werte am ersten Abschlussstichtag nach einer Neugründung nicht überschritten werden.

Verpflichtungen zur Buchführung und zur Erstellung eines Jahresabschlusses können sich auch aus steuerrechtlichen Vorschriften ergeben. Gemäß § 140 AO sind alle Unternehmen, die nach handelsrechtlichen Vorschriften einen Abschluss erstellen müssen, auch zur Aufstellung einer Steuerbilanz verpflichtet. § 141 AO erweitert den Kreis der Buchführungspflichtigen um bestimmte gewerbliche Unternehmen sowie land- und forstwirtschaftliche Unternehmen ab einer bestimmten Größenordnung.

Nach § 242 Abs. 1 Satz 1 HGB muss ein Kaufmann zu Beginn seines Handelsgewerbes eine Eröffnungsbilanz aufstellen. Darin muss er alle Vermögensgegenstände und Schulden aufführen, die zu Beginn des Geschäftsbetriebes dem Unternehmen zuzurechnen sind, und das Eigenkapital ausweisen. In den folgenden Jahren hat er für den Schluss jedes Geschäftsjahres einen Jahresabschluss, also mindestens Bilanz und GuV, zu erstellen (§ 242 Abs. 2 HGB). Ein Geschäftsjahr muss nicht mit dem Kalenderjahr übereinstimmen. Das Geschäftsjahr der Siemens AG endet z. B. am 30. September. In der Landwirtschaft läuft das Wirtschaftsjahr gemäß § 4a Abs. 1 Nr. 1 EStG erntebedingt vom 01.07. bis zum 30.06. des Folgejahres.

Um seine Funktionen, insbesondere die Informationsfunktion, erfüllen zu können, sollte ein Jahresabschluss möglichst bald nach Ende des Geschäftsjahres, nach dem sogenannten „Bilanzstichtag", aufgestellt werden. Die zeitnahe Jahresabschlusserstellung ist für die Eigentümer des Unternehmens umso wichtiger, je weniger Einblick sie abgesehen vom Jahresabschluss in die wirtschaftliche Situation des Unternehmens haben. Deshalb hat der Gesetzgeber die in Tabelle 5 dargestellten Fristen für die Jahresabschlusserstellung vorgesehen.

Tab. 5: Fristen für die Aufstellung des Jahresabschlusses

Rechtsform des Unternehmens	Einzelkaufleute und Personenhandels-gesellschaften	Kapitalgesellschaften		Genossen-schaften
		groß, mittel	klein(st)	
Frist zur Jahres-abschluss-erstellung	„innerhalb der einem ordnungsmäßigen Geschäftsgang entsprechenden Zeit"; Kommentarmeinung: 6–12 Monate nach Ende des Geschäftsjahres	3 Monate nach Ende des Geschäfts-jahres	Später als 3 Monate nach Ende des Geschäftsjahres, wenn dies einem ordnungs-gemäßen Geschäftsgang entspricht; längstens 6 Monate nach Ende des Geschäftsjahres	5 Monate nach Ende des Geschäfts-jahres
Gesetzliche Grundlage	§ 243 Abs. 3 HGB	§ 264 Abs. 1 Satz 3 HGB	§ 264 Abs. 1 Satz 3 und 4 HGB	§ 336 Abs. 1 Satz 2 HGB

Die Handelsbücher und andere Aufzeichnungen müssen in einer lebenden Sprache geführt werden (§ 239 Abs. 1 Satz 1 HGB). Englisch oder Französisch ist also zugelassen, Latein jedoch nicht. Der Jahresabschluss ist hingegen zwingend in deutscher Sprache und durchgängig in Euro aufzustellen (§ 244 HGB). Das heißt, alle Geschäftsvorfälle in anderer Währung müssen in Euro umgerechnet werden. Hierfür ist gemäß § 256a HGB der Devisenkassamittelkurs am Bilanzstichtag anzuwenden. Grundsätzlich sind dabei das Anschaffungswertprinzip und das Realisationsprinzip zu beachten. Ausgenommen sind hiervon gemäß § 256a Satz 2 HGB Vermögensgegenstände und Verbindlichkeiten mit einer Restlaufzeit von höchstens einem Jahr.

1.5 Prüfungsaufgaben

Aufgabe 3

Geben Sie bitte an, gegen welchen Grundsatz ordnungsmäßiger Buchführung jeweils in den folgenden Fällen verstoßen wird:

a) Die Abschreibung einer Maschine wird nicht auf einem Aufwandskonto erfasst, sondern direkt mit den Gewinnrücklagen verrechnet.

b) Der Leiter des Rechnungswesens schätzt den Drohverlust aus einem schwebenden Geschäft auf 400.000 € bis 500.000 €. Da der Jahresüberschuss jedoch im Berichtsjahr ohnehin schon geringer als in den Vorjahren ausfallen wird, bewertet er die Rückstellung mit 50.000 €.

c) In der Bilanz werden die erhaltenen Anzahlungen auf Vorräte mit den Vorräten verrechnet.

d) Ein Unternehmen hat zum Bilanzstichtag die Hälfte eines Dienstleistungsauftrages erfüllt. Dementsprechend erfasst es die Hälfte des vereinbarten Entgeltes in den Umsatzerlösen.

e) Wertpapiere eines Unternehmens haben am Bilanzstichtag einen Kurs von 20 € je Stück. Aufgrund von Konjunkturprognosen geht der Leiter des Rechnungswesens nach Rücksprache mit der Finanzabteilung davon aus, dass der Kurs im Laufe des nächsten Geschäftsjahres um mindestens 5 € sinken wird. Aufgrund des Vorsichtsprinzips bilanziert er die Wertpapiere mit einem Kurs von 15 € je Stück.

Aufgabe 4

Ermitteln Sie, ob die drei untenstehenden Unternehmen einen Jahresabschluss nach handelsrechtlichen Vorschriften erstellen müssen und ggf. aus welchen Bestandteilen er bestehen muss.

a) Der Einzelkaufmann U führt seine Geschäfte mit Dienstleistungen als eingetragener Kaufmann (e. K.) und hat regelmäßig weniger als 400.000 € Umsatzerlöse bei einem Jahresüberschuss von 80.000 €.

b) Eine GmbH & Co. KG weist die folgenden Kennzahlen aus (alle Werte in Mio. € mit Ausnahme der Anzahl Arbeitnehmer):

Geschäftsjahr	00	01	02
Bilanzsumme	5,8	6,1	5,9
Umsatzerlöse	11,7	12,1	12,2
Arbeitnehmer	51	52	52

c) Eine mittelgroße GmbH hat Anleihen an der Börse in Frankfurt notiert und erzielt regelmäßig einen Umsatz von mehr als 25 Mio. €.

2 Die Bilanz

? **Frage: Was steht in einer Bilanz?**

Gemäß § 242 Abs. 1 HGB ist eine Bilanz ein Abschluss, der **das Verhältnis des Vermögens und der Schulden** des Kaufmanns zeigt. In der Bilanz werden die Bestände des Vermögens und der Schulden sowie des Eigenkapitals zu einem bestimmten Zeitpunkt, dem Abschlussstichtag, dargestellt (siehe auch das Beispiel in Abschnitt C.1.1). Bei den in der Bilanz gezeigten Größen handelt es sich somit um **Bestandsgrößen** (siehe auch Abschnitt A.3.2 zu den Bestandskonten).

Beispiel: Am Bilanzstichtag, dem 31.12.00, befinden sich Rohstoffe im Wert von 10.000 € auf Lager. Der Wert dieses Bestandes bezieht sich genau auf den Abschlussstichtag. Er wird in der Bilanz zum 31.12.00 bilanziert. Im Laufe des Geschäftsjahres 00 werden Rohstoffe im Wert von 200.000 € verbraucht. Dieser Wert bezieht sich auf den Zeitraum 1.1.–31.12.00. Es handelt sich um eine **Stromgröße**, die in der Gewinn- und Verlustrechnung (siehe Abschnitt C.3) für den Zeitraum 1.1.–31.12.00 als Aufwand für den Rohstoffverbrauch erfasst wird.

Für die Aufstellung einer Bilanz ist es notwendig, zu bestimmen, was zum Vermögen bzw. was zu den Schulden des Kaufmanns gehört (Frage des Bilanzansatzes bzw. **Bilanzierung dem Grunde nach**) und mit welchem Wert die Vermögensgegenstände und die Schulden bewertet werden (Frage der Bewertung bzw. **Bilanzierung der Höhe nach**).

2.1 Grundlagen des Bilanzansatzes

? **Frage: Was sind Vermögensgegenstände und Schulden?**

Die Begriffe Vermögensgegenstände und Schulden sind im Gesetz nicht definiert. Ihr Inhalt wurde durch die Literatur geprägt (vgl. z. B. Schubert/Waubke in Beck'scher Bilanzkommentar 2020, § 247 Anm. 10 ff.; zu den folgenden Ausführungen Coenenberg et al., 2021a, S. 84 f.).

Ein **Vermögensgegenstand** ist

– ein **wirtschaftlicher Wert**, d. h. er stiftet einen künftigen Nutzen für das bilanzierende Unternehmen;

– **selbständig bewertbar**, d. h. es existiert ein geeigneter Bewertungsmaßstab, wie z. B. Auszahlungen, die für den Erwerb des Gegenstandes geleistet wurden, oder Aufwendungen, die für die Herstellung des Gegenstandes angefallen sind;

– **selbständig verkehrsfähig**, d. h. der Gegenstand kann unabhängig von anderen Vermögensgegenständen verwertet werden. Entscheidend ist die abstrakte Verwertbarkeit, d. h. es ist grundsätzlich möglich, den Gegenstand z. B. zu veräußern oder zu vermieten. Ein Verbot, z. B. des Verkaufs einer von der öffentlichen Hand erworbenen Lizenz, ist für die Erfüllung des Kriteriums unerheblich.

https://doi.org/10.1515/9783110747683-016

Eine **Schuld**
- ist eine bestehende oder hinreichend sicher erwartete **Belastung des Vermögens**, d. h. die Schuld wird zukünftig das Vermögen mindern (z. B. durch den Abfluss liquider Mittel);
- beruht auf einer rechtlichen oder wirtschaftlichen (d. h. faktischen) **Leistungsverpflichtung** des Unternehmens;
- ist **selbständig bewertbar**, ist also von anderen Verpflichtungen abgrenzbar und insbesondere nicht Teil des allgemeinen Unternehmerrisikos. Der Bewertungsmaßstab für eine Schuld liegt in der hinreichend sicher bestimmbaren künftigen Vermögensminderung.

Aufgrund des Maßgeblichkeitsprinzips (siehe Abschnitt C.1.2.) gelten die Definitionen für Vermögensgegenstände und Schulden grundsätzlich nicht nur für die Handels-, sondern auch für die Steuerbilanz. Im **Steuerrecht** lauten die Bezeichnungen jedoch **positive und negative Wirtschaftsgüter**. Außerdem weicht die Definition positiver Wirtschaftsgüter auf Basis der BFH-Rechtsprechung leicht von der für Vermögensgegenstände ab (vgl. Coenenberg et al., 2021a, S. 85). Danach liegt ein **positives Wirtschaftsgut** vor, wenn
- **Aufwendungen** entstanden sind,
- das Gut **über das Wirtschaftsjahr hinaus** einen **Nutzen verspricht** und
- das Gut **selbständig bewertbar** ist. Die selbständige Bewertbarkeit wird hier dadurch konkretisiert, dass ein Erwerber des Gesamtbetriebs im Rahmen des Gesamtkaufpreises für das positive Wirtschaftsgut einen bestimmten Betrag berücksichtigen würde.

Der entscheidende Unterschied liegt darin, dass positive Wirtschaftsgüter im Gegensatz zu Vermögensgegenständen, auf die sich das HGB bezieht, nicht einzeln verwertbar sein müssen.

Der Begriff des **negativen Wirtschaftsgutes** deckt sich weitgehend mit dem handelsrechtlichen Begriff der Schulden.

2.1.1 Bilanzierungsfähigkeit

Frage: Welche Voraussetzungen bestehen für die Aufnahme von Vermögensgegenständen und Schulden in eine Bilanz?

Aufgrund des Vollständigkeitsgebotes (siehe Abschnitt C.1.3.2) müssen grundsätzlich alle bilanzierungsfähigen Vermögensgegenstände und Schulden in die Bilanz eines Kaufmanns bzw. eines Unternehmens aufgenommen werden, sofern kein ausdrückliches gesetzliches Bilanzierungswahlrecht besteht. Bilanzierungsfähig sind Vermögensgegenstände und Schulden, sofern sie **dem Betriebsvermögen des Kaufmanns**

zuzurechnen sind (wirtschaftliches Eigentum) und kein ausdrückliches gesetzliches Verbot die Bilanzierung verbietet.

Juristisch ist gemäß § 903 BGB **Eigentümer** einer Sache, wer „mit einer Sache nach Belieben verfahren und andere von jeder Einwirkung ausschließen" kann. Für die Zurechnung zum Betriebsvermögen des Kaufmanns ist allerdings **nicht das rechtliche, sondern das wirtschaftliche Eigentum entscheidend** (§ 246 Abs. 1 Satz 2 HGB). Bei den Schulden werden nicht nur rechtliche, sondern auch rein wirtschaftliche Verpflichtungen (z. B. Kulanzrückstellungen, siehe Abschnitt C.2.8.1) berücksichtigt. **Wirtschaftliches Eigentum** liegt vor, wenn der Kaufmann den Gegenstand nutzen kann, als wäre er rechtlicher Eigentümer, und wenn er in gleichem Maße wie ein rechtlicher Eigentümer die Gefahr der Beschädigung und des Untergangs des Gegenstandes trägt.

Juristisches und wirtschaftliches Eigentum fallen z. B. bei einer Lieferung unter **Eigentumsvorbehalt** (§ 449 BGB) auseinander. Der Lieferant bleibt in diesem Falle bis zur Bezahlung rechtlicher Eigentümer der Ware, der Kunde kann mit der Ware aber grundsätzlich machen, was er möchte. Darüber hinaus liegt bei ihm das Risiko der Beschädigung, des Verderbs oder der Zerstörung der Ware. Damit ist der Kunde wirtschaftlicher Eigentümer der Ware und er hat sie in seiner Bilanz zu bilanzieren. Weitere Beispiele für das Auseinanderfallen von juristischem und wirtschaftlichem Eigentum sind die **Einkaufskommission**, die **Sicherungsübereignung** und bestimmte Formen des Leasings.

Leasing ist ein Oberbegriff für sehr unterschiedliche Formen der entgeltlichen Nutzungsüberlassung von Vermögensgegenständen. Es wird grundsätzlich zwischen „Operating Leasing" und „Financial Leasing" unterschieden.

– **Operating Leasing** entspricht der normalen Miete. Die Verträge sind in der Regel kurzfristig oder während der Vertragslaufzeit kündbar. Der Leasinggeber (Vermieter) trägt während der Vertragsdauer das wirtschaftliche Risiko und bleibt damit wirtschaftlicher Eigentümer unabhängig davon, ob er auch rechtlich der Eigentümer ist. Dementsprechend bilanziert er den Vermögensgegenstand in seiner Bilanz.

– **Financial Leasing**-Verträge haben eine längere Laufzeit, während der das Leasingverhältnis nicht kündbar ist (Grundmietzeit). Für die Bilanzierung des Vermögensgegenstandes ist entscheidend, ob der Leasinggeber, der weiterhin rechtlicher Eigentümer des Gegenstandes ist, auch wirtschaftlicher Eigentümer bleibt, oder ob er lediglich eine Finanzierungsfunktion hat und das wirtschaftliche Risiko, aber auch die Chancen z. B. einer Wertsteigerung des Gegenstandes, beim Leasingnehmer liegen.

Handelsrechtlich existieren keine Bestimmungen, bei welchen Vertragsbedingungen der Leasinggegenstand beim Leasinggeber bzw. beim Leasingnehmer zu bilanzieren ist. Deshalb orientiert man sich auch bei der Erstellung der Handelsbilanz in der Regel an den Vorschriften der steuerlichen Leasingerlasse (vgl. BMF 1971; BMF 1972; BMF

1975; BMF 1991), die bei der Beurteilung, welchem Vertragspartner der Vermögenswert wirtschaftlich zuzurechnen ist, insbesondere das Verhältnis von Grundmietzeit zur betriebsgewöhnlichen Nutzungsdauer und das Vorhandensein einer vorteilhaften Kauf- oder Mietverlängerungsoption zugrunde legen. Ist der Leasinggegenstand stark auf besondere Bedürfnisse des Leasingnehmers zugeschnitten (Spezialleasing), muss er immer vom Leasingnehmer bilanziert werden, da davon ausgegangen wird, dass die Vertragsbedingungen zu einem Übergang der Chancen und Risiken auf den Leasingnehmer führen (vgl. hierzu ausführlich Coenenberg et al., 2021a, S. 203–207).

Frage: Inwieweit ist der Unterschied von Privatvermögen und Betriebsvermögen für die Bilanzierung wichtig?

Bei Einzelkaufleuten ist es teilweise problematisch zu unterscheiden, ob ein Vermögensgegenstand zum Betriebsvermögen des Unternehmens oder zum Privatvermögen des Kaufmanns gehört. Dies gilt z. B. für Kraftfahrzeuge, die sowohl geschäftlich als auch privat genutzt werden, oder für Gebäude, in denen sich geschäftlich genutzte Räume und eine Privatwohnung befinden. In der Handelsbilanz wird in der Regel entsprechend der Vorgehensweise im Steuerrecht vorgegangen. Gemäß R 4.2 EStR wird zwischen **notwendigem Betriebsvermögen**, das im Jahresabschluss des Unternehmens zu bilanzieren ist, **gewillkürtem Betriebsvermögen**, für dessen Behandlung ein Wahlrecht besteht, und **notwendigem Privatvermögen**, das nicht in den Jahresabschluss des Unternehmens aufgenommen werden darf, unterschieden. Tabelle 6 zeigt die Unterschiede im Überblick:

Tab. 6: Unterschiede zwischen Betriebs- und Privatvermögen

Notwendiges Betriebsvermögen	Gewillkürtes Betriebsvermögen	Notwendiges Privatvermögen
– Wirtschaftsgüter, die ausschließlich und unmittelbar für eigenbetriebliche Zwecke genutzt werden oder dazu bestimmt sind; – liegt bei eigenbetrieblicher Nutzung > 50 % vor (Bsp: ein PKW wird zu 70 % geschäftlich genutzt)	– Wirtschaftsgüter, die in gewissem objektiven Zusammenhang mit dem Betrieb stehen und ihn zu fördern bestimmt und geeignet sind; – Wahlrecht bei Zuordnung zu Betriebs- oder Privatvermögen; – Voraussetzung: eindeutiger Ausweis in der Buchführung (Bsp: ein PKW wird zu 40 % geschäftlich genutzt)	– Wirtschaftsgüter, die zu mehr als 90 % privat genutzt werden (Bsp: ein PKW wird nur zu 5 % geschäftlich genutzt)

Ein Vermögensgegenstand wird als Ganzes entweder dem Betriebsvermögen oder dem Privatvermögen zugerechnet. Lediglich Grundstücke und Grundstücksteile können im Umfang des genutzten Teils bilanziert werden. Wird z. B. ein Gebäude zu 70 % betrieblich, zu 30 % privat genutzt, werden 70 % des Gebäudes einschl. Grundstücksanteil in der Bilanz des Unternehmens erfasst.

? **Frage: Was ist der Unterschied zwischen Herstellungsaufwand und Erhaltungsaufwand?**

Ein weiteres Problem im Zusammenhang mit der Bilanzierungsfähigkeit besteht in der Entscheidung, wann ein Unternehmen einen Vermögensgegenstand derart erweitert, dass damit praktisch ein **neuer Vermögensteil** erstellt wird. Dann ist der neue Gegenstand bzw. die Erweiterung zu aktivieren und mit dem entsprechenden **Herstellungsaufwand** zu bewerten (siehe Abschnitt C.2.2.2). Ist der Aufwand jedoch dafür entstanden, dass ein vorhandener Vermögensgegenstand in seiner Nutzungsmöglichkeit erhalten bleibt, entsteht kein neuer Vermögensgegenstand. Der Aufwand wird nicht aktiviert, sondern mindert in der Periode das Ergebnis. Man spricht dann von **Erhaltungsaufwand.**

i **Beispiel:** Ein Unternehmen erweitert sein Verwaltungsgebäude um einen Anbau, in dem die Büros für eine neue Abteilung untergebracht werden sollen. Gleichzeitig wird das Verwaltungsgebäude renoviert. Der Aufwand für die Errichtung des Anbaus ist Herstellungsaufwand und daher zu aktivieren. Der Aufwand für die Renovierung stellt Erhaltungsaufwand dar. Dabei ist die Art des Aufwandes unerheblich: In beiden Fällen entsteht z. B. Aufwand für Anstricharbeiten und Farben. Für die Charakterisierung ist entscheidend, wofür der Aufwand angefallen ist: für die Erhaltung der Funktionsfähigkeit des Vermögensgegenstandes oder für eine Erweiterung bzw. Neuerstellung.

In der Praxis bereitet die Klassifizierung teilweise Probleme, da die Übergänge fließend sind. Abbildung 17 zeigt die Unterschiede im Überblick.

Erhaltungsaufwand	Herstellungsaufwand
• Entsteht regelmäßig • Keine Veränderung der Wesensart des Vermögensgegenstandes • Erhalt der Verwendungs-/ Nutzungsmöglichkeit • Erhalt des ordnungsgemäßen Zustands des Vermögensgegenstandes	• Schaffung eines neuen Vermögensgegenstandes • Erweiterung eines Vermögensgegenstandes • Wesentliche Veränderung der Gebrauchs-/ Verwertungsmöglichkeit • Erhebliche Verlängerung der Lebensdauer

Abb. 17: Kriterien zur Unterscheidung zwischen Erhaltungs- und Herstellungsaufwand

Für die Ergebnissituation des Unternehmens ergeben sich aus der Frage, ob eine Maßnahme als Erhaltungs- oder als Herstellungsaufwand zu charakterisieren ist, gravierende Unterschiede. **Erhaltungsaufwand** wird in der Periode, in der er anfällt, **sofort ergebnismindernd** berücksichtigt. Demgegenüber wird **Herstellungsaufwand aktiviert** und reduziert über die Nutzungsdauer des Vermögensgegenstandes das jeweilige Periodenergebnis.

2.1.2 Bilanzierungsverbote

Frage: Welche gesetzlichen Bilanzierungsverbote durchbrechen das Vollständigkeitsgebot nach § 246 Abs. 1 HGB?

Gemäß **§ 248 HGB** dürfen folgende **Aktivposten** als Ausnahme vom allgemeinen Vollständigkeitsgebot grundsätzlich nicht in die Bilanz aufgenommen werden:
– Aufwendungen für die Gründung eines Unternehmens,
– Aufwendungen für die Beschaffung des Eigenkapitals,
– Aufwendungen für den Abschluss von Versicherungsverträgen und
– Marken, Drucktitel, Verlagsrechte, Kundenlisten oder vergleichbare immaterielle Vermögensgegenstände des Anlagevermögens, die nicht entgeltlich erworben wurden.

Auf der Passivseite beschränkt der Gesetzgeber die Bilanzierung ungewisser Verpflichtungen durch ein Verbot des Ansatzes von **Rückstellungen für Sachverhalte, die nicht explizit in § 249 Abs. 1 HGB erwähnt sind** (§ 249 Abs. 2 HGB; siehe auch Abschnitt C.2.8.1).

2.1.3 Bilanzierungswahlrechte

Frage: Welche gesetzlichen Bilanzierungswahlrechte durchbrechen das Vollständigkeitsgebot nach § 246 Abs. 1 HGB?

Das HGB enthält für Vermögensgegenstände lediglich ein Aktivierungswahlrecht für **selbstgeschaffene immaterielle Vermögensgegenstände des Anlagevermögens** (siehe hierzu ausführlich Abschnitt C.2.4.1). Es wurde durch das BilMoG zur Annäherung der deutschen an die internationale Rechnungslegung nach IFRS eingeführt. Die IFRS schreiben eine Aktivierung selbsterstellter immaterieller Vermögensgegenstände des Anlagevermögens unter bestimmten Voraussetzungen zwingend vor.

Gemäß § 6 Abs. 2 Satz 1 i. V. m. § 6 Abs. 2 Satz 4 EStG dürfen **abnutzbare bewegliche selbständig nutzbare Wirtschaftsgüter des Anlagevermögens mit Anschaffungs- oder Herstellungskosten von bis zu 250 € netto** (d. h. ohne Umsatzsteuer) im Geschäftsjahr des Zugangs als Betriebsausgaben erfasst werden. Sie müssen nicht in ein Verzeichnis aufgenommen und nicht auf einem Bestandskonto erfasst, sondern können direkt auf einem Aufwandskonto verbucht werden. Dieses steuerliche Aktivierungswahlrecht kann auch in der Handelsbilanz angewandt werden. Es entspricht dem Grundsatz der Wesentlichkeit (siehe hierzu auch die Übersicht zu den Bilanzierungsalternativen geringwertiger Vermögensgegenstände in Abschnitt C.2.2.5.3, Tabelle 8).

Ferner besteht für ein **Disagio** ein Aktivierungswahlrecht (§ 250 Abs. 3 HGB). Ein Disagio entsteht, wenn der Erfüllungsbetrag für eine Verbindlichkeit höher ist als der ursprüngliche Auszahlungsbetrag (z. B. müssen bei einer Darlehensauszahlung in 00 in Höhe von 100.000 € nach 10 Jahren Laufzeit ohne zwischenzeitliche Tilgung 110.000 € zurückgezahlt werden). Die Verbindlichkeit ist gemäß § 253 Abs. 1 Satz 2 HGB mit ihrem Erfüllungsbetrag zu bilanzieren (siehe Abschnitt C.2.8.2). Die Differenz zum Auszahlungsbetrag ist zusätzlicher Zinsaufwand, der sich auf die gesamte Laufzeit der Verbindlichkeit bezieht (im Beispiel insgesamt 10.000 €). Gemäß § 246 Abs. 1 HGB wäre er grundsätzlich als Rechnungsabgrenzungsposten zu aktivieren. § 250 Abs. 3 HGB ermöglicht es dem Bilanzierenden jedoch, den Betrag sofort vollständig als Aufwand zu erfassen.

§ 274 HGB sieht grundsätzlich den Ansatz sogenannter latenter Steuern für die Fälle vor, in denen die Bilanzierung in der Handelsbilanz von der in der Steuerbilanz abweicht (siehe hierzu ausführlich Abschnitt C.2.10). Sowohl die Aktiv- als auch die Passivseite können betroffen sein. Sind die **aktiven latenten Steuern** höher als die passiven, besteht für den Betrag, um den die aktiven die passiven latenten Steuern übersteigen, gemäß § 274 Abs. 1 Satz 2 HGB ein Ansatzwahlrecht.

Auf der Passivseite räumt Art. 28 Abs. 1 EGHGB ein Bilanzierungswahlrecht ein für **Rückstellungen für Pensionsansprüche, die vor dem 01.01.1987** erworben wurden, und deren Erhöhungen sowie für mittelbare Verpflichtungen aus Zusagen für eine laufende Pension oder eine Anwartschaft auf eine Pension.

2.2 Grundlagen der Bewertung

? **Frage: Mit welchem Wert müssen bzw. können Vermögensgegenstände und Schulden in die Bilanz aufgenommen werden?**

Werden **Vermögensgegenstände** erstmalig angesetzt, also in die Bilanz eines Unternehmens aufgenommen, werden sie mit ihren **Anschaffungs- bzw. Herstellungskosten** (siehe Abschnitt C.2.2.1 und C.2.2.2) bewertet (Erstbewertung). Zu beachten ist, dass es sich hierbei betriebswirtschaftlich nicht um Kosten i. S. der Kostenrechnung, sondern um handelsrechtliche Ausgaben bzw. Aufwendungen handelt. Für die Bewertung in den nachfolgenden Jahresabschlüssen (Folgebewertung) wird unterschieden, ob die Vermögensgegenstände im Anlage- oder im Umlaufvermögen bilanziert werden und ob sie zeitlich begrenzt oder unbegrenzt nutzbar sind. Hiernach richtet sich die Anwendung der Vorschriften zur Berücksichtigung von Wertminderungen in Form von **Abschreibungen** (siehe Abschnitt C.2.2.4). Gemäß § 253 Abs. 1 Satz 1 HGB bilden die Anschaffungs- oder Herstellungskosten (ggf. abzüglich sogenannter planmäßiger Abschreibungen = **fortgeführte Anschaffungs- oder Herstellungskosten**) die Obergrenze für die Bewertung von Vermögensgegenständen (= Anschaffungswertprinzip).

Mit Verabschiedung des BilMoG in 2009 wurde als neuer Wertmaßstab der **beizulegende Zeitwert** (siehe Abschnitt C.2.2.3) in das HGB eingeführt. In einem Jahresabschluss von Industrieunternehmen sind – in Abgrenzung zur Finanzwirtschaft – gemäß § 253 Abs. 1 Satz 3 u. 4 HGB jedoch lediglich

- Rückstellungen für Altersversorgungsverpflichtungen, deren Höhe sich ausschließlich nach dem beizulegenden Zeitwert von Wertpapieren des Anlagevermögens i. S. d. § 266 Abs. 2 A.III.5 HGB bestimmt, sofern er einen garantierten Mindestbetrag übersteigt, und
- Vermögensgegenstände, die ausschließlich der Erfüllung von Schulden aus Altersversorgungsverpflichtungen u. ä. dienen und dem Zugriff aller übrigen Gläubiger entzogen sind,

mit dem beizulegenden Zeitwert zu bewerten. Liegt der beizulegende Zeitwert über den Anschaffungskosten, wird durch diese Bewertung das Anschaffungswertprinzip durchbrochen.

Gemäß § 253 Abs. 1 Satz 2 HGB sind **Verbindlichkeiten** mit ihrem **Erfüllungsbetrag**, Rückstellungen mit dem „nach vernünftiger kaufmännischer Beurteilung notwendigen" Erfüllungsbetrag zu bewerten (siehe hierzu näher Abschnitt C.2.8.2 und Abschnitt C.2.8.1).

Prinzipiell gilt für Vermögensgegenstände und Schulden der Grundsatz der Einzelbewertung gemäß § 252 Abs. 1 Nr. 3 HGB (siehe hierzu auch Abschnitt C.1.3.2). Teilweise lässt sich eine Einzelbewertung jedoch nicht durchführen oder sie ist nicht wirtschaftlich. In solchen Fällen ist eine Abweichung von diesem Grundsatz möglich (siehe hierzu Abschnitt C.2.2.5).

2.2.1 Anschaffungskosten

Frage: Was sind Anschaffungskosten?

Anschaffungskosten sind gemäß § 255 Abs. 1 Satz 1 HGB Aufwendungen

- um einen Vermögensgegenstand zu erwerben und
- um ihn in einen betriebsbereiten Zustand zu versetzen,
- die einzeln dem Vermögensgegenstand zurechenbar sind. Einzeln zurechenbar sind Aufwendungen, die dem Vermögensgegenstand direkt – ohne Schlüsselungen – zugeordnet werden können (Einzelkosten). Fallen Aufwendungen für mehrere Bezugsobjekte an (Gemeinkosten), dürfen diese nicht in den Anschaffungskosten berücksichtigt werden.

Sie setzen sich gemäß § 255 Abs. 1 Satz 2 HGB aus folgenden Bestandteilen zusammen:

Anschaffungspreis (netto)
+ Anschaffungsnebenkosten
+ Aufwendungen zur Herstellung der Betriebsbereitschaft
+ nachträgliche Anschaffungskosten
– Anschaffungspreisminderungen.

Bei dem **Anschaffungspreis** handelt es sich um den Preis laut Rechnung. Erhält das Unternehmen die Umsatzsteuer als Vorsteuer vom Finanzamt erstattet, wird lediglich der Nettobetrag (Rechnungsbetrag – Umsatzsteuer) angesetzt.

Anschaffungsnebenkosten sind sämtliche Auszahlungen oder Aufwendungen, die im Zusammenhang mit dem Erwerb eines Vermögensgegenstandes während des Anschaffungszeitraums anfallen und die dem Vermögensgegenstand **direkt zurechenbar** sind. Hierzu gehören z. B. Transportausgaben und Aufwendungen für Probeläufe. Fremdkapitalzinsen zählen grundsätzlich nicht zu den Anschaffungs-(neben)kosten.

Direkt zurechenbare Aufwendungen, die erforderlich sind, den Vermögensgegenstand in einen **betriebsbereiten Zustand** zu versetzen (z. B. Fundamente für Maschinen oder Schulungen für Bedienpersonal) sind ebenfalls in den Anschaffungskosten zu erfassen.

Nachträgliche Anschaffungskosten sind sämtliche Auszahlungen oder Aufwendungen, die im Zusammenhang mit dem Erwerb eines Vermögensgegenstandes nach dem Anschaffungszeitraum anfallen und die dem Vermögensgegenstand **einzeln zurechenbar** sind. Dies können z. B. Aufwendungen für Umbauten sein, die noch im Zusammenhang mit dem Erwerb stehen, weil sie bspw. bereits beim Erwerb geplant waren, nachträgliche Erschließungsbeiträge für Grundstücke oder auch nachträgliche Kaufpreiserhöhungen.

Zu den **Anschaffungspreisminderungen** zählen alle Nachlässe auf den ursprünglichen Anschaffungspreis, die Nebenkosten, die Kosten für die Herstellung des betriebsbereiten Zustands und die nachträglichen Kosten, wie z. B. Skonti oder nachträgliche Preisnachlässe aufgrund von Mängeln. Anschaffungspreisminderungen sind gemäß § 255 Abs. 1 Satz 3 HGB bei der Ermittlung der Anschaffungskosten nur zu berücksichtigen, wenn sie ebenfalls **einzeln zurechenbar** sind. Für die Behandlung von Zuschüssen und anderen Subventionen, die in Zusammenhang mit dem Erwerb eines Vermögensgegenstandes gewährt werden, besteht grundsätzlich ein steuerliches Wahlrecht, das auf die Handelsbilanz ausstrahlt: die Anschaffungskosten können entweder um den Subventionsbetrag gekürzt werden oder es ist ein Passivposten zu bilden, der über die Nutzungsdauer des Vermögensgegenstandes ertragswirksam aufgelöst wird (vgl. R 6.5 EStR).

Beispiel (Angaben sämtlich ohne Umsatzsteuer): Eine Maschine wird zum Listenpreis von 100.000 € erworben. Bei Zahlung innerhalb von 14 Tagen gewährt der Lieferant 2 % Skonto. Der Transport und die Montage werden durch den Lieferanten durchgeführt, wofür er weitere 10.000 € (900 € für den Transport, 9.100 € für die Montage) berechnet. Im Zusammenhang mit den Probeläufen entstehen Personalgemeinkosten in Höhe von 3.000 € und Materialeinzelkosten in Höhe von 1.000 €. Das Unternehmen begleicht seine Rechnungen immer innerhalb der Skontofrist.

Die Anschaffungskosten der Maschine berechnen sich wie folgt:

	Anschaffungspreis:	100.000 €	
+	Anschaffungsnebenkosten:	900 €	(Transport)
		1.000 €	(Materialeinzelkosten der Probeläufe)
+	Aufwendungen zur Herstellung der Betriebsbereitschaft:	9.100 €	(Montage)
−	Anschaffungspreisminderungen:	2.200 €	(Skonto auf die gesamten Rechnungsbeträge des Lieferanten)
=	Anschaffungskosten	108.800 €	

Die Personalgemeinkosten können nicht der Maschine einzeln zugerechnet werden und gehören damit nicht zu den Anschaffungskosten.

Im Falle eines **Tausches** wird für ein Gut statt Geld ein anderes Gut oder werden andere Güter abgegeben. Folglich gilt als Anschaffungskosten für das erhaltene Gut grundsätzlich der Zeitwert der weggegebenen Vermögensgegenstände. Die Obergrenze für die Anschaffungskosten bildet der Zeitwert des erworbenen Gutes. In der Literatur wird die Auffassung vertreten, dass der erworbene Vermögensgegenstand auch mit dem Buchwert des abgegebenen Gutes bewertet werden kann (vgl. Schubert/Gadek in Beck'scher Bilanzkommentar 2020, § 255 Anm. 40).

2.2.2 Herstellungskosten

Frage: Was sind Herstellungskosten?
Herstellungskosten sind gemäß § 255 Abs. 2 Satz 1 HGB **Aufwendungen für den Güterverbrauch** innerhalb des Unternehmens oder für die **Inanspruchnahme von Diensten Dritter zur**
- **Herstellung,**
- **Erweiterung** oder
- **über den ursprünglichen Zustand hinausgehenden wesentlichen Verbesserung**

eines Vermögensgegenstandes. Die Bestimmung, ob ein Vermögensgegenstand erweitert oder wesentlich verbessert wurde oder ob die Aufwendungen lediglich der Erhaltung des Vermögensgegenstandes dienen, entscheidet über die Aktivierung oder sofortige Ergebniswirksamkeit der angefallenen Aufwendungen (siehe zur Unterscheidung zwischen Erhaltungs- und Herstellungsaufwand Abschnitt C.2.1.1). Durch die

Aktivierung selbst hergestellter Güter werden die Aufwendungen, die durch die Herstellung entstanden sind, in Höhe der Herstellungskosten, mit denen die Güter bewertet werden, ausgeglichen und erst bei Abgang oder Wertminderung des Vermögensgegenstandes erfolgswirksam.

Teilweise kann eine **Abgrenzung zwischen** Maßnahmen im Rahmen der **Anschaffung und** Maßnahmen zur **Erweiterung bzw.** wesentlichen **Verbesserung** eines Vermögensgegenstandes schwierig sein. Die Unterscheidung ist deshalb wichtig, weil zu den Anschaffungskosten nur einzeln zurechenbare Aufwendungen zählen, in die Herstellungskosten jedoch auch Gemeinkosten eingerechnet werden müssen bzw. dürfen.

In § 255 Abs. 2 HGB sind die Bestandteile der Herstellungskosten festgelegt (siehe Tabelle 7). Es gibt Pflicht- und Wahlbestandteile, so dass für den Bilanzierenden ein **Bewertungsspielraum** besteht. Bezieht der Bilanzierende in die Herstellungskosten Wahlbestandteile mit ein, weist er ein höheres Vermögen und im Zeitpunkt der Aktivierung ein höheres Ergebnis aus, da ein größerer Teil der Herstellungsaufwendungen ausgeglichen wird. Andererseits ist das Ergebnis in den Perioden, in denen der Vermögensgegenstand abgeht oder abgeschrieben wird, niedriger als bei einer Bewertung nur mit den Pflichtbestandteilen (siehe hierzu auch das Beispiel zur GuV in Abschnitt C.3.2.1). Damit realisiert ein Unternehmen, das in die Herstellungskosten Wahlbestandteile einbezieht, Gewinne früher als ein Unternehmen, das nur die Pflichtbestandteile aktiviert. Das materielle **Stetigkeitsgebot**, wonach eine einmal gewählte Zusammensetzung der Herstellungskosten grundsätzlich beizubehalten ist, schränkt den Bewertungsspielraum im Zeitablauf ein.

Die Zusammensetzung der Herstellungskosten für die Steuerbilanz stimmt aktuell prinzipiell mit der handelsrechtlichen Definition überein. Gemäß § 6 Abs. 1 Nr. 1b EStG müssen die Wahlrechte zur Einbeziehung des allgemeinen Verwaltungsaufwands sowie der Aufwendungen für soziale Einrichtungen, für freiwillige soziale Leistungen und für betriebliche Altersversorgung in Übereinstimmung mit der Handelsbilanz ausgeübt werden. Zuvor gab es Unterschiede in der steuerlichen und handelsrechtlichen Definition der Herstellungskosten. So wurden bspw. steuerlich die Aufwendungen für allgemeine Verwaltung als Pflichtbestandteil der Herstellungskosten erklärt, während handelsrechtlich ein Wahlrecht bestand. Damit erreichte der Steuergesetzgeber eine frühere Besteuerung der Gewinne.

Zu einer Abweichung der Handelsbilanz von der Steuerbilanz kann es dennoch kommen, wenn in der Handelsbilanz z. B. ein selbst erstellter immaterieller Vermögensgegenstand aktiviert wurde (siehe Abschnitt C.2.4.1), der im Herstellungsprozess genutzt wird, so dass die Abschreibungen in der Handelsbilanz in die Herstellungskosten einbezogen werden. In der Steuerbilanz ist die Aktivierung selbst erstellter immaterieller Vermögenswerte des Anlagevermögens nicht zulässig. Darüber hinaus kann die Höhe der Abschreibungen beispielsweise aufgrund der Anwendung verschiedener Abschreibungsverfahren in Handels- und Steuerbilanz unterschiedlich sein (siehe Abschnitt C.2.2.4.1). Auch die Bewertung der Pensionsrückstellungen

Tab. 7: Bestandteile der Herstellungskosten nach Handels- und Steuerrecht

	Handels- und Steuerrecht
Materialeinzelkosten	Pflicht
Fertigungseinzelkosten	Pflicht
Sondereinzelkosten der Fertigung	Pflicht
Materialgemeinkosten	Pflicht
Fertigungsgemeinkosten	Pflicht
Planmäßige Abschreibungen des Anlagevermögens der Fertigung	Pflicht
Aufwendungen der allgemeinen Verwaltung (z. B. Personalabteilung, Rechnungswesen, Geschäftsführung)	Wahl
Aufwendungen für soziale Einrichtungen (z. B. Kantine, Betriebskindergarten)	Wahl
Aufwendungen für freiwillige soziale Leistungen (z. B. Zuschüsse bei Heirat oder Geburt eines Kindes)	Wahl
Aufwendungen für betriebliche Altersversorgung (z. B. Zuführung zu den Pensionsrückstellungen)	Wahl
Fremdkapitalzinsen (unter bestimmten Voraussetzungen)	Wahl
Forschungs- und Vertriebskosten	Verbot

und damit die Höhe der Aufwendungen für die Altersversorgung, kann voneinander abweichen.

Die dem Gut **direkt und indirekt zurechenbaren Aufwendungen des Herstellungsbereichs** (Materialkosten, Fertigungskosten, Abschreibungen und z. B. Lizenzgebühren als Sondereinzelkosten) sind zwingender Bestandteil der Herstellungskosten. Für die Einbeziehung der **nicht direkt zurechenbaren Aufwendungen des Herstellungsbereichs** ist wesentlich, dass

- sie angemessen sind, also nicht ungewöhnlich hoch und z. B. nicht durch Unterbeschäftigung verursacht (sogenannte Leerkosten; vgl. im Einzelnen Breidenbach, 2021, S. 439 ff.),
- sie auf den Zeitraum der Herstellung entfallen
- die Material- und Fertigungsgemeinkosten notwendig sind, also nicht z. B. durch Fehlentscheidungen verursacht wurden,
- die Abschreibungen durch die Fertigung veranlasst wurden.

Wahlbestandteile dürfen ebenfalls nur einbezogen werden, sofern sie angemessen sind und auf den Zeitraum der Herstellung entfallen. Forschungs- und Vertriebskosten sind grundsätzlich keine Bestandteile der Herstellungskosten.

Fremdkapitalzinsen gehören gemäß § 255 Abs. 3 HGB prinzipiell nicht zu den Herstellungskosten. Sie dürfen jedoch einbezogen werden, wenn das Fremdkapital direkt zur Finanzierung der Herstellung des Gutes verwendet wurde. Damit muss nachgewiesen werden, dass die Aufnahme des Fremdkapitals in Zusammenhang mit der Herstellung des Gutes stand, z. B. durch eine Zweckbindungsklausel im Kreditvertrag. Es darf nur Zinsaufwand in die Herstellungskosten einbezogen werden, der auf den Zeitraum der Herstellung entfällt. Werden Fremdkapitalzinsen in der Handelsbilanz angesetzt, ist aufgrund des Maßgeblichkeitsprinzips in der Steuerbilanz identisch zu verfahren (R 6.3 Abs. 5 EStR).

ℹ️ Beispiel: Ein Unternehmen hat in 01 200 Stück des Produktes X hergestellt, wovon 180 Stück verkauft wurden. Folgende Aufwendungen sind in 01 für X angefallen:

- Materialeinzelkosten: 100.000 €
- Materialgemeinkosten: 7 % der Materialeinzelkosen
- Fertigungslöhne: 160.000 €
- Fertigungsgemeinkosten: 70 % der Fertigungslöhne
- Lizenzgebühren: 10.000 €
- Abschreibungen von Maschine A, auf der nur das
  Produkt X produziert wird; Auslastung: 80 %   120.000 €
- Allgemeine Verwaltung: 5 % auf die Material- und Fertigungskosten
- Aufwendungen für Werbung für X: 70.000 €
- Aufwendungen für den Transport zu Händlern: 3.000 €

Zum Erwerb der Maschine A wurde ein Kredit aufgenommen, für den in 01 40.000 € Zinsen gezahlt wurden.

Mit welchem Wert müssen bzw. können die nicht verkauften Produkte in der Handelsbilanz für das Geschäftsjahr 01 bilanziert werden?

Ermittlung der Herstellungskosten für die gesamte Produktion (in €):

Fertigungsmaterial	100.000
Materialgemeinkosten (7 % von 100.000)	7.000
Fertigungslöhne	160.000
Fertigungsgemeinkosten (70 % von 160.000)	112.000
Sondereinzelkosten der Fertigung (Lizenzgebühren)	10.000
Abschreibungen (80 % von 120.000)	96.000
Untergrenze	**485.000**
Verwaltungsgemeinkosten (5 % von 485.000)	24.250
Zinsen (80 % von 40.000)	32.000
Obergrenze	**541.250**

Ansatz der nicht verkauften Produkte:
- mindestens mit (485.000 € : 200 Stück) × 20 Stück = 48.500 €
- höchstens mit (541.250 € : 200 Stück) × 20 Stück = 54.125 €

Bei den Werbungs- und den Transportaufwendungen handelt es sich um Vertriebskosten, die nicht aktivierungsfähig sind.

2.2.3 Beizulegender Zeitwert

Frage: Was ist der beizulegende Zeitwert?

Die Definition des **beizulegenden Zeitwertes** wurde durch das BilMoG in das HGB aufgenommen, da durch das Gesetz der beizulegende Zeitwert als Bewertungsmaßstab für folgende Bilanzpositionen festgelegt wurde:

- Rückstellungen für **Altersversorgungsverpflichtungen**, deren Höhe sich ausschließlich nach dem beizulegenden Zeitwert von Wertpapieren des Anlagevermögens bestimmt (§ 253 Abs. 1 Satz 3 HGB),
- Vermögenswerte zur **Deckung von Versorgungsverpflichtungen**, die dem Zugriff der übrigen Gläubiger entzogen sind (§ 253 Abs. 1 Satz 4 HGB; siehe hierzu im einzelnen Abschnitt C.2.6) und
- im Falle von Kreditinstituten auch für den **Handelsbestand von Finanzinstrumenten** (§ 340e Abs. 3 Satz 1 HGB).

Gemäß § 255 Abs. 4 HGB entspricht der beizulegende Zeitwert dem **Marktpreis**. Grundsätzlich sollte der Marktpreis auf einem **aktiven Markt** ermittelt worden sein. Laut Gesetzesbegründung zum BilMoG ist dies der Fall, wenn der Preis „an einer Börse, von einem Händler, von einem Broker, von einer Branchengruppe, von einem Preisberechnungsservice oder von einer Aufsichtsbehörde leicht und regelmäßig erhältlich ist und auf aktuellen und regelmäßig auftretenden Markttransaktionen zwischen unabhängigen Dritten beruht" (Gesetzentwurf BilMoG 2008, S. 61).

Kein aktiver Markt liegt jedoch z. B. vor, wenn von den Aktien eines Unternehmens nur ein geringer Anteil im öffentlichen Handel ist, weil beispielsweise ein Großaktionär den Hauptanteil hält, und deshalb nur wenige Aktien gehandelt werden.

Als beizulegender Zeitwert gilt der notierte Marktpreis. Sogenannte Paketzu- oder -abschläge, die z. T. beim Handel mit größeren Beständen desselben Finanzinstruments gezahlt bzw. gewährt werden, sind nicht zu berücksichtigen.

Liegt kein aktiver Markt vor, ist der beizulegende Zeitwert gemäß § 255 Abs. 4 Satz 2 HGB mit Hilfe von **allgemein anerkannten Bewertungsmethoden** näherungsweise zu bestimmen. Möglich ist z. B. der Rückgriff auf einen Marktpreis, der im Rahmen eines kürzlich durchgeführten vergleichbaren Geschäftes zwischen sachverständigen, vertragswilligen und unabhängigen Geschäftspartnern vereinbart wurde. Anerkannte wirtschaftliche Bewertungsmethoden wie die Discounted Cashflow-Methode (Ermittlung des Barwertes der künftigen Zahlungen) oder Optionspreismodelle können ebenfalls angewandt werden (vgl. Gesetzentwurf BilMoG 2008, S. 61).

Lässt sich der beizulegende Zeitwert nicht verlässlich ermitteln, weil z. B.

- kein aktiver Markt besteht und
- die Anwendung von Bewertungsmethoden lediglich eine Bandbreite von Werten ergibt, die signifikant voneinander abweichen und deren Eintrittswahrscheinlichkeiten nicht festgestellt werden können,

ist gemäß § 255 Abs. 3 und 4 HGB der letzte zuverlässig ermittelte Zeitwert (im Zweifelsfall der im Zeitpunkt der Anschaffung) als Anschaffungskosten fortzuführen.

2.2.4 Abschreibungen

? Frage: Was sind Abschreibungen?

In vielen Fällen verringert sich der Wert von Vermögensgegenständen im Laufe der Zeit (siehe zu den Abschreibungen, insbesondere zu den Abschreibungsursachen, auch Abschnitt A.4.3.). Dann wird ein Vermögensgegenstand im Zeitablauf mit einem geringeren Wert bewertet. Die Wertminderung wird als Aufwand durch sogenannte **Abschreibungen** erfasst. Die Bestimmungen zu den Abschreibungen sind in den Absätzen 3 (für das Anlagevermögen) und 4 (für das Umlaufvermögen) des § 253 HGB enthalten. Zu unterscheiden sind planmäßige und außerplanmäßige Abschreibungen.

2.2.4.1 Planmäßige Abschreibungen

? Frage: Welche Vermögensgegenstände werden planmäßig abgeschrieben und wie werden die Abschreibungen grundsätzlich berechnet?

Gemäß § 253 Abs. 3 Satz 1 und 2 HGB müssen die Anschaffungs- oder Herstellungskosten der **Vermögensgegenstände des Anlagevermögens**, deren **Nutzungsdauer zeitlich begrenzt** ist, über die voraussichtliche Nutzungsdauer der Vermögensgegenstände planmäßig verteilt werden.

Grundsätzlich bestehen zwei Annahmen zu den Ursachen (siehe Abschnitt A.4.3) der zeitlichen Begrenzung der Nutzungsdauer, die der Verteilung zugrunde gelegt werden können:

1. Der Vermögensgegenstand nutzt sich in erster Linie aufgrund des **Zeitablaufs** ab. Bei immateriellen Vermögensgegenständen kann die Begrenzung der Nutzungsdauer z. B. darin liegen, dass eine Lizenz für eine bestimmte Zeit gewährt wird (Fristablauf). Technische Anlagen können unabhängig von der Nutzung dadurch nur begrenzt nutzbar sein, dass der Vermögensgegenstand, der auf ihnen gefertigt wird, nur über einen beschränkten Zeitraum verkauft werden kann. Eine technische Anlage kann aber auch ohne Nutzung nach einer bestimmten Zeit nicht mehr funktionstauglich sein (Ruheverschleiß). In solchen Fällen wird ein Verfahren der **zeitlichen Abschreibung** angewandt.

2. Der Vermögensgegenstand nutzt sich in erster Linie durch **tatsächliche Nutzung** ab (Gebrauchsverschleiß). Dies ist z. B. der Fall, wenn ein LKW erfahrungsgemäß eine bestimmte Anzahl von Kilometern fahren kann und danach nicht mehr wirtschaftlich genutzt werden kann. Der Wert des LKW nimmt dann in Abhängigkeit von den gefahrenen Kilometern ab. In einem solchen Fall wird der Wertverlust am besten durch eine **leistungsabhängige Abschreibung** abgebildet.

Beide Vorgehensweisen können auch kombiniert werden.

Zur Ermittlung der jährlichen **planmäßigen Abschreibungen** müssen – je nachdem, welche Vorgehensweise gewählt wird – die in Abbildung 18 dargestellten **Determinanten** bestimmt werden.

Zeitliche Abschreibung	**Leistungsabhängige Abschreibung**
• Abschreibungsausgangsbetrag	• Abschreibungsausgangsbetrag
• Nutzungsdauer	• Gesamtes Nutzenpotenzial
• Abschreibungsverfahren; ggf. Degressionsfaktor	• Nutzenvolumen der Berichtsperiode

Abb. 18: Determinanten der Abschreibung

Basis für die **Bestimmung des Abschreibungsausgangsbetrags** sind die Anschaffungs- oder Herstellungskosten (siehe Abschnitte C.2.2.1 und C.2.2.2). Sie bilden die Wertobergrenze. Sofern mit ausreichender Sicherheit damit gerechnet wird, dass der Vermögensgegenstand nach Ablauf der Nutzungsdauer zu einem erheblichen Betrag verkauft werden kann, muss dieser **Restwert** zur Ermittlung des Abschreibungsausgangsbetrags von den Anschaffungs- oder Herstellungskosten abgezogen werden. Da ein solcher Restwert in der Praxis selten sicher geschätzt werden kann, werden in der Regel die gesamten Anschaffungs- oder Herstellungskosten bis auf einen Erinnerungswert von 1 € abgeschrieben. In den Beispielen und Aufgaben in diesem Buch wird zur Vereinfachung der Erinnerungswert vernachlässigt.

Die **Nutzungsdauer** ist der Zeitraum, innerhalb dessen der Vermögensgegenstand durch das Unternehmen genutzt wird. Relevant ist nicht, über welchen Zeitraum die Nutzung eines Vermögensgegenstandes technisch möglich ist (**technische Nutzungsdauer**), sondern wie lange er voraussichtlich durch das Unternehmen unter Berücksichtigung der Wirtschaftlichkeit tatsächlich genutzt wird (**wirtschaftliche Nutzungsdauer**). Daher muss die Nutzungsdauer von jedem Unternehmen – in der Regel auf Grundlage von Erfahrungen – individuell geschätzt werden.

In der Praxis werden häufig die in den AfA-Tabellen der Finanzverwaltung festgelegten Abschreibungszeiträume, die Richtwerte für die Abschreibungen in der Steuerbilanz darstellen, als überbetrieblicher Erfahrungssatz auch in der Handelsbilanz zugrunde gelegt. Im Falle von Rechten (Patente, Lizenzen) ergibt sich die Nutzungsdauer aus der rechtlichen Laufzeit der Rechte (Patentschutz, Vertragsdauer; **rechtliche Nutzungsdauer**). Soll ein Recht kürzer genutzt werden, wird der Wert über die geplante Dauer der tatsächlichen Nutzung des Rechtes abgeschrieben.

Wird ein Vermögensgegenstand im Laufe eines Geschäftsjahres angeschafft, ist grundsätzlich **zeitanteilig** („pro rata temporis") abzuschreiben. Gemäß § 7 Abs. 1 EStG muss im Anschaffungsjahr zeitanteilig für die Monate ab dem Monat, in dem das Gut angeschafft wird, abgeschrieben werden. Wird z. B. eine Maschine im August 00 angeschafft, so beträgt die Abschreibung auf die Maschine im Geschäftsjahr 00 5/12 der Jahresabschreibung. Diese Vereinfachung wird in der Regel auch in der Handelsbilanz angewandt.

? Frage: Welche Abschreibungsverfahren kommen zur Anwendung?

Durch das **Abschreibungsverfahren** wird bestimmt, wie der Abschreibungsausgangsbetrag über die Perioden des betrieblichen Einsatzes des Vermögensgegenstandes verteilt wird. Durch die Abschreibung soll der Wertverlust des Vermögensgegenstandes erfasst werden. Das Abschreibungsverfahren muss damit den Verlauf des Wertverzehrs bzw. der Abnahme des Nutzenpotenzials des Vermögensgegenstandes abbilden. Verschiedene **zeitbezogene Abschreibungsverfahren** bilden unterschiedliche Entwicklungen der Abnahme des Wertes bzw. des Nutzenpotenzials von Vermögensgegenständen ab.

Bei der **linearen Abschreibung** wird von einer gleichbleibenden Wert- bzw. Nutzenabnahme des Vermögensgegenstandes ausgegangen. Dementsprechend wird der Abschreibungsausgangsbetrag gleichmäßig über die Nutzungsdauer verteilt. Der jährliche Abschreibungsbetrag berechnet sich, indem der Abschreibungsausgangsbetrag durch die Anzahl der Nutzungsjahre dividiert wird.

i Beispiel: Eine Maschine mit Anschaffungskosten von 140.000 € und einer erwarteten Nutzungsdauer von 7 Jahren wird zum 01.01.00 angeschafft. Bei Anwendung der linearen Abschreibungsmethode ergibt sich folgender Abschreibungsplan:

Geschäfts-jahr	Buchwert zu Beginn des Geschäftsjahres (in €)	Abschreibungsbetrag des Geschäftsjahres (in €)	Buchwert am Ende des Geschäftsjahres (in €)
00	140.000	20.000	120.000
01	120.000	20.000	100.000
02	100.000	20.000	80.000
03	80.000	20.000	60.000
04	60.000	20.000	40.000
05	40.000	20.000	20.000
06	20.000	20.000	0

Das lineare Abschreibungsverfahren wird in der Praxis wegen seiner einfachen Anwendbarkeit vielfach eingesetzt. Ferner ist die Annahme einer gleichbleibenden Entwertung des Vermögensgegenstandes bei Unkenntnis der tatsächlichen Wertverhältnisse naheliegend. Betrachtet man die Abschreibung und weitere Aufwendungen, die im Zusammenhang mit abnutzbaren Vermögensgegenständen des Anlagevermögens entstehen, wie z. B. Instandhaltungs- und Reparaturaufwendungen, als Einheit, so steigen mit zunehmendem Alter die Aufwendungen für den jeweiligen Vermögensgegenstand an.

Bei Anwendung der **degressiven Abschreibung** wird unterstellt, dass sich die Wert- bzw. Nutzenabnahme des Vermögensgegenstandes im Laufe der Zeit vermindert. Die jährlichen Abschreibungsbeträge nehmen im Zeitablauf ab. Im Falle der **geometrisch-degressiven Abschreibung** (Buchwertabschreibung) wird der letzte verfügbare Buchwert in jedem Geschäftsjahr um einen konstanten Prozentsatz (Degressionsfaktor) verringert. Der jährliche Abschreibungsbetrag wird berechnet, indem der Buchwert zu Beginn des Geschäftsjahres mit dem festgelegten Prozentsatz multipliziert wird.

Beispiel [Fortsetzung] Eine Maschine mit Anschaffungskosten von 140.000 € und einer erwarteten Nutzungsdauer von 7 Jahren wird zum 01.01.00 angeschafft. Bei Anwendung der geometrisch-degressiven Abschreibungsmethode ergibt sich bei einem Abschreibungssatz von 20 % folgender Abschreibungsplan:

Geschäfts-jahr	Buchwert zu Beginn des Geschäftsjahres (in €)	Abschreibungsbetrag des Geschäftsjahres (in €)	Buchwert am Ende des Geschäftsjahres (in €)
00	140.000,00	28.000,00	112.000,00
01	112.000,00	22.400,00	89.600,00
02	89.600,00	17.920,00	71.680,00
03	71.680,00	14.336,00	57.344,00
04	57.344,00	11.468,80	45.875,20
05	45.875,20	9.175,04	36.700,16
06	36.700,16	7.340,03	29.360,13

Im Vergleich zum linearen Abschreibungsverfahren führt die geometrisch-degressive Abschreibung in den ersten Jahren zu deutlich höheren Abschreibungsbeträgen. Die Gesamtheit aller Aufwendungen für einen abnutzbaren Vermögensgegenstand des Anlagevermögens entwickelt sich gleichmäßiger als bei der linearen Abschreibung, da steigenden Instandhaltungs- und Reparaturaufwendungen sinkende Abschreibungsbeträge gegenüberstehen. Allerdings führt – wie im Beispiel deutlich wird – die geometrisch-degressive Abschreibung nicht zu einem Buchwert von Null zum Ende der Nutzungsdauer. Daher wird in der Praxis bei Anwendung des geometrisch-degressiven Abschreibungsverfahrens in der Regel in dem Geschäftsjahr auf die lineare Abschreibung umgestellt, in dem der Abschreibungsbetrag auf Basis der linearen Abschreibungsmethode erstmalig über dem Betrag nach geometrisch-degressiver Abschreibung liegt.

---

i **Beispiel** (Fortsetzung): Bei Zugrundelegung des obigen Beispiels ergibt sich dann folgender Abschreibungsplan beim Wechsel der geometrisch-degressiven auf die lineare Abschreibung:

Ge-schäfts-jahr	Buchwert am Ende des Geschäftsjahres bei geometrisch-degressiver Abschreibung (in €)	Abschreibungs-betrag bei geometrisch-degressiver Abschreibung (in €)	Abschreibungs-betrag bei Wechsel auf lineare Abschreibung (in €)	Buchwert am Ende des Geschäftsjahres nach Wechsel auf lineare Abschreibung (in €)
00	112.000	28.000	20.000	
01	89.600	22.400	18.666,67	
02	71.680	17.920	17.920	71.680
03	57.344	14.336	17.920	53.760
04	45.875,2	11.468,8	17.920	35.840
05	36.700,16	9.175,04	17.920	17.920
06	29.360,13	7.340,03	17.920	0

Das lineare Abschreibungsverfahren führt ab dem Jahr zu einem höheren Abschreibungsbetrag, ab dem der lineare Abschreibungssatz (1/Restnutzungsdauer) höher ist als der degressive Abschreibungssatz. Das Jahr, in dem normalerweise umgestellt wird, lässt sich somit anhand folgender Ungleichung ermitteln:

$$1/\text{Restnutzungsdauer} > \text{Abschreibungssatz} \quad \text{bzw.}$$

$$1/\text{Abschreibungssatz} > \text{Restnutzungsdauer}$$

Für das obige Beispiel gilt somit, dass in dem Jahr gewechselt wird, ab dem die Restnutzungsdauer kleiner als $1/0,2 = 5$ Jahre ist. Zu Beginn des Jahres 02 entspricht der degressive Abschreibungssatz genau dem linearen Abschreibungssatz. Somit ergibt sich derselbe Abschreibungsbetrag nach beiden Abschreibungsverfahren. Ab dem darauffolgenden Jahr wird das lineare Abschreibungsverfahren angewendet.

Bei Anwendung der **arithmetisch-degressiven** Abschreibung (digitale Abschreibung) verringert sich die Jahresabschreibung von Jahr zu Jahr um denselben absoluten Betrag (Degressionsbetrag). Der Degressionsbetrag berechnet sich wie folgt:

$$\text{Abschreibungsausgangsbetrag}/\text{Summe der einzelnen Nutzungsjahre}$$

Der Degressionsbetrag im obigen Beispiel beträgt somit $140.000 \, € / (1 + 2 + 3 + 4 + 5 + 6 + 7)$ Jahre = $5.000 \, €$ pro Jahr. Der jährliche Abschreibungsbetrag kann mit folgender Formel berechnet werden:

$$\text{Degressionsbetrag} \times (\text{Nutzungsdauer}$$
$$- \text{Anzahl der bereits abgelaufenen Nutzungsjahre})$$

Beispiel (Fortsetzung): Der Abschreibungsplan für obiges Beispiel sieht unter Anwendung der arithmetisch-degressiven Abschreibung folgendermaßen aus:

Geschäfts-jahr	Buchwert zu Beginn des Geschäftsjahres (in €)	Abschreibungsbetrag des Geschäftsjahres (in €)	Buchwert am Ende des Geschäftsjahres (in €)
00	140.000	35.000	105.000
01	105.000	30.000	75.000
02	75.000	25.000	50.000
03	50.000	20.000	30.000
04	30.000	15.000	15.000
05	15.000	10.000	5.000
06	5.000	5.000	0

Im Falle der **progressiven Abschreibung** wird davon ausgegangen, dass die Wertverringerung zu Beginn der Nutzung des Vermögensgegenstandes gering ist und im Laufe der Nutzungsdauer steigt. Die Abschreibungsentwicklung verläuft entgegengesetzt zu der bei Anwendung der degressiven Verfahren. Dieser Verlauf der Reduzierung des Nutzenvorrats eines Vermögensgegenstandes ist in der Praxis nur in seltenen Fällen zu beobachten. Die gesamten Aufwendungen für den Vermögensgegenstand steigen im Verlauf der Nutzungsdauer stark an, da nicht nur die Reparatur- und Instandhaltungsaufwendungen, sondern auch die Abschreibungen zunehmen.

Der **leistungsbedingten Abschreibung** liegt die Annahme zugrunde, dass der Wert eines abnutzbaren Vermögensgegenstandes in dem Maße abnimmt, wie sich das **messbare Nutzenpotenzial** verringert. Daher wird die Wertabnahme bei diesem Verfahren entsprechend der Abnahme des Nutzenpotenzials, unabhängig vom Alter des Vermögensgegenstandes, ermittelt. Dementsprechend wird zur Erstellung des Abschreibungsplans das gesamte **Nutzenpotenzial** über die Nutzungsdauer, z. B. die gesamte Fahrleistung eines LKW, geschätzt, und das in den einzelnen Geschäftsjahren der Nutzungsdauer verbrauchte **Nutzenvolumen**, z. B. die jeweils gefahrenen Kilometer, ermittelt. Der Abschreibungsbetrag berechnet sich dann folgendermaßen: (Abschreibungsausgangsbetrag / gesamtes Nutzenpotenzial) × verbrauchte Nutzeneinheiten des Geschäftsjahres.

Beispiel: Eine Stanzmaschine mit Anschaffungskosten von 140.000 € wird zum 01.01.00 angeschafft. Das Nutzenpotenzial der Maschine wird auf insgesamt 1 Mio. Stanzvorgänge geschätzt. Der Abschreibungsbetrag je durchgeführtem Stanzvorgang beträgt dann 140.000 € / 1 Mio. Stanzvorgänge = 0,14 € je Stanzvorgang. Folgende Tabelle zeigt die voraussichtliche Verteilung der Stanzvorgänge auf die kommenden Geschäftsjahre und die darauf beruhenden Abschreibungen bei Anwendung des leistungsbedingten Abschreibungsverfahrens:

Geschäfts-jahr	Buchwert zu Beginn des Geschäftsjahres (in €)	Anzahl der Stanzvorgänge im Geschäftsjahr	Abschreibungs-betrag des Geschäftsjahres (in €)	Buchwert am Ende des Geschäftsjahres (in €)
00	140.000	90.000	12.600	127.400
01	127.400	110.000	15.400	112.000
02	112.000	170.000	23.800	88.200
03	88.200	200.000	28.000	60.200
04	60.200	200.000	28.000	32.200
05	32.200	160.000	22.400	9.800
06	9.800	70.000	9.800	0
		$\sum = 1.000.000$	$\sum = 140.000$	

Durch das leistungsbedingte Abschreibungsverfahren wird der Wertverzehr eines Vermögensgegenstandes durch Abnahme des Nutzenpotenzials abgebildet. Nicht erfasst wird jedoch die Wertverringerung, die auch ohne Nutzung, z. B. durch Ruheverschleiß eintritt.

? **Frage: Welche Abschreibungsverfahren sind handelsrechtlich zulässig?**
Im **Handelsrecht** existiert keine Vorschrift zur **Zulässigkeit** bestimmter Abschreibungsverfahren. Die GoB werden beachtet, wenn das angewandte Verfahren dem Verlauf der Wertabnahme nicht vollständig widerspricht. Damit sind alle beschriebenen Verfahren für den handelsrechtlichen Jahresabschluss grundsätzlich zulässig, wenn dies den betrieblichen Verhältnissen entspricht. Die Annahme im Falle der progressiven Abschreibung, dass der Wertverbrauch im Laufe der Nutzung steigt, wird jedoch nur in Ausnahmefällen (Investitionen mit langer Anlaufzeit, z. B. Skilifte in einem neu erschlossenen Skigebiet) gerechtfertigt sein. Eine Kombination mehrerer Methoden, z. B. der linearen und der leistungsbedingten Abschreibungsmethode, gilt für den handelsrechtlichen Jahresabschluss als zulässig.

? **Frage: Welche Abschreibungsverfahren sind steuerrechtlich zulässig?**
§ 7 Abs. 1 Satz 1 EStG schreibt für die **Steuerbilanz** prinzipiell das lineare Abschreibungsverfahren vor. Für bewegliche Wirtschaftsgüter des Anlagevermögens ist auch die leistungsbedingte Abschreibung zulässig, sofern es wirtschaftlich begründet ist.

Die geometrisch-degressive Abschreibung ist steuerrechtlich ein Instrument zur Förderung von Investitionen in wirtschaftlich schwierigen Zeiten. So war die geometrisch-degressive Abschreibung anläßlich der Finanzmarktkrise für bewegliche Wirtschaftsgüter des Anlagevermögens, die zwischen dem 01.01.2009 und dem 31.12.2010 angeschafft wurden, zugelassen. Als Maßnahme zur Minderung der Auswirkungen der Corona-Pandemie ist die geometrisch-degressive Abschreibung für bewegliche Wirtschaftsgüter des Anlagevermögens, die zwischen dem 01.01.2020 und dem 31.12.2021 angeschafft werden, zulässig (Degressionsfaktor 25 %). Der Übergang von der geometrisch-degressiven auf die lineare Abschreibung ist nach § 7 Abs. 3 Satz 1 EStG erlaubt.

Sogenannte **digitale Wirtschaftsgüter** können in Abschlüssen für Wirtschaftsjahre, die nach dem 31.12.2020 beginnen, **steuerlich** (vgl. BMF 2021) über eine Nutzungsdauer von nur einem Jahr abgeschrieben werden (Sofortabschreibung). Diese Regelung kann auch auf Vermögenswerte angewendet werden, die bereits in früheren Geschäftsjahren angeschafft bzw. hergestellt wurden. Sofern es sich nicht um geringwertige Vermögensgegenstände handelt, ist diese Abschreibung u.E. handelsrechtlich unzulässig.

Für Gebäude bestehen steuerrechtlich besondere Abschreibungsvorschriften.

Frage: Kann der Abschreibungsplan geändert werden?

Für sämtliche Parameter der Berechnung planmäßiger Abschreibungen gilt das Stetigkeitsprinzip. Dennoch können **Änderungen des Abschreibungsplans** gerechtfertigt bzw. notwendig sein, wenn sich z. B. die Schätzung der voraussichtlichen Nutzungsdauer ändert, eine außerplanmäßige Abschreibung vorgenommen werden muss oder sich die Anschaffungs- oder Herstellungskosten nachträglich ändern.

Frage: Muss jedes zeitlich begrenzt nutzbare Anlagegut planmäßig abgeschrieben werden?

Zu der Vorschrift des § 253 Abs. 3 Satz 1 HGB existiert als Ausnahme aufgrund der Wesentlichkeit die Möglichkeit zur Sofortabschreibung von **geringwertigen Wirtschaftsgütern** mit Anschaffungs- oder Herstellungskosten von mehr als 250 € (netto) und nicht mehr als 800 € (netto): Gemäß § 6 Abs. 2 Satz 1 EStG können die AHK von abnutzbaren beweglichen selbständig nutzbaren Wirtschaftsgütern des Anlagevermögens im Jahr des Zugangs vollständig als Betriebsausgaben abgezogen werden, wenn sie den Betrag von 800 € nicht übersteigen. Allerdings müssen diejenigen Wirtschaftsgüter, deren AHK höher als 250 € sind, gemäß § 6 Abs. 2 Satz 4 EStG in ein Verzeichnis aufgenommen werden, aus dem der Zugangszeitpunkt und die AHK hervorgehen, sofern dies nicht aus der Buchhaltung ersichtlich wird. Hieraus kann geschlossen werden, dass geringwertige Wirtschaftsgüter mit AHK bis zu 250 € (netto) nicht angesetzt werden müssen, sondern sofort über sonstigen betrieblichen Aufwand verbucht werden können (siehe Abschnitt C.2.1.3), während geringwertige Wirtschaftsgüter mit AHK von mehr als 250 € (netto) aber nicht mehr als 800 € (netto) zunächst angesetzt werden müssen, aber dann sofort abgeschrieben werden können.

2.2.4.2 Außerplanmäßige Abschreibungen

? **Frage: Welche Wertminderungen, die nicht geplant sind, werden berücksichtigt und anhand welcher Referenzgrößen werden diese Wertminderungen festgestellt?**

Ein Vermögensgegenstand kann bzw. muss gegebenenfalls abgeschrieben werden, wenn sein Wert am Bilanzstichtag unter den Anschaffungs- oder Herstellungskosten bzw. unter dem Buchwert (Anschaffungskosten abzüglich kumulierte Abschreibungen) liegt. Es gilt das sogenannte **Niederstwertprinzip**. Das Niederstwertprinzip regelt, in welchen Fällen außerplanmäßige Wertberichtigungen vorgenommen werden (siehe Abbildung 19).

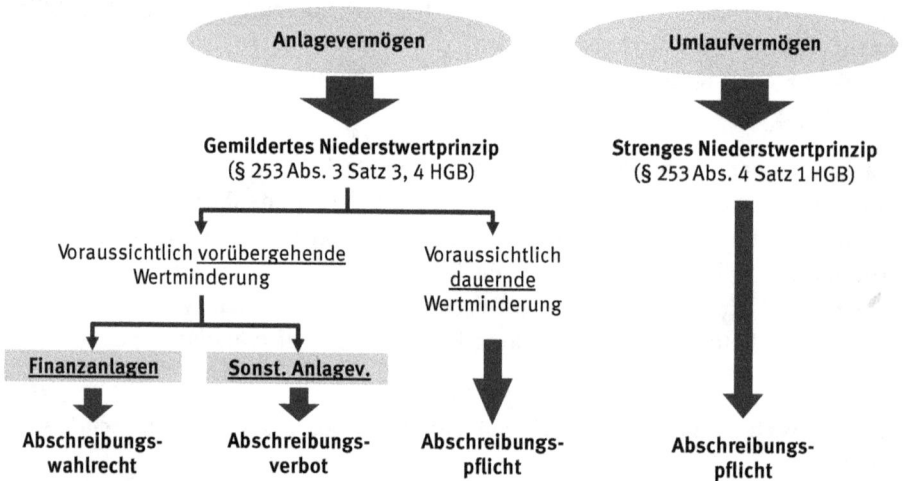

Abb. 19: Überblick über das Niederstwertprinzip

Bei **Vermögensgegenständen des Umlaufvermögens** gilt ein **strenges Niederstwertprinzip**, da eine Abwertungspflicht besteht, wenn der Wert am Bilanzstichtag gegenüber den Anschaffungs- oder Herstellungskosten bzw. gegenüber dem Wert in der Vorjahresbilanz gesunken ist (§ 253 Abs. 4 HGB). Da diese Vermögensgegenstände kurzfristig im Rahmen der Geschäftstätigkeit in liquide Mittel transformiert werden, soll ein gesunkener Wert unmittelbar nachvollzogen werden.

Für **Vermögensgegenstände des Anlagevermögens** besteht eine Abschreibungspflicht nur, wenn die Wertminderung voraussichtlich von Dauer ist (§ 253 Abs. 3 Satz 3 HGB). Man kann in diesem Fall von einem **gemilderten Niederstwertprinzip** sprechen. Da die Vermögensgegenstände des Anlagevermögens dauerhaft im Unternehmen genutzt werden sollen, ist eine vorübergehende Wertminderung, die innerhalb des Zeitfensters der Restnutzungsdauer des Vermögensgegenstandes aller Voraussicht nach wieder aufgeholt wird, grundsätzlich nicht im Rechnungswesen abzubilden. Von einer Dauerhaftigkeit ist auszugehen, wenn sich der Wert des

Vermögensgegenstandes zwischen dem Bilanzstichtag und der Erstellung des Jahresabschlusses nicht bereits wieder erhöht hat oder es konkrete Hinweise für eine künftige Werterholung gibt. Der zu betrachtende künftige Zeitraum wird in der Kommentarliteratur unterschiedlich, jedoch mit nie länger als 5 Jahren angegeben (vgl. Schubert/Andrejewski in Beck'scher Bilanzkommentar 2020, §253 Anm. 316 f.). Ist die Wertminderung voraussichtlich nicht von Dauer, besteht für **Finanzanlagen** ein Abschreibungswahlrecht (§253 Abs. 3 Satz 4 HGB). Alle anderen Anlagegegenstände dürfen nicht abgeschrieben werden, wenn die Wertminderung voraussichtlich nicht dauerhaft ist.

Als **Bezugswert für eine außerplanmäßige Abschreibung** nennt das HGB für das Anlagevermögen den Wert, der einem Vermögensgegenstand am Bilanzstichtag beizulegen ist. Zur Prüfung einer Abwertungspflicht für **Umlaufvermögen** ist zunächst ein Börsen- oder Marktpreis zugrunde zu legen. Nur wenn ein solcher Preis nicht existiert, ist der beizulegende Wert des Vermögensgegenstandes am Bilanzstichtag maßgeblich. Auch für **Anlagevermögen** ist davon auszugehen, dass ein Börsen- oder Marktpreis zur Ermittlung des Wertes am Bilanzstichtag heranzuziehen ist, wenn er existiert.

– Bei einem **Börsenpreis** handelt es sich um einen Preis, der an einer Börse bei tatsächlichen Umsätzen festgestellt wurde.
– Ein **Marktpreis** ist ein auf einem Markt am relevanten Stichtag für einen entsprechenden Vermögensgegenstand durchschnittlich gezahlter Preis.

Ferner ist bei der Ermittlung des beizulegenden Wertes zu beachten, ob es sich um einen Vermögensgegenstand handelt, der **im Unternehmen genutzt** wird. In diesem Fall sind die Preise bei der **Beschaffung** relevant; bei der Berechnung des beizulegenden Wertes sind dann Anschaffungsnebenkosten und Preisminderungen einzubeziehen. Ist der Vermögensgegenstand hingegen **zum Verkauf** bestimmt, dann ist der Preis auf dem **Absatzmarkt** heranzuziehen und Verkaufsspesen oder Erlösschmälerungen sind zu berücksichtigen:

– Soll ein Vermögensgegenstand im Unternehmen weiter genutzt werden, können die **Wiederbeschaffungs- bzw. Wiederherstellungskosten** eines entsprechenden Vermögensgegenstandes, ggf. gemindert um fiktive Abschreibungen zur Berücksichtigung des Alters bzw. des Abnutzungsgrades, der Bestimmung des beizulegenden Wertes (fortgeführte Wiederbeschaffungs- bzw. Wiederherstellungskosten) zugrunde gelegt werden.

Beispiel: Ein Unternehmen nutzt eine Maschine, die es selbst hergestellt und mit Herstellungskosten von 500.000 € bewertet hat. Die Maschine hat eine Nutzungsdauer von 10 Jahren und wird linear abgeschrieben. Nach zwei Nutzungsjahren hat die Maschine einen Restbuchwert von 400.000 € (Herstellungskosten – Abschreibung für zwei Jahre). Würde die Maschine heute hergestellt, würden aufgrund gesunkener Rohstoffkosten Herstellungskosten von 475.000 € entstehen. Die Wiederherstellungskosten der Maschine unter Berücksichtigung der bereits abgelaufenen Nutzungsdauer betragen 475.000 € − (2 × 47.500 €) = 380.000 €. Die Maschine muss, da es sich um eine voraussichtlich dauerhafte Wertminderung handelt, um 20.000 € auf 380.000 € außerplanmäßig abgeschrieben werden.

- Ist beabsichtigt, den Vermögensgegenstand zu veräußern, gilt der **Nettoveräu-ßerungswert** als beizulegender Wert. Der Nettoveräußerungswert ergibt sich aus dem voraussichtlichen Verkaufserlös abzüglich sämtlicher noch anfallender Aufwendungen und Erlösschmälerungen, z. B. bei unfertigen Erzeugnissen die noch zu erwartenden Herstellungskosten, Verpackungskosten und Transportkosten oder bei einer Anlage, die verkauft werden soll, Kosten der Demontage und Transportkosten. Die Bewertung mit dem Nettoveräußerungserlös entspricht dem **Prinzip der verlustfreien Bewertung** (siehe Abschnitt C.1.3.2).

i **Beispiel:** Eine Maschine mit einem Restbuchwert von 200.000 € soll im nächsten Geschäftsjahr verkauft werden. Mit dem Käufer ist vertraglich ein Nettopreis von 250.000 € vereinbart worden. Für die Demontage der Maschine, den Transport und die Aufstellung beim Käufer werden Aufwendungen von 55.000 € netto anfallen. Der Nettoveräußerungswert beträgt damit 250.000 € (Verkaufserlös) − 55.000 € (noch anfallende Aufwendungen) = 195.000 €. Der Buchwert zum Bilanzstichtag von 200.000 € liegt über dem Nettoveräußerungswert. Die Maschine muss daher um 5.000 € auf 195.000 € außerplanmäßig abgeschrieben werden.

- Wenn es sich um einen Vermögensgegenstand handelt, der nicht häufig ge- oder verkauft wird (z. B. eine Beteiligung an einer GmbH), so dass weder Beschaffungs- noch Veräußerungswerte ermittelbar sind, kann der **Ertragswert**, also der Barwert künftiger Einzahlungsüberschüsse, als beizulegender Wert gelten.

i **Beispiel:** Für die Beteiligung an einer GmbH hat ein Unternehmen 200.000 € bezahlt. Anteile an dieser GmbH wurden in jüngster Zeit nicht verkauft, so dass kein Marktpreis ermittelt werden kann. In den vergangenen Jahren hat das Unternehmen aus der Beteiligung alljährlich eine Ausschüttung von 25.000 € erhalten. Leider hat sich die Ertragslage der GmbH im vergangenen Geschäftsjahr verschlechtert und es ist in absehbarere Zukunft nicht mit einer Verbesserung zu rechnen. Das Unternehmen geht bis auf weiteres von einer jährlichen Ausschüttung von 15.000 € aus. Eine adäquate Verzinsung einer solchen Investition liegt für das Unternehmen bei 12 %. Unter Annahme einer ewigen Rente ergibt sich somit ein Ertragswert von 15.000 € / 0,12 = 125.000 €. Das Unternehmen muss die Beteiligung um 75.000 € auf 125.000 € außerplanmäßig abschreiben.

Nach erfolgter außerplanmäßiger Abschreibung ist der Abschreibungsplan an die geänderten Werte anzupassen.

i **Beispiel** (Fortsetzung aus Abschnitt C.2.2.4.1): Für die am 01.01.00 angeschaffte Maschine mit Anschaffungskosten von 140.000 € wird Ende 01 festgestellt, dass der fortgeführte Wiederbeschaffungswert zum 31.12.01 95.000 € beträgt. Bei Anwendung der linearen Abschreibung ermittelt sich zum 31.12.01 ein Restbuchwert von 100.000 €, bei Einsatz der degressiven Abschreibung 89.600 €.

Ein außerplanmäßiger Abschreibungsbedarf in Höhe von 5.000 € entsteht nur, wenn die lineare Abschreibung eingesetzt wurde. Der angepasste Abschreibungsplan bei linearer Abschreibung ab dem 01.01.02 lautet dann wie folgt:

Geschäfts-jahr	Buchwert zu Beginn des Geschäftsjahres (in €)	Abschreibungsbetrag des Geschäftsjahres (in €)	Buchwert am Ende des Geschäftsjahres (in €)
02	95.000	19.000	76.000
03	76.000	19.000	57.000
04	57.000	19.000	38.000
05	38.000	19.000	19.000
06	19.000	19.000	0

Die Abschreibungsbeträge werden durch die gleichmäßige Verteilung des Restbuchwerts (95.000 €) nach außerplanmäßiger Abschreibung auf die Restnutzungsdauer (5 Jahre) ermittelt.

In der Praxis wird der beizulegende Wert großer Lagerbestände im Vorratsvermögen häufig unter Einsatz von sogenannten **Gängigkeitsabschlägen** ermittelt (vgl. Schubert/Berberich in Beck'scher Bilanzkommentar 2020, § 253 Anm. 529 ff., 554 ff.). Dabei gibt nicht ein gesunkener Wiederbeschaffungs- oder Veräußerungswert den Hinweis auf die Wertminderung, sondern geringe Lagerbewegungen im Verhältnis zum gesamten Lagerbestand (lange Lagerreichweite). Durch Abschläge in Abhängigkeit der Umschlagshäufigkeit werden z. B. Qualitätsminderungen oder technische Veralterung der Vermögensgegenstände aufgrund der Lagerung berücksichtigt.

Gemäß § 277 Abs. 3 Satz 1 HGB müssen Kapitalgesellschaften außerplanmäßige Abschreibungen auf das Anlagevermögen jeweils gesondert in der betroffenen GuV-Position (siehe zu den einzelnen GuV-Positionen Abschnitt C.3) ausweisen oder im Anhang angeben.

Entfällt der Grund für eine außerplanmäßige Abschreibung, z. B., weil der beizulegende Wert wieder steigt, besteht für sämtliche Rechtsformen gemäß § 253 Abs. 5 HGB grundsätzlich eine **Zuschreibungspflicht**. Die Wertobergrenze für eine Wertaufholung bilden gemäß § 253 Abs. 1 Satz 1 HGB

- bei abnutzbaren Anlagegegenständen die fortgeführten Anschaffungs- oder Herstellungskosten,
- bei nicht abnutzbaren Anlagegegenständen und Vermögensgegenständen des Umlaufvermögens die Anschaffungs- oder Herstellungskosten.

Beispiel (Fortsetzung): Für die am 01.01.00 angeschaffte und zum 31.12.01 (bei Anwendung des linearen Abschreibungsverfahrens) außerplanmäßig abgeschriebene Maschine gibt es Ende 03 Hinweise für eine Werterholung und es wird ein fortgeführter Wiederbeschaffungswert in Höhe von
a)   59.000 €
b)   61.000 €

festgestellt. Beide Beträge liegen über dem Buchwert von 57.000 €. Der Grund für die außerplanmäßige Abschreibung ist entfallen, somit muss zugeschrieben werden. Der Buchwert, der sich bei planmäßiger Abschreibung ergeben hätte, beträgt 60.000 € (siehe die Tabelle zur linearen Abschreibung im Grundbeispiel in Abschnitt C.2.2.4.1). Dieser Wert bildet die Obergrenze für die Zuschreibung. Bei einem fortgeführten Wiederbeschaffungswert von a) 59.000 € wird daher auf diesen Betrag zugeschrieben, bei b) 61.000 € nur auf die Obergrenze von 60.000 €. Nach der Zuschreibung ist der Abschreibungsplan wiederum anzupassen.

2.2.5 Abweichungen vom Grundsatz der Einzelbewertung

? **Frage: Unter welchen Voraussetzungen kann vom Grundsatz der Einzelbewertung abgewichen werden?**

Die §§ 240 Abs. 1 und 252 Abs. 1 Nr. 3 HGB bestimmen, dass Vermögensgegenstände und Schulden grundsätzlich einzeln zu bewerten sind (Grundsatz der Einzelbewertung; siehe Abschnitt C.1.3.2). Der Gesetzgeber lässt jedoch in einigen Fällen zwecks Vereinfachung die Missachtung dieses Grundsatzes zu. Im Folgenden werden die Bewertung mit dem gewogenen Durchschnitt, die Bildung von Bewertungseinheiten und die Bildung eines Sammelpostens gemäß § 6 Abs. 2a EStG erläutert. Auf weitere Abweichungen vom Grundsatz der Einzelbewertung wird in späteren Kapiteln näher eingegangen.

2.2.5.1 Bewertung mit dem gewogenen Durchschnitt

? **Frage: Welche Vermögensgegenstände können mit einem gewogenen Durchschnitt bewertet werden und wie wird die Bewertung durchgeführt?**

Folgende Vermögensgegenstände können zusammen mit einem **gewogenen Durchschnittswert** bewertet werden:

- **gleiche Vermögensgegenstände** (z. B. zu unterschiedlichen Zeitpunkten erworbene Bleche, die in ihrer Beschaffenheit (Stärke, Größe, Qualität usw.) genau gleich sind),
- **gleichartige Vermögensgegenstände des Vorratsvermögens** und **gleichartige oder gleichwertige bewegliche Vermögensgegenstände und Schulden** (§ 240 Abs. 4 HGB, sog. **Gruppenbewertung**). Gleichartigkeit ergibt sich aus der Zugehörigkeit zur gleichen Warengattung (z. B. Bleche unterschiedlicher Beschaffenheit) oder der Erfüllung einer gleichen Funktion (z. B. unterschiedliche Klebstoffe). Ob Gleichartigkeit auch annähernde Preisgleichheit voraussetzt, ist umstritten (vgl. Winnefeld 2015, S. 181; ADS 1995, § 240 Tz. 121 m .w. N.). Auch gleichwertige (Preisunterschied ≤ 20 %) bewegliche Vermögensgegenstände und Schulden dürfen nicht zusammen bewertet werden, wenn sie vollständig verschiedenartig sind. Stühle und Reifen dürfen z. B. nicht zu einer Gruppe zusammengefasst werden, auch wenn sie zufälligerweise den gleichen Stückpreis haben.

Der gewogene Durchschnittswert gemeinsam bewerteter Vermögensgegenstände und Schulden kann als einfacher periodischer oder als gleitender Durchschnittswert berechnet werden. Bei dem **einfachen Periodendurchschnitt** wird der Durchschnittswert gebildet, indem der Wert des Anfangsbestandes der Periode und der Wert der Zugänge addiert und durch die Gesamtmenge geteilt werden. Der gesamte Abgang der Periode wird mit dem so errechneten Durchschnittswert bewertet. Im Falle der **gleitenden Durchschnittsbildung** wird vor jedem Abgang der Durchschnittswert des Bestandes neu ermittelt und der Abgang auf dieser Basis bewertet.

Beispiel: Folgende Tabelle enthält die Daten über den Bestand, die Zugänge und die Abgänge eines Rohstoffes:

	Menge in kg	Preis in €/kg
Anfangsbestand	1.000	50
Abgang	−600	
Zugang	+500	60
Abgang	−450	
Zugang	+500	64
Abgang	−400	

Wird mit einem **periodischen Durchschnittswert** bewertet, errechnen sich folgende Werte für den Abgang und den Endbestand:

$(1.000\,\text{kg} \times 50\,\text{€/kg} + 500\,\text{kg} \times 60\,\text{€/kg} + 500\,\text{kg} \times 64\,\text{€/kg})/(1.000\,\text{kg} + 500\,\text{kg} + 500\,\text{kg}) = 56\,\text{€/kg}.$
Wert des Abgangs: $(600\,\text{kg} + 450\,\text{kg} + 400\,\text{kg}) \times 56\,\text{€/kg} = \mathbf{81.200\,€}$
Wert des Endbestandes: $(1.000\,\text{kg} + 500\,\text{kg} + 500\,\text{kg} − 1.450\,\text{kg}) \times 56\,\text{€/kg} = \mathbf{30.800\,€}$

Bei Anwendung eines gleitenden Durchschnitts errechnen sich Abgang und Endbestand wie folgt:

	Menge in kg	Preis in €/kg	Wert in €
Anfangsbestand	1.000	50	50.000
Abgang	−600	50	−30.000
Zugang	+500	60	+30.000
Bestand	= 900	50.000/900 = 55,56	= 50.000
Abgang	−450	55,56	−25.000
Zugang	+500	64	+32.000
Bestand	= 950	57.000/950 = 60	= 57.000
Abgang	−400	60	−24.000
Endbestand	= 550	33.000/550 = 60	= 33.000

Der Wert des **Lagerabgangs** beträgt in diesem Fall 79.000 € (30.000 € + 25.000 € + 24.000 €).

Bei der **Bewertung des Endbestandes** muss das **Niederstwertprinzip** beachtet werden.

i **Beispiel** (Fortsetzung): Beträgt im obigen Beispiel der Preis je kg am Bilanzstichtag z. B. 57 €/kg, liegt der beizulegende Wert am Bilanzstichtag bei Bewertung mit dem periodischen Durchschnittswert um 1 €/kg über, bei Bewertung mit dem gleitenden Durchschnittswert um 3 €/kg unter dem Buchwert. Da es sich bei Rohstoffen um Umlaufvermögen handelt, muss folglich gemäß dem strengen Niederstwertprinzip (§ 253 Abs. 4 Satz 1 HGB) bei Anwendung des gleitenden Durchschnitts eine außerplanmäßige Abschreibung um 550 kg × 3 €/kg = 1.650 € auf 550 kg × 57 €/kg = 31.350 € durchgeführt werden.

Die Bewertung mit dem gewogenen Durchschnitt ist auch in der Steuerbilanz zulässig (zur Bewertung des Vorratsvermögens mit dem gewogenen Durchschnitt siehe R 6.8 Abs. 4 EStR).

2.2.5.2 Bildung von Bewertungseinheiten

? **Frage: Welche Problematik liegt der Bildung von Bewertungseinheiten zugrunde?**
Zur Absicherung von Zins-, Währungs- und Ausfallrisiken, denen Vermögensgegenstände, Schulden, schwebende Geschäfte oder mit hoher Wahrscheinlichkeit erwartete Transaktionen unterliegen können, werden häufig Finanzinstrumente erworben oder Warentermingeschäfte abgeschlossen.

i **Beispiel:** Die International AG mit Sitz in Deutschland nimmt am 01.12.00 bei einer Bank in New York einen Kredit über 1 Mio. US$ mit einer Laufzeit von drei Jahren auf. Der Kurs am 01.12.00 beträgt 0,77 €/US$. Zur Absicherung des Währungsrisikos schließt die International AG ein Devisentermingeschäft ab und vereinbart mit ihrem Vertragspartner den Kauf von 1 Mio. US$ am 01.12.03 zu einem Kurs von 0,77 €/US$.

Bis zur Verabschiedung des BilMoG schrieb das HGB grundsätzlich vor, das Basisgeschäft – im Beispiel der Kredit – und das Sicherungsgeschäft – im Beispiel das Devisentermingeschäft – einzeln zu bewerten und dabei das Anschaffungswert- und das Imparitätsprinzip zu beachten.

i **Beispiel** (Fortsetzung): Am 31.12.00 beträgt der Wechselkurs 0,8 €/US$. Damit ist der Wert des Kredits von (1 Mio. US$ × 0,77 €/US$ =) 770.000 € im Zeitpunkt der Aufnahme auf (1 Mio. US$ × 0,8 €/US$ =) 800.000 € gestiegen. Aufgrund des Höchstwertprinzips auf der Passivseite ist der Kredit in der Bilanz für das Geschäftsjahr mit 800.000 € zu bewerten und die Differenz zu dem Wert bei der Aufnahme aufwandswirksam zu erfassen. Der Wert des Devisentermingeschäfts hat sich aus Sicht der International AG hingegen positiv entwickelt (+30.000 €), da sie am 01.12.03 für 770.000 € 1.000.000 US$ kaufen wird, die sie – sofern sich der Kurs nicht ändert – für 800.000 € wieder verkaufen könnte.

Im vorliegenden Beispiel gleichen sich der noch nicht realisierte Gewinn aus dem Devisentermingeschäft und der Währungsverlust aus dem Kreditgeschäft vollständig aus. Folgt man jedoch den GoB, darf der Gewinn aufgrund des Realisationsprinzips noch nicht erfasst werden. Die wirtschaftliche Lage des Unternehmens wird damit falsch dargestellt, denn aufgrund des mit dem Grundgeschäft (Kreditvertrag) gekoppelten Sicherungsgeschäfts wird das Unternehmen aus der Wechselkursentwicklung weder einen Gewinn noch einen Verlust erwirtschaften.

Frage: Wie werden Sicherungsbeziehungen bilanziert, damit die wirtschaftliche Lage des Unternehmens zutreffend dargestellt wird?

In der Praxis wurden bereits vor Einführung einer konkreten gesetzlichen Regelung bei Vorliegen solcher Sicherungsbeziehungen **Bewertungseinheiten aus Grundgeschäften und Sicherungsinstrumenten** gebildet und **als Gesamtheit bewertet**. Diese Vorgehensweise wurde durch das BilMoG gesetzlich verankert, indem nun gemäß § 254 HGB für die Rechnungslegung von Sicherungsbeziehungen

- die Pflicht zur Rückstellungsbildung gemäß § 249 Abs. 1 HGB (siehe Abschnitt C.2.8.1),
- der Grundsatz der Einzelbewertung (§ 252 Abs. 1 Nr. 3 HGB),
- das Vorsichtsprinzip, das Realisationsprinzip und das Niederstwertprinzip (§ 252 Abs. 1 Nr. 4 HGB),
- das Anschaffungswertprinzip (§ 253 Abs. 1 Satz 1 HGB) und
- die diesen Grundsätzen entsprechende Regelung zur Währungsumrechnung gemäß § 256a HGB

in dem Umfang und für den Zeitraum außer Kraft gesetzt werden, in dem die gegenläufigen Wertänderungen oder Zahlungsströme aus dem Grund- und dem Sicherungsgeschäft sich ausgleichen.

Zur Bilanzierung der Bewertungseinheiten können entweder die Wertanteile des Grundgeschäfts und des Sicherungsgeschäfts, deren Entwicklungen sich gegenseitig ausgleichen, konstant gesetzt werden (**Einfrierungsmethode**) oder die Wertänderungen werden jeweils gebucht (**Durchbuchungsmethode**) (vgl. Schmidt/Usinger in Beck'scher Bilanzkommentar 2020, § 254 Anm. 52 f.).

Beispiel (Fortsetzung): Der Kredit und das Devisentermingeschäft bilden eine Bewertungseinheit gemäß § 254 HGB. Das Währungsrisiko ist zu 100 % abgesichert. Bei Anwendung der Einfrierungsmethode bilanziert die International AG den Kredit zum 31.12.00 unverändert mit 770.000 €. Wendet die International AG die Durchbuchungsmethode an, bewertet sie den Kredit zum 31.12.00 mit 800.000 € und bilanziert das Devisentermingeschäft als Vermögensgegenstand mit 30.000 €. Dabei erfasst sie sowohl einen Aufwand als auch einen Ertrag in Höhe von 30.000 €.

Im Fall der Bilanzierung von Bewertungseinheiten muss gemäß § 285 Nr. 23 HGB im Anhang oder im Lagebericht Folgendes angegeben werden:
- mit welchem Betrag jeweils Vermögensgegenstände, Schulden, schwebende Geschäfte und mit hoher Wahrscheinlichkeit erwartete Transaktionen zur Absicherung welcher Risiken in welche Arten von Bewertungseinheiten einbezogen sind und die Höhe der abgesicherten Risiken,
- für die jeweils abgesicherten Risiken: warum, in welchem Umfang und für welchen Zeitraum sich die gegenläufigen Wertänderungen oder Zahlungsströme

künftig voraussichtlich ausgleichen werden (einschließlich der Methode der Ermittlung) und

– eine Erläuterung der mit hoher Wahrscheinlichkeit erwarteten Transaktionen, die in Bewertungseinheiten einbezogen wurden.

2.2.5.3 Bildung eines Sammelpostens gemäß § 6 Abs. 2a EStG

? **Frage: Was ist ein Sammelposten gemäß § 6 Abs. 2a EStG und wie ist er zu bilanzieren?**

In der **Steuerbilanz** kann gemäß § 6 Abs. 2a EStG für abnutzbare bewegliche selbständig nutzbare Wirtschaftsgüter des Anlagevermögens, deren Anschaffungs- oder Herstellungskosten jeweils netto mehr als 250 € aber nicht mehr als 1.000 € betragen, im Wirtschaftsjahr des Zugangs ein Sammelposten gebildet werden. Dieser Sammelposten ist über 5 Jahre, beginnend mit dem Zugangsjahr, jährlich mit jeweils 20 % abzuschreiben. Damit werden diese Wirtschaftsgüter nicht mehr einzeln, sondern gemeinsam bewertet. Abgänge innerhalb der fünfjährigen Abschreibungsdauer sind nicht zu berücksichtigen. Die in einem Wirtschaftsjahr zugegangenen geringwertigen Wirtschaftsgüter müssen einheitlich behandelt werden. Wird für das Wirtschaftsjahr 00 ein Sammelposten gebildet, müssen alle Wirtschaftsgüter, die in diesem Wirtschaftsjahr zugegangen sind, mit AHK von mehr als 250 € und nicht mehr als 1.000 € den Sammelposten bilden.

---

i **Beispiel:** Die A AG erwirbt am 02.02.00 einen PC für 400 € netto und einen Drucker für 300 € netto. Im Juni kauft sie 6 neue Bürostühle für jeweils 200 € netto. Im Dezember wird ein Aktenschrank für 500 € angeschafft.

Wie sind die Vermögenswerte in 00 und in den Folgejahren zu bewerten?

Bei der A AG werden PCs und Drucker in der Regel drei Jahre, Bürostühle 5 Jahre und Aktenschränke 10 Jahre lang genutzt. Die A AG schreibt ihr Anlagevermögen linear über die voraussichtliche Nutzungsdauer ab.

Wird in der Handelsbilanz der A AG analog zu § 6 Abs. 2a EStG vorgegangen, werden die in 00 erworbenen Vermögenswerte mit Anschaffungskosten von mehr als 250 € und nicht mehr als 1.000 € zu einem Sammelposten zusammengefasst. Dies betrifft in diesem Fall den PC, den Drucker und den Aktenschrank, deren Anschaffungskosten insgesamt 1.200 € betragen. Dieser Sammelposten wird in 00–04 wie folgt bilanziert:

	00	01	02	03	04
Buchwert des Sammelpostens zum Geschäftsjahresende (in €)	960	720	480	240	0
Abschreibungen (in €)	240	240	240	240	420

Es ist unerheblich, wann im Geschäftsjahr die einzelnen Vermögenswerte erworben wurden und wie lange die Vermögenswerte jeweils genutzt werden.

Die Anschaffungskosten der 6 Bürostühle können gemäß § 6 Abs. 2a Satz 4 EStG sofort als Aufwand erfasst werden.

Für abnutzbare, bewegliche, selbständig nutzbare Vermögensgegenstände des Anlagevermögens mit niedrigem Wert bestehen folgende Bilanzierungsmöglichkeiten (siehe Tabelle 8): **!**

Tab. 8: Bilanzierungsalternativen geringwertiger Vermögensgegenstände

Anschaffungs- bzw. Herstellungskosten	Bilanzierung
bis zu 250 €	Ansatz-Wahlrecht (sofortige Erfassung als sonstiger betrieblicher Aufwand), keine Erfassung im Anlagenverzeichnis
mehr als 250 € bis zu 800 €	Bewertungs-Wahlrecht zur sofortigen Abschreibung, Buchung auf ein Bestandskonto des Anlagevermögens
mehr als 250 € bis zu 1.000 €	Bewertungs-Wahlrecht zur Bildung eines Sammelpostens und Abschreibung aller im Posten zusammengefassten Vermögensgegenstände linear um 20 % p. a.

Trotz des Verstoßes gegen GoB (Grundsatz der Einzelbewertung, ggf. Grundsatz der Vollständigkeit) kann der Sammelposten aufgrund des Grundsatzes der Wesentlichkeit auch in der **Handelsbilanz** gebildet werden.

Der Gesetzgeber lässt weitere Abweichungen vom Prinzip der Einzelbewertung zu:

- Bewertung mit einem **Festwert** gemäß § 240 Abs. 3 HGB für Sachanlagevermögen (siehe Abschnitt C.2.4.2) und Roh-, Hilfs- und Betriebsstoffe (siehe Abschnitt C.2.5.1),
- Anwendung von **Verbrauchsfolgeverfahren** gemäß § 256 Satz 1 HGB für Vorräte (siehe Abschnitt C.2.5.1),
- Berücksichtigung des Ausfallrisikos einer Gesamtheit von Forderungen durch Bildung einer **Pauschalwertberichtigung** (siehe Abschnitt C.2.5.2),
- die Bildung einer **gemeinsamen Rückstellung** für gleichartige Sachverhalte (siehe Abschnitt C.2.8.1).

2.3 Gliederung der Bilanz

Frage: Nach welchen Prinzipien kann eine Bilanz gegliedert werden? **?**
Eine Bilanz sollte systematisch gegliedert sein, damit der Leser die Vermögens- und Finanzsituation des Unternehmens zum Bilanzstichtag leichter erkennen kann. Eine Gliederung ist nach unterschiedlichen **Prinzipien** möglich. Dies sind das

- **Liquiditätsgliederungsprinzip**: Gliederung der
  - Aktiva nach ihrer Liquidierbarkeit,
  - Passiva nach ihrer Fälligkeit.

- **Ablaufgliederungsprinzip**: Gliederung nach dem Ablauf des Unternehmensprozesses (z. B. die Vorräte in Roh-, Hilfs- und Betriebsstoffe, unfertige Erzeugnisse und fertige Erzeugnisse).
- Prinzip der **Gliederung nach Rechtsverhältnissen**: Zusammenstellung von Bilanzpositionen nach ihrer Rechtsposition (z. B. Eigenkapital und Fremdkapital).

Alle drei beschriebenen Gliederungsprinzipien finden in den Vorschriften des HGB ihren Niederschlag, insbesondere das Liquiditätsgliederungsprinzip.

❓ Frage: Wie muss eine Bilanz nach den Vorschriften des HGB gegliedert sein?

Für alle Unternehmen gilt in Bezug auf die Gliederung der Grundsatz der Klarheit und der Übersichtlichkeit (§ 243 Abs. 2 HGB). Anlage- und Umlaufvermögen, Eigenkapital, Schulden und Rechnungsabgrenzungsposten sind nach § 247 Abs. 1 HGB gesondert auszuweisen und hinreichend in Detailpositionen aufzugliedern.

Kapitalgesellschaften und bestimmte Personenhandelsgesellschaften haben darüber hinaus ein (Mindest-)Gliederungsschema für die Bilanz (§ 266 HGB; siehe Tabelle 9) und für die GuV (§ 275 HGB; siehe Abschnitt C.3.1) anzuwenden. Kleine Kapitalgesellschaften können im Falle der Bilanz auf den Ausweis der mit arabischen Ziffern gekennzeichneten Positionen verzichten. Kleinstkapitalgesellschaften müssen lediglich die mit Buchstaben bezeichneten Posten gesondert ausweisen (§ 266 Abs. 1 Satz 2 und 3 HGB).

Für Kapitalgesellschaften und bestimmte Personenhandelsgesellschaften ist das **Stetigkeitsgebot** hinsichtlich der Form der Darstellung der Bilanz, insbesondere der Gliederung, im Gesetz verankert (§ 265 Abs. 1 HGB). Ferner müssen Unternehmen dieser Rechtsformen zu jedem Posten Vorjahreswerte ausweisen (§ 265 Abs. 2 HGB). Es besteht die Möglichkeit, im Gliederungsschema angegebene Positionen weiter zu untergliedern oder weitere Posten aufzunehmen, deren Inhalt durch die im Gliederungsschema vorgeschriebenen Posten nicht gedeckt ist. Darüber hinaus dürfen Zwischensummen gebildet werden (§ 265 Abs. 5 HGB). Viele Unternehmen nehmen die Möglichkeit in Anspruch, die Posten mit arabischen Zahlen zusammenzufassen und die Aufgliederung im Anhang vorzunehmen. Wenn der Betrag nicht wesentlich ist, kann eine Aufgliederung auch unterbleiben (§ 265 Abs. 7 HGB).

Tab. 9: Bilanzgliederungsschema Aktivseite nach § 266 Abs. 2 HGB und Passivseite nach § 266 Abs. 3 HGB

Aktivseite

A. **Anlagevermögen:**

  I. Immaterielle Vermögensgegenstände:
   1. Selbstgeschaffene gewerbliche Schutzrechte und ähnliche Rechte und Werte;
   2. entgeltlich erworbene Konzessionen, gewerbliche Schutzrechte und ähnliche Rechte und Werte sowie Lizenzen an solchen Rechten und Werten;
   3. Geschäfts- oder Firmenwert;
   4. geleistete Anzahlungen;

  II. Sachanlagen:
   1. Grundstücke, grundstücksgleiche Rechte und Bauten einschließlich der Bauten auf fremden Grundstücken;
   2. technische Anlagen und Maschinen;
   3. andere Anlagen, Betriebs- und Geschäftsausstattung;
   4. geleistete Anzahlungen und Anlagen im Bau;

  III. Finanzanlagen:
   1. Anteile an verbundenen Unternehmen;
   2. Ausleihungen an verbundene Unternehmen;
   3. Beteiligungen;
   4. Ausleihungen an Unternehmen, mit denen ein Beteiligungsverhältnis besteht;
   5. Wertpapiere des Anlagevermögens;
   6. sonstige Ausleihungen.

B. **Umlaufvermögen:**

  I. Vorräte:
   1. Roh-, Hilfs- und Betriebsstoffe;
   2. unfertige Erzeugnisse, unfertige Leistungen;
   3. fertige Erzeugnisse und Waren;
   4. geleistete Anzahlungen;

  II. Forderungen und sonstige Vermögensgegenstände:
   1. Forderungen aus Lieferungen und Leistungen;
   2. Forderungen gegen verbundene Unternehmen;
   3. Forderungen gegen Unternehmen, mit denen ein Beteiligungsverhältnis besteht;
   4. sonstige Vermögensgegenstände;

  III. Wertpapiere:
   1. Anteile an verbundenen Unternehmen;
   2. sonstige Wertpapiere;

  IV. Kassenbestand, Bundesbankguthaben, Guthaben bei Kreditinstituten und Schecks.

C. **Rechnungsabgrenzungsposten.**

D. **Aktive latente Steuern.**

E. **Aktiver Unterschiedsbetrag aus der Vermögensverrechnung.**

Tab. 9: (Fortsetzung)

Passivseite

A. Eigenkapital:

   I. Gezeichnetes Kapital;

  II. Kapitalrücklage;

 III. Gewinnrücklagen:

     1. gesetzliche Rücklage;

     2. Rücklage für Anteile an einem herrschenden oder mehrheitlich beteiligten Unternehmen;

     3. satzungsmäßige Rücklagen;

     4. andere Gewinnrücklagen;

  VI. Gewinnvortrag/Verlustvortrag;

   V. Jahresüberschuß/Jahresfehlbetrag.

B. Rückstellungen:

     1. Rückstellungen für Pensionen und ähnliche Verpflichtungen;

     2. Steuerrückstellungen;

     3. sonstige Rückstellungen.

C. Verbindlichkeiten:

     1. Anleihen, davon konvertibel;

     2. Verbindlichkeiten gegenüber Kreditinstituten;

     3. erhaltenen Anzahlungen auf Bestellungen;

     4. Verbindlichkeiten aus Lieferungen und Leistungen;

     5. Verbindlichkeiten aus der Annahme gezogener Wechsel und der Ausstellung eigener Wechsel;

     6. Verbindlichkeiten gegenüber verbundenen Unternehmen;

     7. Verbindlichkeiten gegenüber Unternehmen, mit denen ein Beteiligungsverhältnis besteht;

     8. sonstige Verbindlichkeiten, davon aus Steuern, davon im Rahmen der sozialen Sicherheit.

D. Rechnungsabgrenzungsposten.

E. Passive latente Steuern.

Die Eigenkapitalbestandteile bestimmter Personenhandelsgesellschaften gemäß § 264a HGB weichen von denen der Kapitalgesellschaften zum Teil ab. Kapitalanteile von persönlich haftenden und von nicht persönlich haftenden Gesellschaftern werden auf den variablen Kapitalkonten der Gesellschafter festgehalten. Rücklagen werden nur aufgrund gesellschaftsrechtlicher Vereinbarungen gebildet. Dementsprechend ist das Eigenkapital von bestimmten Personenhandelsgesellschaften gemäß § 264c Abs. 2 HGB wie folgt auszuweisen:

I.   Kapitalanteile

II. Rücklagen

III. Gewinnvortrag/Verlustvortrag

VI. Jahresüberschuss/Jahresfehlbetrag.

2.4 Bilanzierung des Anlagevermögens

Frage: Was ist Anlagevermögen?

?

Anlagevermögen sind die **Vermögensgegenstände** eines Unternehmens, „die bestimmt sind, dauernd dem Geschäftsbetrieb zu dienen" (§ 247 Abs. 2 HGB). Entscheidend ist nicht die Art des Gegenstandes, sondern seine Verweildauer im Unternehmen. Wird ein Kraftfahrzeug während mehrerer Geschäftsjahre im Unternehmen genutzt, gehört es zum Anlagevermögen, soll es (z. B. in einem Autohaus) verkauft werden, wird es im Umlaufvermögen bilanziert.

Gemäß § 266 Abs. 2 HGB müssen Kapitalgesellschaften ihr Anlagevermögen in drei große Gruppen unterteilen:
- Immaterielle Vermögensgegenstände
- Sachanlagen
- Finanzanlagen.

2.4.1 Immaterielle Vermögensgegenstände

Frage: Was sind immaterielle Vermögensgegenstände?

?

Im Gegensatz zu anderen Vermögensgegenständen sind immaterielle Vermögensgegenstände nicht körperlich fassbar. Hierzu gehören insbesondere Rechte, wie z. B. Patente, Warenzeichen oder Konzessionen, aber auch ungeschützte Erfindungen und Know-how. Problematisch ist die Zuordnung eines Vermögensgegenstandes zu einer der beiden Gruppen „materiell" und „immateriell", wenn er sowohl aus materiellen als auch aus immateriellen „Teilen" besteht. Software ist bspw. Wissen, das immateriell ist, das aber auf einem Datenträger gespeichert wird. Der Datenträger ist materiell. Ein solcher Vermögensgegenstand wird nicht aufgespalten, sondern als Ganzes der Gruppe zugeordnet, deren Merkmal er größtenteils erfüllt. Kriterium hierfür ist in der Regel das Verhältnis der Produktionskosten des materiellen und des immateriellen Teils. Eine Software wird daher in der Regel unter den immateriellen Vermögensgegenständen bilanziert, da der Wert des Datenträgers von untergeordneter Bedeutung ist.

Frage: In welchen Fällen werden immaterielle Vermögensgegenstände des Anlagevermögens aktiviert und wie sind sie in der Bilanz einer Kapitalgesellschaft auszuweisen?

?

Immaterielle Vermögensgegenstände des Anlagevermögens müssen aufgrund des Vollständigkeitsgebotes gemäß § 246 Abs. 1 HGB grundsätzlich **aktiviert werden.**

Das Gliederungsschema gemäß § 266 Abs. 2 HGB unterscheidet
- selbstgeschaffene gewerbliche Schutzrechte und ähnliche Rechte und Werte,

- entgeltlich erworbene Konzessionen, gewerbliche Schutzrechte und ähnliche Rechte und Werte sowie Lizenzen an solchen Rechten und Werten,
- Geschäfts- oder Firmenwert und
- geleistete Anzahlungen.

Damit werden die erworbenen Firmenwerte und die Anzahlungen des Unternehmens für immaterielle Vermögensgegenstände des Anlagevermögens, die es in einem künftigen Geschäftsjahr erwerben wird, von den übrigen Positionen getrennt. Letztere werden wiederum in selbstgeschaffene und in erworbene Rechte und Werte unterteilt.

? **Frage: Welche Besonderheiten bestehen bei einer Aktivierung von selbstgeschaffenen immateriellen Vermögensgegenständen des Anlagevermögens?**
Bis zur Verabschiedung des BilMoG galt für alle selbsterstellten immateriellen Vermögensgegenstände des Anlagevermögens ein Aktivierungsverbot. Es beruhte darauf, dass das Bestehen eines immateriellen Vermögensgegenstandes aufgrund der fehlenden Körperlichkeit z. T. schwer nachzuprüfen ist. Auch die Herstellungskosten sind schwerer zu ermitteln als bei einem materiellen Gegenstand, da möglicherweise nicht eindeutig festgestellt werden kann, wann die Herstellung des Vermögensgegenstands beginnt.

Aufgrund der wachsenden Bedeutung immaterieller Vermögensgegenstände für die wirtschaftliche Lage von Unternehmen in bestimmten Geschäftsmodellen **dürfen** jedoch nunmehr **auch selbstgeschaffene Rechte und Werte aktiviert werden**. Die Prüfung, ob tatsächlich ein Vermögensgegenstand vorliegt, ist wegen der Unkörperlichkeit besonders wichtig (s. zur Definition eines Vermögensgegenstandes Abschnitt C.2.1).

Gemäß § 255 Abs. 2a HGB dürfen für selbsterstellte immaterielle Vermögensgegenstände des Anlagevermögens keine Forschungs-, sondern **nur Entwicklungskosten** aktiviert werden.

? **Frage: Was ist der Unterschied zwischen Forschung und Entwicklung?**
In der Praxis lässt sich nicht immer einfach feststellen, wann noch geforscht und wann bereits entwickelt wird. § 255 Abs. 2a Satz 3 HGB definiert **Forschung** als „eigenständige und planmäßige Suche nach neuen wissenschaftlichen oder technischen Erkenntnissen oder Erfahrungen allgemeiner Art, über deren technische Verwertbarkeit und wirtschaftliche Erfolgsaussichten grundsätzlich keine Aussagen gemacht werden können." Im Rahmen der **Entwicklung** wird hingegen durch Forschung erlangtes oder bereits vorher vorhandenes Wissen für die Neu- oder Weiterentwicklung von Gütern oder Verfahren angewandt. Kann die Entwicklung eines immateriellen Vermögensgegenstandes noch nicht eindeutig von der Forschung getrennt festgestellt werden, dürfen keine Aufwendungen aktiviert werden.

Ein immaterieller Vermögensgegenstand des Anlagevermögens kann auch dann aktiviert werden, wenn er am Bilanzstichtag noch nicht fertig ist, sondern sich in der Entwicklung befindet. Voraussetzung ist, dass mit hoher Wahrscheinlichkeit davon ausgegangen werden kann, dass die Entwicklung tatsächlich zu einem immateriellen Vermögensgegenstand führt.

Erträge aus der Aktivierung selbst geschaffener immaterieller Vermögensgegenstände des Anlagevermögens unterliegen gemäß § 268 Abs. 8 HGB einer **Ausschüttungssperre**. Das bedeutet, dass eine Kapitalgesellschaft nur Gewinne ausschütten darf, wenn in Höhe der aktivierten Position abzüglich der darauf gebildeten passiven latenten Steuern (siehe Abschnitt C.2.10) frei verfügbare Rücklagen abzüglich eines Verlustvortrags oder zuzüglich eines Gewinnvortrags bestehen. Der selbst geschaffenen Vermögensposition auf der Aktivseite müssen auf der Passivseite frei verfügbares Eigenkapital und passive latente Steuern in gleicher Höhe gegenüberstehen. Damit wird der Möglichkeit Rechnung getragen, dass sich ein solcher Vermögensgegenstand im Konkursfall nicht verwerten lässt und dann nicht der Begleichung von Verbindlichkeiten dienen kann.

Für folgende selbsterstellte immaterielle Vermögensgegenstände des Anlagevermögens besteht gemäß § 248 Abs. 2 Satz 2 HGB ein **Ansatzverbot**:

- Marken,
- Drucktitel,
- Verlagsrechte,
- Kundenlisten und
- vergleichbare immaterielle Vermögensgegenstände des Anlagevermögens.

Bei diesen Vermögenswerten lassen sich die Herstellungskosten häufig nicht eindeutig zurechnen, das heißt, es kann nicht festgestellt werden, ob Aufwendungen z. B. für den Aufbau einer Marke oder für die gesamte Geschäftätigkeit des Unternehmens und damit für das Unternehmen als Ganzes angefallen sind.

Gemäß § 285 Nr. 22 HGB müssen Unternehmen, die einen Anhang erstellen und die selbsterstellte immaterielle Vermögensgegenstände des Anlagevermögens aktivieren, im Anhang den Gesamtbetrag der Forschungs- und der Entwicklungskosten des Geschäftsjahres und den davon auf die selbst geschaffenen immateriellen Vermögensgegenstände des Anlagevermögens entfallenden Betrag angeben.

In der **Steuerbilanz** besteht für selbst geschaffene immaterielle Wirtschaftsgüter des Anlagevermögens gemäß § 5 Abs. 2 EStG ein **Ansatzverbot**.

Frage: Was ist ein Firmenwert?

Ein Firmenwert ist allgemein **der Betrag, um den der Wert des Unternehmens den Wert des Reinvermögens** (= Vermögen – Fremdkapital) **bzw. des Eigenkapitals übersteigt**. Er umfasst viele Sachverhalte, die den Wert eines Unternehmens bestimmen, aber nicht als Vermögensgegenstand aktiviert werden können, z. B. die

Qualität der Mitarbeiter, die Position am Markt und damit künftige Absatzchancen und Erträge.

Ein Firmenwert ist handelsrechtlich kein Vermögensgegenstand, da er nicht einzeln veräußerbar bzw. verwertbar ist, er besteht nur im Zusammenhang mit dem gesamten Unternehmen. Ein selbst erstellter, **„originärer" Firmenwert** darf daher nicht in der Bilanz angesetzt werden.

Gemäß § 246 Abs. 1 Satz 4 HGB gilt jedoch ein entgeltlich erworbener, **„derivativer"** Geschäfts- oder Firmenwert als zeitlich begrenzt nutzbarer Vermögensgegenstand, der gemäß dem Vollständigkeitsgebot nach § 246 Abs. 1 Satz 1 HGB zu aktivieren ist. Ein mit dem Kauf eines Unternehmens **erworbener Firmenwert** wird im Rahmen eines Unternehmenskaufs durch die Bezahlung des Kaufpreises zumindest einzeln bewertet.

---

i **Beispiel:** Die X AG kauft das Unternehmen des eingetragenen Kaufmanns K im Rahmen eines sogenannten asset deals, d. h., das Unternehmen wird durch die Übernahme der einzelnen Vermögensgegenstände und Schulden erworben. Die Vermögensgegenstände und die Schulden von K werden nicht zu ihrem Buchwert, sondern zu ihrem Wert zum Zeitpunkt des Kaufs (Zeitwert) in den Jahresabschluss der X AG übernommen. Es liegt die Annahme zugrunde, dass jeder Vermögensgegenstand einzeln gekauft wurde. Das bedeutet, dass z. B. auch selbsterstellte immaterielle Vermögensgegenstände des Anlagevermögens, die K nicht aktiviert hatte, in der Bilanz der X AG nunmehr aktiviert werden müssen, da sie von der X AG erworben wurden.

Die X AG bezahlt 1 Mio. € für das Unternehmen von K. Der Zeitwert des Reinvermögens (Vermögen − Fremdkapital) von Unternehmen K beträgt 850.000 €. Damit hat die X AG 150.000 € mehr bezahlt, als sie an bilanzierbarem Wert erhält.

Den auf den ersten Blick überhöhten Kaufpreis hat sie für Dinge bezahlt, die nicht bilanzierbar sind, z. B. die Qualität der Produkte, die bei K hergestellt werden, und den guten Ruf des Unternehmens, wodurch die X AG hofft, in den kommenden Jahren hohe Gewinne zu erzielen. Diese Faktoren machen den Firmenwert von Unternehmen K aus. Die X AG aktiviert 150.000 € in der Position „Immaterielle Vermögensgegenstände" bzw. dort unter „Geschäfts- oder Firmenwert" im Anlagevermögen.

Die Bilanz der X AG vor dem Erwerb von Unternehmen K, die Bilanz von K mit den Zeitwerten zum Zeitpunkt des Kaufs und die Bilanz der X AG nach dem Erwerb sind nachfolgend dargestellt:

Aktiva	Bilanz der X AG vor dem Erwerb von K (in €)		Passiva
Sachanlagevermögen	2.500.000	Eigenkapital	5.000.000
Sonstiges Umlaufvermögen (ohne liquide Mittel)	4.000.000	Fremdkapital	3.000.000
Liquide Mittel	1.500.000		
	8.000.000		8.000.000

Aktiva	Bilanz von K zum Zeitpunkt des Kaufs, bewertet mit Zeitwerten (in €)		Passiva
Sachanlagevermögen	800.000	Eigenkapital	850.000
Sonstiges Umlaufvermögen (ohne liquide Mittel)	1.700.000	Fremdkapital	1.700.000
Liquide Mittel	50.000		
	2.550.000		2.550.000

Aktiva	Bilanz der X AG nach dem Erwerb von K (in €)		Passiva
Geschäfts- oder Firmenwert	150.000	Eigenkapital	5.000.000
Sachanlagevermögen	3.300.000	Fremdkapital	4.700.000
Sonstiges Umlaufvermögen (ohne liquide Mittel)	5.700.000		
Liquide Mittel	550.000		
	9.700.000		9.700.000

Der derivative Geschäfts- oder Firmenwert muss in der **Steuerbilanz** aktiviert werden, weil steuerlich ein positives Wirtschaftsgut (siehe auch Abschnitt C.2.1) vorliegt, denn
- es sind im Rahmen des Kaufs Aufwendungen entstanden,
- es wird davon ausgegangen, dass die Sachverhalte, die den Firmenwert ausmachen, über das Wirtschaftsjahr hinaus einen Nutzen stiften und
- durch den Kauf wurde der Firmenwert als Restgröße selbständig bewertet (siehe Beispiel).

Frage: Wie werden immaterielle Vermögensgegenstände des Anlagevermögens bewertet?

Immaterielle Vermögensgegenstände des Anlagevermögens werden mit ihren **fortgeführten Anschaffungs- bzw. Herstellungskosten,** also mit den Anschaffungs- oder Herstellungskosten abzüglich planmäßiger und gegebenenfalls außerplanmäßiger Abschreibungen, bewertet (siehe zum Inhalt dieser Begriffe Abschnitt C.2.2). Gemäß § 255 Abs. 2a HGB zählen zu den Herstellungskosten selbsterstellter immaterieller Vermögensgegenstände des Anlagevermögens lediglich die in der Entwicklungsphase angefallenen Herstellungskosten.

Im Vergleich zu materiellen Vermögensgegenständen ist es im Falle selbstgeschaffener immaterieller Vermögensgegenstände schwierig, den Beginn der Herstellung zu bestimmen. Wird in einer Periode festgestellt, dass in einer vergangenen Periode die Herstellung eines nun fertig gestellten oder sich in der Entwicklung befindlichen Vermögensgegenstandes begonnen wurde, werden die vor der aktuellen Periode bereits als Aufwand erfassten Entwicklungskosten nicht mehr in die Herstellungskosten einbezogen (vgl. Arbeitskreis „Immaterielle Werte im Rechnungswesen", 2008, S. 1818 f.).

Derivative Geschäfts- oder Firmenwerte sind – wie alle zeitlich begrenzt nutzbaren Vermögensgegenstände des Anlagevermögens – planmäßig über die voraussichtliche **Nutzungsdauer** und außerplanmäßig bei einer voraussichtlich dauerhaften Wertminderung abzuschreiben. Eine **Wertaufholung** bei Wegfall des Grundes für eine außerplanmäßige Abschreibung ist gemäß § 253 Abs. 5 Satz 2 HGB bei Geschäfts- oder Firmenwerten jedoch **verboten.**

Kann die **Nutzungsdauer** eines selbstgeschaffenen immateriellen Vermögensgegenstandes nicht verlässlich geschätzt werden, ist gemäß § 253 Abs. 3 Satz 3 HGB eine Nutzungsdauer von 10 Jahren anzusetzen. Dies gilt nach § 253 Abs. 3 Satz 4 HGB

auch für den derivativen Geschäfts- oder Firmenwert. Die Länge des Abschreibungs-
zeitraums eines Geschäfts- oder Firmenwertes ist gemäß § 285 Nr. 13 HGB im Anhang
zu erläutern.

Steuerrechtlich muss ein Geschäfts- oder Firmenwert gemäß § 7 Abs. 1 Satz 3 EStG
über 15 Jahre abgeschrieben werden.

2.4.2 Sachanlagen

**? Frage: In welchen Fällen werden Vermögensgegenstände des Sachanlagevermögens
aktiviert und wie sind sie in der Bilanz einer Kapitalgesellschaft auszuweisen?**
Mit Ausnahme unentgeltlich erworbener Gegenstände und von beweglichen, selbständig nutzbaren Vermögensgegenständen mit Anschaffungs- oder Herstellungskosten von nicht mehr als 250 € netto (siehe Abschnitt C.2.1.3) müssen aufgrund des Vollständigkeitsgebots gemäß § 246 Abs. 1 HGB sämtliche erworbenen und selbsterstellten
Vermögensgegenstände des Sachanlagevermögens aktiviert werden.

Das Gliederungsschema gemäß § 266 HGB unterteilt die Sachanlagen in
- Grundstücke, grundstücksgleiche Rechte und Bauten einschließlich der Bauten
  auf fremden Grundstücken,
- Technische Anlagen und Maschinen,
- Andere Anlagen, Betriebs- und Geschäftsausstattung und
- Geleistete Anzahlungen und Anlagen im Bau.

In der ersten Position werden sowohl bebaute und unbebaute **Grundstücke** als auch
grundstücksgleiche Rechte, wie z. B. Erbbaurechte oder Abbaurechte (bspw. bei
Steinbrüchen) ausgewiesen. Neben **Bauten**, wie z. B. Parkplätze oder Brücken, sind
auch **Gebäude** und **Gebäudeeinrichtungen, die wirtschaftlicher Teil des Gebäudes sind,** unter dieser Position zu bilanzieren. Eine Gebäudeeinrichtung ist dann ein
wirtschaftlicher Teil des Gebäudes, wenn ihre Nutzung bzw. ihre Funktion in Zusammenhang mit der des Gebäudes steht. Dies ist z. B. bei einer Heizung der Fall. Die
Einrichtung wird dann mit dem Gebäude als Einheit gesehen und dementsprechend
als Teil des Gebäudes bilanziert und abgeschrieben. Aufgrund der in der Regel lan-
gen Abschreibungsdauer von Gebäuden führt dies zu einer tendenziell verlängerten
Abschreibung des Gegenstandes.

Dient die Einrichtung hingegen selbständig betrieblichen Zwecken, wie z. B. ein
Gepäckförderband an einem Flughafen, so wird sie als einzelner Vermögensgegenstand in einer anderen Position des Sachanlagevermögens bilanziert und in Abhängigkeit ihrer individuellen Nutzungsdauer abgeschrieben.

Der Gesetzgeber weist in dem Gliederungsschema explizit darauf hin, dass auch
Bauten auf fremden Grundstücken unter dieser Position zu bilanzieren sind, obwohl der Grundstückseigentümer rechtlicher Eigentümer aller Gegenstände ist, die
fest mit dem Grundstück verbunden sind. Damit wird herausgestellt, dass auch im

Fall von Immobilien für die Zurechnung zum betrieblichen Vermögen das wirtschaftliche und nicht das rechtliche Eigentum entscheidend ist (siehe Abschnitt C.2.1.1).

Technische Anlagen und Maschinen umfassen alle Anlagen und Maschinen, die unmittelbar in der Produktion eingesetzt sind. Sie sind auch in dieser Position zu erfassen, wenn sie als wesentlicher Bestandteil eines fremden Grundstücks rechtliches Eigentum des Eigentümers dieses Grundstücks sind, sofern das bilanzierende Unternehmen wirtschaftlicher Eigentümer ist (siehe Abschnitt C.2.1.1). Wird z. B. eine Produktionsanlage auf einem städtischen Grundstück errichtet, wird die Anlage in den Sachanlagen des Unternehmens bilanziert, das die Produktionsanlage mit allen Chancen und Risiken betreibt. In dieser Position werden auch Spezialersatzteile und die Erstausstattung von Ersatzteilen bilanziert.

Anlagen und Maschinen sowie weitere Mobilien, die nicht unmittelbar in der Produktion eingesetzt werden, werden als **andere Anlagen, Betriebs- und Geschäftsausstattung** bilanziert. Hierzu gehören die Büroausstattungen einschließlich der DV-Anlagen, aber auch allgemeine, nicht direkt in der Produktion eingesetzte Werkzeuge.

In der letzten Gliederungsposition der Sachanlagen werden Beträge noch nicht vollendeter Investitionen in das Sachanlagevermögen zusammengefasst. Es handelt sich zum einen um **Anzahlungen**, die das Unternehmen für Sachanlagen geleistet hat, die es in einem künftigen Geschäftsjahr erwerben wird, zum anderen um **Anlagen**, deren Errichtung zum Geschäftsjahresende noch nicht fertiggestellt ist, und die sich somit noch **im Bau** befinden.

Frage: Wie werden Vermögensgegenstände des Sachanlagevermögens bewertet? ▪️?▪️
Vermögensgegenstände des Sachanlagevermögens werden mit ihren **fortgeführten Anschaffungs- bzw. Herstellungskosten**, also mit den Anschaffungs- oder Herstellungskosten abzüglich gegebenenfalls durchgeführter Abschreibungen, bewertet (siehe zum Inhalt dieser Begriffe Abschnitt C.2.2). Eine Besonderheit dieser Position besteht darin, dass sie sowohl Anlagegegenstände enthält, deren Nutzung zeitlich begrenzt ist (z. B. Maschinen, Gebäude) und die dementsprechend planmäßig abgeschrieben werden, als auch zeitlich nicht begrenzt nutzbare Vermögensgegenstände (insbesondere Grundstücke), die lediglich außerplanmäßigen Abschreibungen unterliegen.

Gemäß § 240 Abs. 3 HGB können Sachanlagegegenstände, die
- regelmäßig ersetzt werden,
- deren Gesamtwert für das Unternehmen von geringer Bedeutung ist und
- deren Bestand sowohl mengen- als auch wertmäßig und in seiner Zusammensetzung kaum schwankt,

mit einer festen Menge, bewertet mit einem gleichbleibenden Wert, also einem **Festwert**, angesetzt werden. Dies gilt z. B. für den Geschirr- und Wäschebestand in einem Hotel.

2.4.3 Finanzanlagen

? **Frage: In welchen Fällen werden Vermögensgegenstände des Finanzanlagevermögens aktiviert und wie sind sie in der Bilanz einer Kapitalgesellschaft auszuweisen?**

Aufgrund des Vollständigkeitsgebots gemäß § 246 Abs. 1 HGB müssen sämtliche erworbenen Finanzanlagen aktiviert werden.

Finanzanlagen umfassen gemäß § 266 HGB
- Anteile an verbundenen Unternehmen,
- Ausleihungen an verbundene Unternehmen,
- Beteiligungen,
- Ausleihungen an Unternehmen, mit denen ein Beteiligungsverhältnis besteht,
- Wertpapiere des Anlagevermögens und
- sonstige Ausleihungen.

Die Gliederung unterteilt damit einmal in **langfristige Investitionen in andere Unternehmen**, aufgegliedert nach dem Grad der Einflussnahme auf diese Unternehmen, und in **langfristig ausgeliehene Beträge**, aufgegliedert nach den Empfängern der Beträge.

? **Frage: Was sind Beteiligungen?**

Beteiligungen sind gemäß § 271 Abs. 1 Satz 1 HGB „Anteile an anderen Unternehmen, die bestimmt sind, dem eigenen Geschäftsbetrieb durch Herstellung einer dauernden Verbindung zu jenen Unternehmen zu dienen". Entscheidend für die Klassifizierung als Beteiligung ist die **Beteiligungsabsicht**, also der Wille, durch die Anteile eine Verbindung zu dem Unternehmen herzustellen, die dem eigenen Geschäftsbetrieb dient. Dies kann z. B. in engen Lieferbeziehungen, im Austausch von Mitarbeitern oder in gemeinsamen Projekten jeglicher Art (bspw. in der Forschung) bestehen. Als Hinweis, wann eine Beteiligung vorliegt, nennt der Gesetzgeber ferner einen **Anteil von mehr als 20 % am Nennkapital** des Unternehmens, dessen Anteile gehalten werden (§ 271 Abs. 1 Satz 3 HGB).

Das Vorliegen einer Beteiligung ist jedoch grundsätzlich unabhängig von der Höhe des Anteils am Nennkapital. Sofern er 20 % übersteigt, liegt zwar die Vermutung einer Beteiligung vor, sie kann jedoch durch Nachweis der fehlenden Beteiligungsabsicht widerlegt werden (widerlegbare Beteiligungsvermutung).

Anteile an **Personengesellschaften** und **stille Gesellschafteranteile** gelten immer als Beteiligungen, da sie in der Regel mit einer großen Einflussnahmemöglichkeit auf die Gesellschaft verbunden sind. Mitgliedsanteile an einer **eingetragenen Genossenschaft** gelten hingegen nie als Beteiligungen (§ 271 Abs. 1 Satz 5 HGB).

Frage: Was sind verbundene Unternehmen?

Als verbundene Unternehmen gelten Unternehmen, die in einem **Mutter–Tochter-Verhältnis** stehen (§ 271 Abs. 2 HGB). Ein solches Verhältnis liegt gemäß § 290 HGB vor, wenn eine Kapitalgesellschaft (Mutterunternehmen) mit Sitz im Inland auf ein anderes Unternehmen (Tochterunternehmen) unmittelbar oder mittelbar einen **beherrschenden Einfluss** ausüben kann.

In den folgenden Fällen liegt gemäß § 290 Abs. 2 HGB jeweils ein **beherrschender Einfluss** vor:

- dem Mutterunternehmen steht die **Mehrheit der Stimmrechte** der Gesellschafter zu,
- das Mutterunternehmen ist **Gesellschafter** und hat das Recht, die Mehrheit der **Mitglieder des die Finanz- und Geschäftspolitik** bestimmenden Verwaltungs-, Leitungs- oder Aufsichtsorgans zu bestellen oder abzuberufen,
- das Mutterunternehmen hat das Recht, auf Grund eines Beherrschungsvertrages oder einer Satzungsbestimmung die **Finanz- und Geschäftspolitik** des Tochterunternehmens zu bestimmen, oder
- das Mutterunternehmen trägt bei wirtschaftlicher Betrachtung die **Mehrheit der Risiken und Chancen** eines Unternehmens (oder z. B. einer sonstigen juristischen Person des Privatrechts), das zur Erreichung eines eng begrenzten und genau definierten Ziels des Mutterunternehmens dient. Hierbei handelt es sich um so genannte Zweckgesellschaften.

Bei der Berechnung der Stimmrechte werden einem Mutterunternehmen Stimmrechte, die ein anderes Tochterunternehmen hält, vollständig, nicht nur anteilig zugerechnet.

Beispiel: Gegeben sei die in Abbildung 20 wiedergegebene Beteiligungsstruktur:

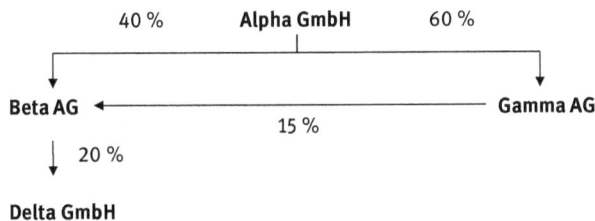

Abb. 20: Beispiel für die Zurechnung von Stimmrechten

Die Alpha GmbH verfügt über 60 % der Anteile an der Gamma AG. Die Gamma AG ist gemäß § 290 HGB Tochter der Alpha GmbH. Damit kann die Alpha GmbH insgesamt über 55 % der Stimmrechte an der Beta AG verfügen, die damit ebenfalls ein Tochterunternehmen der Alpha GmbH ist. Folglich kann die Alpha GmbH auch über die 20 % der Stimmrechte an der Delta GmbH, die die Beta AG hält, verfügen.

Unter den **Wertpapieren des Anlagevermögens** werden alle Wertpapiere bilanziert, die zwar langfristig gehalten werden sollen, die aber keine Beteiligungen darstellen und deren Ausweis nicht anders geregelt ist. Darunter finden sich z. B. Schuldverschreibungen oder auch Aktien, die lediglich als langfristige Finanzinvestition gehalten werden.

Ausleihungen sind langfristige Finanz- oder Kapitalforderungen, z. B. Darlehen, jedoch keine Lieferungs- oder Leistungsforderungen. Ihre Aufgliederung in drei Positionen im Gliederungsschema gemäß § 266 HGB (siehe C.2.3) zeigt die Enge der finanziellen Verflechtungen des Unternehmens mit anderen Unternehmen.

? **Frage: Wie werden Vermögensgegenstände des Finanzanlagevermögens bewertet?**
Vermögensgegenstände des Finanzanlagevermögens werden grundsätzlich mit ihren **Anschaffungskosten**, abzüglich gegebenenfalls durchgeführter außerplanmäßiger Abschreibungen (siehe Abschnitt C.2.2), bewertet. Bei folgenden Positionen bestehen **Besonderheiten bei der Bewertung**:

– Der Buchwert von **Beteiligungen an Personengesellschaften** wird um anteilig zugerechnete, aber nicht ausgeschüttete Gewinne erhöht. Anders als Gewinne bei Kapitalgesellschaften stehen Gewinne von Personengesellschaften den Gesellschaftern unmittelbar zu und werden den Kapitalkonten gutgeschrieben. Werden sie nicht ausgeschüttet, können sie als Kapitalerhöhung interpretiert werden und erhöhen dadurch den Beteiligungswert.

– Entspricht der Auszahlungsbetrag einer **Ausleihung** nicht dem Rückzahlungsbetrag, werden die Anschaffungskosten (= Auszahlungsbetrag) schrittweise über die Laufzeit erhöht (Auszahlung mit Disagio) bzw. verringert (Auszahlung mit Agio), so dass der Differenzbetrag über die Laufzeit verteilt als Ertrag oder Aufwand realisiert wird. Im Falle eines niedrigeren Auszahlungsbetrages kann auch der Rückzahlungsbetrag aktiviert und die Differenz als Rechnungsabgrenzungsposten passiviert und über die Laufzeit aufgelöst werden.

---

i **Beispiel:** Ein Unternehmen gewährt einen Kredit mit folgenden Merkmalen: Auszahlungsbetrag: 90.000 €, Laufzeit 10 Jahre, Rückzahlungsbetrag = Nennwert: 100.000 €; Verzinsung: 5 % p. a. auf den Nennwert. Entweder das Unternehmen bewertet die Ausleihung mit dem Auszahlungsbetrag von 90.000 € und erhöht den Betrag jedes Jahr um 1.000 € (anteiliges Disagio, Gegenbuchung im Zinsertrag) oder es bewertet die Ausleihung mit dem Nennwert von 100.000 € und bildet einen passiven Rechnungsabgrenzungsposten in Höhe von 10.000 € (gesamtes Disagio), den es jährlich um 1.000 € verringert (Gegenbuchung im Zinsertrag).

– **Un- oder niedrigverzinsliche Ausleihungen** werden mit einem marktüblichen Zinssatz bzw. mit der Differenz zu dem marktüblichen Zinssatz abgezinst und während der Laufzeit wieder aufgezinst. Der Aufzinsungsbetrag wird als Zinsertrag gebucht, so dass für die Ausleihung, ggf. einschließlich der gezahlten Zinsen, ein marktüblicher Zinsertrag erfasst wird.

Beispiel: Ein Unternehmen gewährt zum 01.01.00 einem Tochterunternehmen einen nicht verzinslichen Kredit von 1.000.000 € mit einer Laufzeit von 5 Jahren. Zurzeit wird ein solcher Kredit mit durchschnittlich 7 % verzinst.

Das Unternehmen zinst den Nominalbetrag über die Laufzeit von 5 Jahren mit 7 % ab. Der Barwert in Höhe von 712.986,18 € wird aktiviert, der Differenzbetrag von 287.013,82 € als sonstiger betrieblicher Aufwand im Geschäftsjahr 00 erfasst. In den Jahresabschlüssen der folgenden Geschäftsjahre wird die Ausleihung wie folgt bilanziert:

Geschäfts-jahr	Buchwert der Ausleihung zum 31.12. (in €)	Zinsertrag (in €)
00	(712.986,18 + 49.909,03 =) 762.895,21	(712.986,18 × 7 % =) 49.909,03
01	(762.895,21 + 53.402,67 =) 816.297,88	(762.895,21 × 7 % =) 53.402,67
02	873.438,73	57.140,85
03	934.579,44	61.140,71
04	1.000.000,00	65.420,56

2.4.4 Anlagenspiegel

Frage: Was ist ein Anlagenspiegel und was beinhaltet er?

Gemäß § 284 Abs. 3 HGB müssen Kapitalgesellschaften im Anhang die Entwicklung der Werte aller Posten des Anlagevermögens darstellen. In der Regel nutzen Unternehmen hierfür den sogenannten Anlagenspiegel. Tabelle 10 zeigt ein Schema für einen Anlagenspiegel. Es umfasst sämtliche in § 284 Abs. 3 Satz 2 und 3 HGB geforderten Positionen sowie die Buchwerte zu Beginn und zum Ende des Geschäftsjahres (GJ). Darüber hinaus wird die Entwicklung der in § 284 Abs. 3 Satz 3 HGB genannten

Tab. 10: Schema eines Anlagenspiegels

Anlagenspiegel für GJ 00 (Beträge in €)	technische Anlagen und Maschinen	andere Anlagen, BGA	...
AHK zu Beginn des GJ			
Zugänge			
Abgänge			
Umbuchungen			
AHK am Ende des GJ			
kumulierte Abschreibungen zu Beginn des GJ			
Abschreibungen des GJ			
Zuschreibungen des GJ			
Abgänge und Umbuchungen			
kumulierte Abschreibungen am Ende des GJ			
Buchwert zu Beginn des GJ			
Buchwert zum Ende des GJ			

„Abschreibungen in ihrer gesamten Höhe" (= kumulierte Abschreibungen) detailliert dargestellt.

Zu den Anschaffungs- und Herstellungskosten im Anlagenspiegel sind folgende Aspekte zu beachten:

– Am Beginn der Darstellung stehen die **Anschaffungs- oder Herstellungskosten** (AHK) aller Anlagegegenstände, die sich **zu Beginn** des Geschäftsjahres im Betriebsvermögen des Unternehmens befinden, auch wenn sie bereits vollständig abgeschrieben sind und somit einen (Rest-)Buchwert von 0 € bzw. 1 € haben.

– Unter den **Zugängen** werden die mengenmäßige Zunahme der Anlagegegenstände (z. B. durch Neuerwerb), nachträgliche Anschaffungskosten und – je nach Ausweis – Umbuchungen aus dem Umlauf- in das Anlagevermögen erfasst.

– Die **Abgänge** zeigen dagegen die mengenmäßige Abnahme der Anlagegegenstände (z. B. durch Verkauf), bewertet mit den ursprünglichen Anschaffungs- oder Herstellungskosten, und – je nach Ausweis – Umbuchungen aus dem Anlage- in das Umlaufvermögen.

– **Umbuchungen** werden durchgeführt, wenn Aktiva aus einer Position in eine andere Position umgegliedert werden. Innerhalb des Anlagevermögens ist dies z. B. der Fall, wenn eine am vorangegangenen Bilanzstichtag noch unfertige Anlage am Stichtag des Berichtsjahres fertiggestellt ist. Dann wird der Wert zum letzten Bilanzstichtag aus den „Anlagen im Bau" aus- und in die Position „technische Anlagen und Maschinen" eingebucht. Ferner sind Umbuchungen zwischen Anlage- und Umlaufvermögen durchzuführen, wenn sich die Absicht des Unternehmens hinsichtlich der Verweildauer des Vermögensgegenstandes im Unternehmen ändert. Hat das Unternehmen z. B. Wertpapiere bislang zur langfristigen Anlage gehalten, beabsichtigt jetzt jedoch, die Papiere im nächsten Geschäftsjahr zu verkaufen, so ist eine Umbuchung von den Wertpapieren des Anlagevermögens in die Position „sonstige Wertpapiere" im Umlaufvermögen durchzuführen. Der Ausweis dieser Umbuchung ist im Anlagenspiegel auch in der Spalte „Abgänge" möglich.

Die Zugänge erhöhen den Bestand der Vermögensgegenstände, die Abgänge verringern ihn. Die Auswirkung der Umbuchungen hängt davon ab, ob ein Vermögensgegenstand in den Posten hinein- oder aus dem Posten herausgebucht wird. Mit diesen Bewegungsarten wird verdeutlicht, wodurch sich die Anschaffungs- oder Herstellungskosten des jeweiligen Anlagenpostens im abgelaufenen Geschäftsjahr verändert haben. Am **Ende des ersten Teils** des Anlagenspiegels stehen die **Anschaffungs- oder Herstellungskosten** der Vermögensgegenstände, die **am Ende** des Geschäftsjahres im Bestand des Unternehmens sind.

Hinsichtlich der Darstellung der Abschreibungen sind im Anlagenspiegel die folgenden Aspekte zu beachten:

– Die **kumulierten Abschreibungen** sind die Summe sämtlicher planmäßigen und außerplanmäßigen Abschreibungen, gegebenenfalls korrigiert um Zuschreibungen. Ausgangspunkt im zweiten Teil des Anlagenspiegels sind die kumulierten Abschreibungen auf die Vermögensgegenstände, die sich am **Anfang des Geschäftsjahres** im Betriebsvermögen des Unternehmens befinden. Dieser Wert kann dem Anlagenspiegel des Vorjahres entnommen werden.

- Die **Abschreibungen des Geschäftsjahres** stellen die planmäßigen und außerplanmäßigen Wertminderungen des Anlagevermögens dar.
- Bei den **Zuschreibungen** des Geschäftsjahres handelt es sich um die Korrektur früherer außerplanmäßiger Abschreibungen, wenn der Grund für eine außerplanmäßige Abschreibung wegfällt (siehe Abschnitt C.2.2.4.2).
- In der Position **Abgänge und Umbuchungen** werden die Abschreibungen dargestellt, die bis zum Zeitpunkt des Abgangs bzw. der Umbuchung auf die betroffenen Anlagegüter durchgeführt worden sind. Wenn z. B. eine Maschine mit Anschaffungskosten von 500.000 € und einem Buchwert im Zeitpunkt des Abgangs von 220.000 € ausgebucht wird, wird im Anlagenspiegel in der Darstellung der Entwicklung der Anschaffungs- und Herstellungskosten in den Abgängen ein Betrag von 500.000 € ausgewiesen und in der Darstellung der Entwicklung der kumulierten Abschreibungen in den Abgängen und Umbuchungen ein Betrag von 280.000 €.

Die Abschreibungen des Geschäftsjahres erhöhen die kumulierten Abschreibungen, die Zuschreibungen und die Abgänge verringern sie, die Auswirkung der Umbuchungen hängt davon ab, ob ein Vermögensgegenstand in den Posten hinein- oder aus dem Posten herausgebucht wird. Mit diesen Bewegungsarten wird verdeutlicht, wodurch sich die kumulierten Abschreibungen des jeweiligen Anlagenpostens im abgelaufenen Geschäftsjahr verändert haben. Am **Ende des zweiten Teils** des Anlagenspiegels stehen die **kumulierten Abschreibungen** auf die Vermögensgegenstände, die **am Ende** des Geschäftsjahres im Bestand des Unternehmens sind.

Im letzten Teil des Anlagenspiegels werden die **Buchwerte** zu Beginn und am Ende des Geschäftsjahres ausgewiesen. Sie ergeben sich aus der Differenz zwischen den Anschaffungskosten und den kumulierten Abschreibungen zum jeweiligen Zeitpunkt.

Beispiel: Für die Positionen „Grundstücke, grundstücksgleiche Rechte und Bauten einschließlich der Bauten auf fremden Grundstücken" und „Geleistete Anzahlungen und Anlagen im Bau" der Y AG liegen folgende Angaben für die Geschäftsjahre 00 und 01 vor:

- Die Anschaffungskosten für die Grundstücke und Gebäude zu Beginn des Geschäftsjahres 00 betragen 1 Mio. €. Die kumulierten Abschreibungen auf die Gebäude betragen zu Beginn des Geschäftsjahres 400.000 €.
- In den Geschäftsjahren vor dem Geschäftsjahr 00 sind auf die Grundstücke außerplanmäßige Abschreibungen in Höhe von 100.000 € durchgeführt worden.
- Im Geschäftsjahr 00 entfällt der Grund für einen Teil der in den Vorjahren durchgeführten außerplanmäßigen Abschreibungen. Die Werterhöhung beträgt 50.000 €.
- Im Geschäftsjahr 00 werden Grundstücke und Gebäude mit Anschaffungskosten von insgesamt 50.000 € erworben. Die Abschreibungen des Geschäftsjahres 00 auf die Gebäude betragen 22.000 €. Auf ein Grundstück, das im Geschäftsjahr 01 erworben werden soll, wird eine An-

zahlung von 15.000 € geleistet. Zu Beginn des Geschäftsjahres 00 bestehen keine geleisteten Anzahlungen oder Anlagen im Bau.
- Im Geschäftsjahr 01 betragen die Abschreibungen auf die Gebäude 23.000 €. Ein Gebäude mit einem Buchwert von 30.000 €, das für 80.000 € angeschafft worden war, wird für 40.000 € verkauft. Das Grundstück, für das in 00 die Anzahlung geleistet wurde, wird für insgesamt 100.000 € erworben.

Die Entwicklung der beiden Positionen stellt sich im Anlagenspiegel der Y AG wie folgt dar:

Anlagenspiegel für 00 (Beträge in €)	Grundstücke, grundstücksgleiche Rechte und Bauten einschließlich der Bauten auf fremden Grundstücken	Geleistete Anzahlungen und Anlagen im Bau
AHK zu Beginn des GJ	1.000.000	0
Zugänge	+50.000	+15.000
Abgänge		
Umbuchungen		
AHK am Ende des GJ	1.050.000	15.000
kumulierte Abschreibungen zu Beginn des Geschäftsjahres	500.000	
Abschreibungen des GJ	+22.000	
Zuschreibungen des GJ	−50.000	
Abgänge und Umbuchungen		
kumulierte Abschreibungen am Ende des Geschäftsjahres	472.000	
Buchwert zu Beginn des GJ	500.000	0
Buchwert zum Ende des GJ	578.000	15.000

Anlagenspiegel für 01 (Beträge in €)	Grundstücke, grundstücksgleiche Rechte und Bauten einschließlich der Bauten auf fremden Grundstücken	Geleistete Anzahlungen und Anlagen im Bau
AHK zu Beginn des GJ	1.050.000	15.000
Zugänge	+85.000	
Abgänge	−80.000	
Umbuchungen	+15.000	−15.000
AHK am Ende des GJ	1.070.000	0
kumulierte Abschreibungen zu Beginn des GJ	472.000	
Abschreibungen des GJ	+23.000	
Zuschreibungen des GJ		
Abgänge und Umbuchungen	−50.000	
kumulierte Abschreibungen am Ende des GJ	445.000	
Buchwert zu Beginn des GJ	578.000	15.000
Buchwert zum Ende des GJ	625.000	0

Für den Ausweis einiger Anlagegegenstände im Anlagenspiegel bestehen **Besonderheiten**:

- Werden Wirtschaftsgüter analog zur Vorgehensweise in der Steuerbilanz gemäß § 6 Abs. 2a EStG als Bestandteil eines **Sammelpostens** bilanziert (siehe Abschnitt C.2.2.5.3), sollte der Abgang nach Beendigung der Abschreibung, also am Ende des fünften Geschäftsjahres, im Anlagenspiegel ausgewiesen werden.
- Da **immaterielle Vermögensgegenstände** in der Regel nicht mengenmäßig abgehen, ist es zulässig, ihren Abgang ebenfalls im Geschäftsjahr der letzten Abschreibung zu erfassen.
- Werden Vermögensgegenstände mit einem **Festwert** bewertet (siehe Abschnitt C.2.4.2), so wird eine Änderung des Festwertes aufgrund einer mengenmäßigen Erhöhung bzw. Verringerung des Bestandes als Zu- oder Abgang erfasst, die wertmäßige Änderung als Zu- oder Abschreibung.
- Sofern die Herstellungskosten **Zinsen für Fremdkapital** beinhalten, ist gemäß § 284 Abs. 3 Satz 4 HGB für jede Position des Anlagenspiegels gesondert anzugeben, in welcher Höhe Zinsen im Geschäftsjahr aktiviert wurden.

Der Anlagenspiegel beinhaltet wichtige Informationen für die Jahresabschlussadressaten. Er informiert über die Entwicklung des Anlagevermögens, eines zumindest für Produktionsunternehmen wichtigen Teils des Vermögens. Unter anderem kann man durch den Vergleich der Anschaffungs- oder Herstellungskosten mit dem Buchwert Rückschlüsse auf das Alter des Anlagevermögens und damit auf die Investitionspolitik des Unternehmens und möglichen künftigen Investitionsbedarf ziehen.

2.5 Bilanzierung des Umlaufvermögens

Frage: Was ist Umlaufvermögen?

Der Begriff Umlaufvermögen selbst ist im Gesetz nicht definiert. Es ist lediglich möglich, seinen Inhalt als Negativabgrenzung zu bestimmen: Umlaufvermögen sind **alle Aktiva, die nicht Anlagevermögen** (definiert in § 247 Abs. 2 HGB) **und nicht Rechnungsabgrenzungsposten** (definiert in § 250 HGB) sind.

Gemäß § 266 Abs. 2 HGB müssen Kapitalgesellschaften ihr Umlaufvermögen in folgende Hauptgruppen unterteilen:

- Vorräte,
- Forderungen und sonstige Vermögensgegenstände,
- Wertpapiere und
- Kassenbestand, Bundesbankguthaben, Guthaben bei Kreditinstituten und Schecks.

2.5.1 Vorräte

? **Frage: In welchen Fällen werden Vorräte aktiviert und wie sind sie in der Bilanz einer Kapitalgesellschaft auszuweisen?**

Aufgrund des Vollständigkeitsgebots gemäß § 246 Abs. 1 HGB müssen sämtliche erworbenen und selbsterstellten Vermögensgegenstände des Vorratsvermögens aktiviert werden.

Im Gliederungsschema gemäß § 266 Abs. 2 HGB umfassen die Vorräte die folgenden Positionen:

- Roh-, Hilfs- und Betriebsstoffe,
- Unfertige Erzeugnisse, unfertige Leistungen,
- Fertige Erzeugnisse und Waren,
- Geleistete Anzahlungen.

Rohstoffe gehen unmittelbar in das Produkt ein und bilden seine Hauptbestandteile (siehe Abschnitt A.4.5). **Hilfsstoffe** gehen ebenfalls unmittelbar in das Produkt ein, allerdings nur als Nebenbestandteil (z. B. Schrauben, Nägel). **Betriebsstoffe** werden nicht Bestandteil des Produktes, sondern werden mittelbar oder unmittelbar im Produktionsprozess verbraucht (z. B. Schmier- oder Brennstoffe).

Bei den **unfertigen Erzeugnissen** und **unfertigen Leistungen** handelt es sich um Produkte, die noch nicht verkaufsfähig sind (z. B. eine Anlage, die noch nicht fertiggestellt ist, aber auch produktionstechnisch fertige Produkte, die noch lagern müssen, wie bspw. Whisky oder Käse) und um noch nicht beendete Leistungen (z. B. ein noch nicht beendeter Beratungsauftrag), für deren Erstellung bis zum Bilanzstichtag bereits Aufwendungen angefallen sind.

Fertige Erzeugnisse und Waren sind verkaufsfertige Produkte, die im Unternehmen hergestellt oder bearbeitet wurden und sich im Lager befinden bzw. Produkte oder Zubehörteile, die von anderen Unternehmen bezogen wurden und weiterverkauft werden sollen.

Die unter der Position „Vorräte" auszuweisenden **geleisteten Anzahlungen** sind Auszahlungen für Vorräte bzw. Dienstleistungen im Zusammenhang mit der Beschaffung von Vorräten, die das Unternehmen erst in einem späteren Geschäftsjahr erhalten wird.

Erhaltene Anzahlungen auf Bestellungen dürfen als Ausnahme vom Saldierungsverbot (siehe Abschnitt C.1.3.2) gemäß § 268 Abs. 5 Satz 2 HGB von den Vorräten „offen abgesetzt" werden. Das bedeutet, dass Anzahlungen, die das Unternehmen von Kunden für zukünftige Leistungen erhalten hat, mit den Vorräten saldiert werden dürfen. Die Saldierung muss jedoch in den Vorräten oder im Anhang gezeigt werden, so dass der Vorgang für Jahresabschlussadressaten sichtbar ist. Alternativ können erhaltene Anzahlungen auf Bestellungen unter den Verbindlichkeiten ausgewiesen werden. Dieser Ausweis ist im Gliederungsschema nach § 266 Abs. 3 HGB vorgesehen (siehe hierzu auch Abschnitt C.2.8.2).

Frage: Wie werden Vorräte bewertet?

Vorräte werden mit ihren **Anschaffungs- bzw. Herstellungskosten** abzüglich gegebenenfalls durchgeführter außerplanmäßiger Abschreibungen, bewertet (siehe Abschnitt C.2.2). Aufgrund ihrer Beschaffenheit und ihres Umschlags sind bei ihrer Bewertung jedoch einige **Verfahren** zulässig, **die die Bewertung vereinfachen**, die allerdings dem Grundsatz der Einzelbewertung widersprechen:

- **Festwertverfahren:** Gemäß § 256 Satz 2 i. V. m. § 240 Abs. 3 HGB können Roh-, Hilfs- und Betriebsstoffe, die
  - regelmäßig ersetzt werden,
  - deren Gesamtwert für das Unternehmen von geringer Bedeutung ist und
  - deren Bestand sowohl mengen- als auch wertmäßig und in seiner Zusammensetzung kaum schwankt,

  mit einer festen Menge, bewertet mit einem gleichbleibendem Wert, also einem Festwert, angesetzt werden. Dies gilt z. B. für den Bestand an Schrauben oder Brennstoffen.

- **Gruppenbewertung:** Gemäß § 256 Satz 2 i. V. m. § 240 Abs. 4 HGB können gleichartige Vermögensgegenstände des Vorratsvermögens zu einer Gruppe zusammengefasst und mit dem gewogenen Durchschnittswert angesetzt werden (siehe Abschnitt C.2.2.5.1).

- **Verbrauchsfolgeverfahren:** § 256 Satz 1 HGB erlaubt für die Bewertung von gleichartigen Vermögensgegenständen des Vorratsvermögens (siehe zur Gleichartigkeit Abschnitt C.2.2.5.1) die Fiktion einer bestimmten Reihenfolge beim Abgang der Vorräte: entweder die zuerst oder die zuletzt angeschafften bzw. hergestellten Vorräte werden verbraucht oder veräußert.
  - Bei Anwendung des **Lifo-** (Last-in-first-out) **Verfahrens** wird unterstellt, dass die Vermögensgegenstände, die zuletzt angeschafft oder hergestellt werden, zuerst verbraucht oder veräußert werden. Die Verbrauchsfolge entspricht damit einem Haufen Schüttgüter, auf den Zugänge aufgeschüttet werden und Entnahmen von oben abgenommen werden. Beim **Perioden-Lifo** wird am Ende der Periode der gesamte Abgang der Periode ermittelt und es gelten die während der Periode zuletzt zugegangenen Gegenstände als verbraucht bzw. veräußert.

Beispiel: Folgende Tabelle enthält die Daten über den Bestand, die Zugänge und die Abgänge eines Rohstoffes:

	Menge in kg	Preis in €/kg
Anfangsbestand	1.000	50
Abgang	−600	
Zugang	+500	60
Abgang	−450	
Zugang	+500	64
Abgang	−400	

Der gesamte Abgang beträgt 600 kg + 450 kg + 400 kg = 1.450 kg. Bei Zugrundelegen des **Perioden-Lifo**-Verfahrens wird angenommen, dass die letzten Zugänge 500 kg à 64 € je kg + 500 kg à 60 € je kg und ein Teil des Anfangsbestandes, nämlich 450 kg à 50 € je kg verbraucht werden. Es ermittelt sich dann ein **Gesamtaufwand** von **84.500 €**. Der **Endbestand** wird mit 550 kg × 50 €/kg = **27.500 €** bewertet.

Beim **permanenten Lifo** wird – im Gegensatz zum Perioden-Lifo-Verfahren – jeder Abgang gesondert bewertet. Es gelten die Vermögensgegenstände als verbraucht bzw. veräußert, die bis zu dem jeweiligen Abgang zuletzt zugegangen waren.

Beispiel (Fortsetzung): Für obiges Beispiel ergibt sich dann unter Anwendung des permanenten Lifo-Verfahrens folgender Wert für den Endbestand:

				Wert in €
Anfangsbestand	1.000 kg à 50 €			50.000
Abgang	−600 kg à 50 €			−30.000
Zugang		+500 kg à 60 €		+30.000
Abgang		−450 kg à 60 €		−27.000
Zugang			+500 kg à 64 €	+32.000
Abgang			−400 kg à 64 €	−25.600
Endbestand	400 kg à 50 €	50 kg à 60 €	100 kg à 64 €	**29.400**

Der **Gesamtaufwand** beträgt 30.000 € + 27.000 € + 25.600 € = **82.600 €**.

- Bei dem **Fifo-** (First-in-first-out) **Verfahren** wird davon ausgegangen, dass die Vermögensgegenstände, die zuerst angeschafft oder hergestellt werden, zuerst verbraucht oder veräußert werden. Dies trifft z. B. dann zu, wenn neu gelieferte Güter im Kühlregal jeweils hinten eingestellt werden und bei der Entnahme die vorne stehenden Produkte genommen werden. Aufgrund begrenzter Haltbarkeit vieler Lebensmittel kommt dieses Verfahren z. B. in der Lebensmittelproduktion zur Anwendung. Analog der Lifo-Methode können Perioden-Fifo und permanentes Fifo unterschieden werden, führen jedoch zum gleichen Ergebnis.

Beispiel (Fortsetzung): Der **Gesamtaufwand** für das obige Beispiel beträgt bei Anwendung des Fifo-Verfahrens 1.000 kg × 50 € je kg + 450 kg × 60 € je kg = **77.000 €**; der **Endbestand** wird mit 50 kg × 60 € je kg + 500 kg × 64 € je kg = **35.000 €** bewertet.

Bei Anwendung eines Verbrauchsfolgeverfahrens muss das **Niederstwertprinzip** stets beachtet werden. Betrüge im obigen Beispiel der Preis am Bilanzstichtag z. B. 57 € je kg, müsste im Falle der Anwendung des Fifo-Verfahrens eine außerplanmäßige Abschreibung um 3.650 € auf 550 kg × 57 €/kg = 31.350 € durchgeführt werden.

Für die **Steuerbilanz** ist von den Verbrauchsfolgeverfahren grundsätzlich nur das Lifo-Verfahren in beiden Ausprägungen zulässig (§ 6 Abs. 1 Nr. 2a EStG; siehe hierzu genauer BMF 2015).

2.5.2 Forderungen und sonstige Vermögensgegenstände

Frage: In welchen Fällen werden Forderungen und sonstige Vermögensgegenstände aktiviert und wie sind sie in der Bilanz einer Kapitalgesellschaft auszuweisen?

Aufgrund des Vollständigkeitsgebots gemäß § 246 Abs. 1 HGB müssen sämtliche Forderungen und sonstige erworbene und selbsterstellte Vermögensgegenstände aktiviert werden.

Gemäß § 266 Abs. 2 HGB enthält die Position „Forderungen und sonstige Vermögensgegenstände" folgende Aktiva:

- Forderungen aus Lieferungen und Leistungen,
- Forderungen gegenüber verbundenen Unternehmen,
- Forderungen gegen Unternehmen, mit denen ein Beteiligungsverhältnis besteht,
- Sonstige Vermögensgegenstände.

Forderungen aus Lieferungen und Leistungen entstehen, wenn das bilanzierende Unternehmen seine Verpflichtungen aus einem Vertrag durch Lieferung oder Leistung bereits erfüllt hat, die Gegenleistung durch den Vertragspartner jedoch noch nicht erhalten hat. Unter dieser Position wird bei Zielgeschäften die Gegenbuchung der Umsatzerlöse erfasst (s. Abschnitt A.4.2.3). Lieferungs- oder Leistungsforderungen aus Geschäften, aus denen keine Umsatzerlöse resultieren (siehe zu den Umsatzerlösen Abschnitt C.3.2.1) wie z. B. der Verkauf eines Grundstücks eines Industriebetriebes, werden unter den „sonstigen Vermögensgegenständen" ausgewiesen.

Entsprechend der Vorgehensweise im Finanzanlagevermögen sind die **Forderungen gegenüber verbundenen Unternehmen und gegenüber Unternehmen, mit denen ein Beteiligungsverhältnis besteht** (zur Abgrenzung siehe Abschnitt C.2.4.3), gesondert auszuweisen. Hierdurch werden finanzielle Verflechtungen zwischen Unternehmen, die wirtschaftlich eng miteinander verbunden sind, offengelegt. Ein Ausweis unter diesen Positionen geht dem Ausweis unter anderen Positionen vor. Forderungen aus Lieferungen und Leistungen gegenüber einem Tochterunternehmen z. B. werden in der Position „Forderungen gegenüber verbundenen Unternehmen" und nicht in der Position „Forderungen aus Lieferungen und Leistungen" erfasst.

Die Position „**sonstige Vermögensgegenstände**" stellt einen Sammelposten für alle Vermögensgegenstände des Umlaufvermögens dar, die einer anderen Position nicht zugeordnet werden können. Hier werden z. B. Gehaltsvorschüsse, GmbH-Anteile ohne Beteiligungsabsicht, Steuererstattungsansprüche und die antizipativen Rechnungsabgrenzungsposten (siehe Abschnitt C.2.9) zusammengefasst. Haben die Rechnungsabgrenzungsposten bei Kapitalgesellschaften einen größeren Umfang, müssen sie gemäß § 268 Abs. 4 Satz 2 HGB im Anhang erläutert werden. Bestände an Kryptowährungen, die nur vorübergehend gehalten werden, sind ebenfalls unter dieser Position zu erfassen. Bei dauerhafter Anlage zählen sie zu den immateriellen Vermögensgegenständen (vgl. Schmidt/Usinger in Beck'scher Bilanzkommentar 2020, § 248 Rz. 73).

Für jede gesondert ausgewiesene Forderungsposition müssen gemäß § 268 Abs. 4 Satz 1 HGB die **Beträge mit einer Restlaufzeit von mehr als einem Jahr** angegeben werden.

❓ Frage: Wie werden Forderungen und sonstige Vermögensgegenstände bewertet?
Forderungen werden grundsätzlich mit ihrem **Nennbetrag** bewertet. Unverzinsliche bzw. sehr niedrig verzinsliche Forderungen mit Laufzeiten von mehr als einem Jahr werden abgezinst (siehe auch Abschnitt C.2.4.3 zur Bewertung von niedrig- und unverzinslichen Ausleihungen).

Zum Bilanzstichtag muss überprüft werden, ob mit einer vollständigen Begleichung der Forderungen gerechnet werden kann. Ist dies bei einzelnen Forderungen nicht der Fall, weil z. B. bekannt wird, dass ein Schuldner mit anderen Zahlungen im Rückstand ist, gelten diese Forderungen als zweifelhaft (dubios) und müssen aufgrund des Niederstwertprinzips auf den Betrag abgeschrieben werden, mit dessen Zahlung gerechnet wird (siehe zur Verbuchung Abschnitt A.4.2.3). Die Feststellung der Zweifelhaftigkeit einer Forderung ist in der Praxis problematisch, da nur in wenigen Fällen gesicherte Informationen über die Bonität des Kunden vorliegen. Hinweise auf die gesunkene Bonität eines Schuldners können z. B. Vertriebsmitarbeiter oder Kreditauskunfteien geben. Bei Insolvenz eines Schuldners wird die Forderung entweder zu 100 % oder auf die erwartete Insolvenzquote abgeschrieben.

Grundsätzlich gilt auch bei den Forderungen der **Grundsatz der Einzelbewertung**. Teilweise ist es aber nicht möglich oder zu aufwendig, die Werthaltigkeit jeder Forderung einzeln zu überprüfen, wenn z. B. viele betragsmäßig geringe Forderungen bestehen. Außerdem können Risiken existieren, deren Folgen noch nicht für einzelne Forderungen vorhersehbar sind, die jedoch erfahrungsgemäß zu einem Ausfall eines Teils der Forderungen führen. In diesen Fällen kann vom Grundsatz der Einzelbewertung abgewichen werden. Die nicht bereits einzeln wertberichtigten Forderungen werden zusammengefasst und in Abhängigkeit von der Überfälligkeit um einen bestimmten Prozentsatz pauschal abgeschrieben (**Pauschalwertberichtigung**). Diese Prozentsätze beruhen auf Erfahrungen des Unternehmens aus der Vergangenheit (eigene statistische Auswertungen zum historischen Forderungsausfall bestimmter Kundengruppen), berücksichtigen jedoch auch aktuelle Rahmenbedingungen und die Einschätzung der künftigen wirtschaftlichen Entwicklung.

Valutaforderungen (Forderungen in Fremdwährung) werden gemäß § 256a HGB mit dem Devisenkassamittelkurs am Bilanzstichtag in Euro umgerechnet. Ergibt sich aufgrund von Kursänderungen ein Wert, der über dem Wert bei erstmaligem Ansatz liegt, so darf diese Werterhöhung aufgrund des **Anschaffungswertprinzips** grundsätzlich nicht erfasst werden. Sinkt der in Euro umgerechnete Wert, so muss aufgrund des strengen **Niederstwertprinzips** auf den niedrigeren Wert abgeschrieben werden. Verbessert sich das Kursverhältnis nach der außerplanmäßigen Abschreibung wieder, sind die Bestimmungen zur **Wertaufholung** zu beachten. Beträgt die Restlaufzeit einer Forderung am Bilanzstichtag nicht mehr als 12 Monate, sind gemäß § 256a Satz 2 HGB das Anschaffungswertprinzip und das Realisationsprinzip nicht anzuwenden, sondern die Forderungen ohne Rücksicht auf den Kurs am Anschaffungstag mit dem Kurs am Bilanzstichtag umzurechnen.

2.5.3 Wertpapiere

Frage: In welchen Fällen werden Wertpapiere des Umlaufvermögens aktiviert, wie sind sie in der Bilanz einer Kapitalgesellschaft auszuweisen und wie werden sie bewertet?

Für sämtliche Wertpapiere des Umlaufvermögens besteht aufgrund des Vollständigkeitsgebotes grundsätzlich eine Aktivierungspflicht.

Die Position „Wertpapiere" im Umlaufvermögen enthält gemäß § 266 Abs. 2 HGB folgende Vermögensgegenstände:
- Anteile an verbundenen Unternehmen,
- Sonstige Wertpapiere.

Anteile an verbundenen Unternehmen (zur Abgrenzung siehe Abschnitt C.2.4.3) werden im Umlaufvermögen ausgewiesen, wenn sie nur vorübergehend gehalten werden. Dies kann z. B. der Fall sein, wenn ein Tochterunternehmen Anteile an seinem Mutterunternehmen mit der Absicht erwirbt, sie bald wieder zu verkaufen. Da die Verwertbarkeit der Anteile an einem herrschenden Unternehmen oder an einem mit Mehrheit beteiligten Unternehmen z. B. im Falle der Insolvenz des bilanzierenden Unternehmens nicht sicher ist, muss der aktivierte Betrag auf der Passivseite mit Eigenkapital durch die Bildung einer „Rücklage für Anteile an einem herrschenden oder mehrheitlich beteiligten Unternehmen" (siehe Abschnitt C.2.7.3) unterlegt werden. Beteiligungen gemäß § 271 Abs. 1 HGB werden aufgrund des Merkmals einer dauernden Verbindung immer unter den Finanzanlagen bilanziert.

Alle übrigen Wertpapiere, die nur vorübergehend gehalten werden sollen, werden in der Sammelposition „**Sonstige Wertpapiere**" bilanziert. Hierbei handelt es sich z. B. um Anleihen oder Aktien, die zur zeitweisen Anlage liquider Mittel erworben wurden.

Wertpapiere werden mit ihren **Anschaffungskosten**, also dem Preis des Wertpapiers zuzüglich Nebenkosten, wie z. B. Bankprovisionen, Maklergebühren und Spesen, ggf. abzüglich außerplanmäßiger Abschreibungen aufgrund des **strengen Niederstwertprinzips** bewertet. Bei gleichartigen Wertpapieren, die zu unterschiedlichen Zeitpunkten angeschafft wurden, kann die **Durchschnittsbewertung** (siehe Abschnitt C.2.2.5.1) angewendet werden.

2.5.4 Flüssige Mittel

? **Frage: In welchen Fällen werden liquide Mittel aktiviert, welche Vermögensgegenstände sind in dieser Position auszuweisen und wie werden sie bewertet?**

Als letzte Position sind im Umlaufvermögen einer Kapitalgesellschaft „Kassenbestand, Bundesbankguthaben, Guthaben bei Kreditinstituten und Schecks" zu bilanzieren.

Aufgrund des Vollständigkeitsgebotes sind alle liquiden Mittel zu aktivieren. Der Kassenbestand umfasst sämtliche Geldbestände, einschließlich Sorten und Wertmarken. Bestände an Kryptowährungen zählen nicht zu den liquiden Mitteln (siehe Abschnitt C.2.5.2). Unter den Guthaben bei Kreditinstituten werden täglich fällige Gelder und Festgelder bei in- und ausländischen Kreditinstituten erfasst. Sie werden mit ihrem Nennwert bewertet. Beträge in ausländischer Währung werden gemäß § 256a HGB mit dem Devisenkassamittelkurs am Bilanzstichtag umgerechnet.

2.6 Aktiver Unterschiedsbetrag aus der Vermögensverrechnung

? **Frage: Was ist ein aktiver Unterschiedsbetrag aus der Vermögensverrechnung?**

Ein aktiver Unterschiedsbetrag aus der Vermögensverrechnung ist der **Saldo aus bestimmten Vermögenswerten und Schulden**, die – in **Durchbrechung des Saldierungsverbots** – miteinander verrechnet werden. Der Saldo ist aktiv, wenn der Wert der Vermögensgegenstände den Wert der Schulden, mit denen die Vermögensgegenstände saldiert werden, übersteigt. Er ist in der Bilanz unter einem gesonderten Posten (Position E. des Gliederungsschemas gemäß § 266 Abs. 2 HGB) auf der Aktivseite anzusetzen (§ 246 Abs. 2 Satz 3 HGB).

Gemäß § 246 Abs. 2 Satz 2 HGB müssen Vermögensgegenstände, die dem Zugriff aller übrigen Gläubiger entzogen sind und ausschließlich der **Erfüllung von Schulden aus Altersversorgungsverpflichtungen** oder vergleichbaren langfristigen Verpflichtungen dienen, mit diesen Schulden verrechnet werden. Es handelt sich hierbei z. B. um einen Pensionsfonds, auf den ein Unternehmen Vermögenswerte (liquide Mittel, Wertpapiere) überträgt und aus dem die Betriebsrenten, die das Unternehmen Mitarbeitern zugesagt hat, gezahlt werden.

Beispiel: Unternehmen U hat seinen Angestellten eine Betriebsrente zugesagt. Daraus resultiert eine unsichere Verpflichtung, für die eine Pensionsrückstellung gebildet und die zum Bilanzstichtag 31.12.00 mit 1.000.000 € bewertet wird. Zur Absicherung der Betriebsrentenzahlungen hat U ein Sondervermögen gebildet, das aus Wertpapieren besteht und das ausschließlich zur Zahlung der Betriebsrenten genutzt werden darf. Dieses Sondervermögen hat am 31.12.00 einen Wert von 1.100.000 €.

In der folgenden Bilanz sind der Ansatz des Sondervermögens, der Verpflichtung, ihre Saldierung sowie der daraus resultierende Unterschiedsbetrag aus der Vermögensverrechnung dargestellt:

Aktiva	Bilanz von U zum 31.12.00 (in €)		Passiva
Sonstiges Vermögen	6.900.000	Eigenkapital	3.000.000
~~Sondervermögen~~	~~1.100.000~~	Sonstiges Fremdkapital	4.000.000
Aktiver Unterschiedsbetrag aus der Vermögensverrechnung	100.000	~~Pensionsrückstellung~~	~~1.000.000~~
	~~8.000.000~~		~~8.000.000~~
	7.000.000		7.000.000

Durch die Saldierung werden nur noch die Vermögenswerte ausgewiesen, die im Konkursfall zur Abdeckung aller Verpflichtungen des Unternehmens zur Verfügung stehen.

Die Vermögensgegenstände sind gemäß § 253 Abs. 1 Satz 4 HGB mit dem beizulegenden Zeitwert zu bewerten. Liegt der beizulegende Zeitwert über den Anschaffungskosten, werden das Anschaffungswertprinzip und das Realisationsprinzip (siehe Abschnitt C.1.3.2) verletzt. Dem entsprechend besteht für die Erträge (abzüglich passiver latenter Steuern, siehe Abschnitt C.2.10) aus einer Bewertung über den Anschaffungskosten gemäß § 268 Abs. 8 Satz 3 HGB eine Ausschüttungssperre. Im Anhang müssen die Anschaffungskosten und der beizulegende Zeitwert der verrechneten Vermögensgegenstände, der Erfüllungsbetrag der verrechneten Schulden, die verrechneten Aufwendungen und Erträge sowie die der Bestimmung des beizulegenden Zeitwertes zugrundeliegenden Annahmen angegeben werden (§ 285 Nr. 25 i. V. m. Nr. 20a HGB).

2.7 Bilanzierung des Eigenkapitals

Frage: Was ist Eigenkapital?

Das Eigenkapital ist der **Saldo aus dem gesamten Vermögen** eines Unternehmens **und dem Fremdkapital**. Das Eigenkapital besitzt eine Haftungs- und eine Finanzierungsfunktion. Im Falle andauernder Verluste wird das Eigenkapital zuerst aufgezehrt (Haftungsfunktion). Gleichzeitig dient das von den Anteilseignern langfristig dem Unternehmen zur Verfügung gestellte Kapital der Finanzierung des Geschäftsbetriebs, d. h. von Anlage- und Umlaufvermögen (Finanzierungfunktion). Es setzt sich aus verschiedenen Bestandteilen zusammen, die getrennt zu bilanzieren sind. Die Aufgliederung des Eigenkapitals von Kapitalgesellschaften gemäß § 266 Abs. 3 HGB in

- Gezeichnetes Kapital,
- Kapitalrücklage,
- Gewinnrücklagen,
- Gewinnvortrag/Verlustvortrag und
- Jahresüberschuss/Jahresfehlbetrag

unterscheidet die Bestandteile nach ihrer Entstehung, insbesondere danach, ob das Eigenkapital von den Anteilseignern unmittelbar eingezahlt wurde oder ob es aus erwirtschafteten Gewinnen gebildet wurde.

Die folgenden Ausführungen betreffen das Eigenkapital von Aktiengesellschaften (vgl. zu den Eigenkapitalbestandteilen anderer Rechtsformen z. B. Eisele/Knobloch, 2019, S. 629 ff.).

2.7.1 Gezeichnetes Kapital

? **Frage: Was ist gezeichnetes Kapital?**

Das gezeichnete Kapital einer Aktiengesellschaft entspricht ihrem Grundkapital. Das Grundkapital sind die Einlagen, die von den Anteilseignern einer Aktiengesellschaft aufgebracht werden müssen. Die Höhe ist in der Satzung der Gesellschaft festgelegt und kann nur durch einen förmlichen Beschluss der Hauptversammlung zur Änderung der Satzung erhöht bzw. verringert werden. Die Herabsetzung des Grundkapitals ist nur unter bestimmten Bedingungen möglich (vgl. §§ 222 ff. AktG) und an strenge Gläubigerschutzbedingungen geknüpft, da durch die Herabsetzung das Haftungskapital verringert wird.

Gemäß § 7 AktG muss das Grundkapital einer Aktiengesellschaft mindestens 50.000 € betragen. Es ist in Aktien verbrieft. Die Aktien können einen **Nennwert** besitzen, dann entspricht das Grundkapital der Anzahl der Aktien multipliziert mit dem Nennwert je Aktie. Haben die Aktien keinen Nennwert, spricht man von **Stückaktien**. Der Anteil einer Stückaktie am Grundkapital entspricht dem Grundkapital dividiert durch die Anzahl der ausgegebenen Stückaktien.

Das Grundkapital erhöht sich durch die Ausgabe neuer Aktien und verringert sich durch den Einzug ausgegebener Aktien.

i **Beispiel:** Werden 100.000 Stück neue Aktien mit einem Nennwert von 1 € pro Stück ausgegeben, erhöht sich das Grundkapital um 100.000 €, unabhängig vom Ausgabekurs der Aktien. Werden 100.000 Stück ausgegebene Aktien mit einem Nennwert von 1 € je Stück eingezogen, verringert sich das Grundkapital um 100.000 €, unabhängig vom Kurswert der Aktien.

Das gezeichnete Kapital muss vor der Eintragung der Gesellschaft in das Handelsregister nicht vollständig, sondern nur zu einem bestimmten Teil eingezahlt werden (§ 36a AktG, § 7 Abs. 2 GmbHG). Für den Bilanzausweis ist zu beachten, ob ein Teil der ausstehenden Einlagen bereits von den Gesellschaftern eingefordert, aber noch nicht eingezahlt worden ist. Gemäß § 272 Abs. 1 Satz 2 HGB müssen eingeforderte, aber noch nicht eingezahlte ausstehende Einlagen auf der Aktivseite unter den Forderungen gesondert ausgewiesen werden. Die nicht eingeforderten ausstehenden Einlagen sind auf der Passivseite im Eigenkapital von dem Posten „Gezeichnetes Kapital" offen abzusetzen. Der Saldo bildet eine neue Eigenkapitalposition „Eingefordertes Kapital".

Beispiel: Eine Kapitalgesellschaft hat ein gezeichnetes Kapital von 1 Mio. €. Davon sind 500.000 € eingezahlt, 500.000 € stehen noch aus. Zum Bilanzstichtag sind 200.000 € des noch ausstehenden Betrages von den Gesellschaftern eingefordert, aber noch nicht eingezahlt worden. Die folgende Tabelle zeigt den Ausweis des ausstehenden Kapitals. Dabei ist unterstellt, dass sich der eingezahlte Betrag auf Bankkonten befindet. Alle weiteren Vorgänge im Unternehmen sind unberücksichtigt:

Aktiva	Bilanz zum 31.12.00		Passiva
B. Umlaufvermögen		A. Eigenkapital	
II. Forderungen und sonstige Vermögensgegenstände		I. Gezeichnetes Kapital 1.000.000	
– Eingefordertes, aber noch nicht eingezahltes Kapital	200.000	– nicht eingeforderte Einlagen 300.000	
IV. Bank	500.000	Eingefordertes Kapital	700.000

2.7.2 Kapitalrücklage

Frage: Was ist eine Kapitalrücklage, wie wird sie gebildet und wie wird sie aufgelöst?
In der Kapitalrücklage werden alle Beträge erfasst, die von den Anteilseignern über das gezeichnete Kapital hinaus eingezahlt werden. Gemäß § 272 Abs. 2 HGB handelt es sich um

- das Agio bei der Ausgabe von Anteilen oder Bezugsanteilen,
- das Agio bei der Ausgabe von Wandelschuldverschreibungen oder Optionsanleihen,
- Zuzahlungen von Gesellschaftern gegen Gewährung eines Vorzugs für ihre Anteile und
- andere Zuzahlungen von Gesellschaftern in das Eigenkapital.

Beispiel: Eine AG gibt 100.000 Stück neue Aktien mit einem Nennwert von 1 € je Stück zu einem Kurs von 3 € je Stück aus. Dadurch erhöht sich das Eigenkapital um insgesamt 300.000 €: das Gezeichnete Kapital um 100.000 €, die Kapitalrücklage um 200.000 €.

Die Kapitalrücklagen, die aus den ersten drei oben genannten Punkten stammen, dürfen nur unter bestimmten Bedingungen (vgl. § 150 Abs. 3 und 4 AktG) aufgelöst werden. Für die aus anderen Zuzahlungen resultierenden Beträge bestehen keine Auflösungsbestimmungen.

2.7.3 Gewinnrücklagen

? **Frage: Was sind Gewinnrücklagen und wie werden die unterschiedlichen Beträge gebildet bzw. aufgelöst?**

Gewinnrücklagen werden aus den Ergebnissen gebildet, die die Gesellschaft im Verlauf ihrer Geschäftstätigkeit erwirtschaftet. Gemäß § 266 Abs. 3 HGB wird unterschieden in

– die gesetzliche Rücklage,
– die Rücklage für Anteile an einem herrschenden oder mehrheitlich beteiligten Unternehmen,
– satzungsmäßige Rücklagen und
– andere Gewinnrücklagen.

In die **gesetzliche Rücklage** müssen gemäß § 150 Abs. 2 AktG in jedem Geschäftsjahr 5 % des Jahresüberschusses (ggf. korrigiert um einen Verlustvortrag) eingestellt werden, bis die gesetzliche Rücklage und die Kapitalrücklage aus den ersten drei in Abschnitt C.2.7.2 genannten Punkten zusammen mindestens 10 % (die Satzung kann einen höheren Satz bestimmen) des Grundkapitals betragen.

---

i **Beispiel:** Das Eigenkapital einer AG besteht aus folgenden Bestandteilen:

Gezeichnetes Kapital:	1.000.000 €
Kapitalrücklage:	50.000 €
Gesetzliche Rücklage:	10.000 €
Jahresüberschuss:	70.000 €

Die Kapitalrücklage und die gesetzliche Rücklage betragen zusammen 60.000 €, also weniger als 10 % des Grundkapitals (100.000 €). Daher müssen für das abgelaufene Geschäftsjahr 5 % des Jahresüberschusses (3.500 €) in die gesetzliche Rücklage eingestellt werden.

Die gesetzliche Rücklage und die Kapitalrücklage aus den ersten drei in Abschnitt C.2.7.2 genannten Punkten bilden eine Einheit und unterliegen gemeinsam den Auflösungsbestimmungen gemäß § 150 Abs. 3 und 4 AktG.

Die **Rücklage für Anteile an einem herrschenden oder mehrheitlich beteiligten Unternehmen** muss gemäß § 272 Abs. 4 HGB als Gegenposition für Anteile an entsprechenden Unternehmen, die i. d. R. im Umlaufvermögen bilanziert werden (siehe Abschnitt C.2.5.3; zur Ausnahme der Regel siehe Gesetzentwurf BilMoG 2008, Begründung B. Besonderer Teil zu Nr. 23 zu Abs. 4), in gleicher Höhe gebildet werden. Der notwendige Betrag kann neben dem Jahresüberschuss auch den anderen frei verfügbaren Gewinnrücklagen entnommen werden. Die Rücklage wird in dem Maße aufgelöst, wie sich die Gegenposition auf der Aktivseite durch Veräußerung, Einziehung oder Abwertung verringert.

Satzungsmäßige Rücklagen werden aufgrund von Bestimmungen im Gesellschaftsvertrag oder in der Satzung gebildet und aufgelöst.

Andere Gewinnrücklagen sind alle Gewinnrücklagen, die aus dem Jahresüberschuss gebildet werden und nicht gesondert ausgewiesen werden müssen. Gemäß § 58 Abs. 2 AktG können Vorstand und Aufsichtsrat einer Aktiengesellschaft, wenn sie den Jahresabschluss feststellen, bis zu 50 % (abweichende Satzungsbestimmung möglich) des Jahresüberschusses in die anderen Gewinnrücklagen einstellen. Weitere Einstellungen sind durch die Hauptversammlung im Rahmen des Gewinnverwendungsbeschlusses möglich. Für die Auflösung der anderen Gewinnrücklagen gibt es keine Beschränkungen.

2.7.4 Ergebnis

Frage: Gibt es eine Position, in der das Ergebnis ausgewiesen wird?
Die Positionen „Gewinnvortrag/Verlustvortrag" und „Jahresüberschuss/Jahresfehlbetrag" bilden zusammen das Ergebnis, das im Unternehmen einbehalten (thesauriert) oder ausgeschüttet werden kann. Bei einem **Gewinn- bzw. Verlustvortrag** handelt es sich um noch nicht verwendete Beträge aus vergangenen Geschäftsjahren. Der **Jahresüberschuss bzw. Jahresfehlbetrag** entspricht dem Ergebnis des abgelaufenen Geschäftsjahres, das in der Gewinn- und Verlustrechnung ermittelt wird (siehe hierzu auch das GuV-Konto als Unterkonto des Eigenkapitals in Abschnitt A.3.3).

Die Gliederung gemäß § 266 Abs. 3 HGB stellt das Eigenkapital vor Ergebnisverwendung dar. Häufig wird in der Praxis das Eigenkapital nach teilweiser Ergebnisverwendung, also bereits nach Einstellungen in Gewinnrücklagen bzw. Auflösung von Rücklagen ausgewiesen. An die Stelle der Ergebnisvorträge und des Jahresergebnisses tritt dann gemäß § 268 Abs. 1 Satz 2 HGB die Position Bilanzgewinn bzw. Bilanzverlust (siehe Abschnitt C.3.5).

2.7.5 Eigene Anteile

Frage: Was sind eigene Anteile und wie werden sie bilanziert?
Eigene Anteile sind Anteile eines Unternehmens, die dieses Unternehmen selbst hält. §§ 71 ff. AktG regeln den Erwerb und die Veräußerung bzw. Einziehung eigener Aktien von Aktiengesellschaften. Gemäß § 71 Abs. 1 AktG dürfen eigene Aktien nur in den aufgeführten Fällen, z. B. zur Ausgabe von Belegschaftsaktien oder mit Hauptversammlungsbeschluss zur Herabsetzung des Grundkapitals erworben werden.

Gemäß § 272 Abs. 1a HGB werden eigene Anteile nicht in der Bilanz im Vermögen ausgewiesen, sondern auf der Passivseite mit dem Eigenkapital saldiert. Der Nennbetrag der eigenen Aktien bzw. der rechnerische Anteil am gezeichneten Kapital ist in einer Vorspalte offen von dem Posten „Gezeichnetes Kapital" abzusetzen. Die Differenz zwischen dem Nennbetrag bzw. dem rechnerischen Anteil am gezeichneten Kapital und den Anschaffungskosten ist mit den frei verfügbaren Rücklagen zu verrechnen. Anschaffungsnebenkosten, wie z. B. eine Maklergebühr, sind als Aufwand zu erfassen und mindern das Ergebnis im Jahr des Erwerbs.

Beispiel: Das Eigenkapital einer AG besteht aus folgenden Bestandteilen:

Gezeichnetes Kapital:	1.000.000 €
Kapitalrücklage:	500.000 €
Andere Gewinnrücklagen:	2.100.000 €
Vorl. Jahresüberschuss:	100.000 €

Die AG erwirbt am 25.02.00 100 eigene Aktien mit einem Nennwert von 5 € je Aktie zu einem Kurs von 20 € je Aktie. Es fallen Kosten in Höhe von 100 € an. Die AG stellt ihr Eigenkapital daraufhin wie folgt dar (Ertragssteuern werden nicht berücksichtigt):

Gezeichnetes Kapital:	1.000.000 €	
– eigene Aktien	−500 €	
Ausgegebenes Kapital:		999.500 €
Kapitalrücklage:		500.000 €
Andere Gewinnrücklagen:		2.098.500 €
Vorl. Jahresüberschuss:		99.900 €

Werden eigene Aktien wieder verkauft, erhöht sich gemäß § 272 Abs. 1b HGB das Eigenkapital um den Verkaufserlös: Bis zur Höhe der Anschaffungskosten werden die Saldierung im gezeichneten Kapital rückgängig gemacht und die Gewinnrücklagen wieder erhöht. Verluste werden ggf. dadurch berücksichtigt, dass die Rücklagen nicht um den ursprünglichen Betrag, sondern nur um die Differenz zwischen dem Nennwert bzw. dem anteiligen gezeichneten Kapital und dem Verkaufserlös erhöht werden. Werden die eigenen Aktien mit Gewinn verkauft, wird der die Anschaffungskosten übersteigende Betrag in die Kapitalrücklage eingestellt. Damit werden sowohl Verluste als auch Gewinne aus dem Verkauf eigener Aktien erfolgsneutral berücksichtigt. Die im Rahmen des Verkaufs anfallenden Nebenkosten werden als Aufwand erfasst.

Beispiel (Fortsetzung):

Verkauf mit Gewinn:
Die AG verkauft die 100 Stück eigene Aktien zu einem Kurs von 25 € je Aktie. Es fallen Kosten in Höhe von 100 € an. Die AG stellt ihr Eigenkapital daraufhin wie folgt dar (Ertragssteuern werden nicht berücksichtigt):

Gezeichnetes Kapital:	1.000.000 €
Kapitalrücklage:	500.500 €
Andere Gewinnrücklagen:	2.100.000 €
Vorl. Jahresüberschuss:	99.800 €

Verkauf mit Verlust:
Die AG verkauft die 100 Stück eigene Aktien zu einem Kurs von 15 € je Aktie. Es fallen Kosten in Höhe von 100 € an. Die AG stellt ihr Eigenkapital daraufhin wie folgt dar (Ertragssteuern werden nicht berücksichtigt):

Gezeichnetes Kapital:	1.000.000 €
Kapitalrücklage:	500.000 €
Andere Gewinnrücklagen:	2.099.500 €
Vorl. Jahresüberschuss:	99.800 €

2.8 Bilanzierung des Fremdkapitals

Frage: Was ist Fremdkapital?

Fremdkapital steht einem Unternehmen in der Regel nur für einen begrenzten Zeitraum zur Verfügung bzw. kann von dem Fremdkapitalgeber unter Einhaltung einer vereinbarten Kündigungsfrist zurückgefordert werden. Es vermittelt keine Eigentümerrechte wie z. B. das Recht auf einen Anteil am Gewinn des Unternehmens und übernimmt keine Haftungsfunktion für Verluste, die mit der des Eigenkapitals vergleichbar ist.

Das Fremdkapital einer Kapitalgesellschaft wird in **ungewisses Fremdkapital (Rückstellungen)** und in **Fremdkapital, das nicht mit Unsicherheiten verbunden ist (Verbindlichkeiten)**, unterteilt.

2.8.1 Rückstellungen

Frage: Was sind Rückstellungen?

Rückstellungen dienen dazu Wertminderungen zu erfassen, die zwar erst in späteren Perioden zu Vermögensminderungen führen können, deren wirtschaftliche Verursachung jedoch in der aktuellen Periode oder in früheren Perioden liegt. Im Gegensatz zu Verbindlichkeiten handelt es sich bei Rückstellungen um künftige Vermögensbelastungen, die hinsichtlich (1.) ihres Bestehens, (2.) ihres zeitlichen Eintretens oder (3.) ihrer Höhe ungewiss, aber hinreichend sicher sind.

Beispiel: Ein Handelsunternehmen bestellt im Dezember 00 Waren für 5.000 €. Die Ware soll im Januar 01 geliefert werden. Ende Dezember 00 ist der Preis für entsprechende Waren jedoch gesunken, so dass das Unternehmen die Ware lediglich für insgesamt 4.900 € wird weiterverkaufen können. Es hat also bereits im Dezember 00 eine Wertminderung stattgefunden. Die Vermögensminderung, die Differenz zwischen der Zahlung von 5.000 € und dem Wert der Ware von voraussichtlich nur 4.900 €, wird erst im Jahr 01 eintreten. Die wirtschaftliche Verursachung, nämlich der nunmehr ungünstige Vertragsabschluss, liegt aber bereits im Jahr 00, weshalb die Wertminderung bereits im Jahr 00 als Aufwand zu erfassen ist. Die Wertminderung der Waren kann jedoch noch nicht durch eine Abschreibung auf das

Vorratsvermögen erfasst werden, da die Waren noch nicht im Betriebsvermögen des Unternehmens sind. Der Aufwand wird daher in einer Passivposition, den Rückstellungen, gegengebucht. Es handelt sich um eine Rückstellung für drohende Verluste aus schwebenden Geschäften.

? Frage: In welchen Fällen werden Rückstellungen gebildet und wann werden sie wieder aufgelöst?

Der Gesetzgeber hat in § 249 Abs. 1 HGB die Fälle, in denen Rückstellungen gebildet werden müssen, abschließend aufgeführt:

- **Ungewisse Verbindlichkeiten** (z. B. aus einem laufenden Schadenersatzprozess),
- **drohende Verluste** aus schwebenden Geschäften (siehe obiges Beispiel),
- im Geschäftsjahr unterlassene Aufwendungen für **Instandhaltung**, die in den ersten drei Monaten des folgenden Geschäftsjahrs nachgeholt werden (z. B. wird die alle zwei Jahre im Dezember 00 durchgeführte Instandhaltungsmaßnahme an einer Maschine nicht durchgeführt, weil ein Auftrag dringend noch in 00 fertiggestellt werden muss; die fällige Instandhaltung soll dann im Januar 01 nachgeholt werden),
- im Geschäftsjahr unterlassene Aufwendungen für **Abraumbeseitigung**, die im folgenden Geschäftsjahr nachgeholt werden (z. B. schlägt ein Forstunternehmen im Dezember 00 Bäume und lässt den Schlagabraum vorerst liegen, beabsichtigt dessen Beseitigung jedoch im Laufe des Jahres 01), und
- Gewährleistungen, die ohne rechtliche Verpflichtung erbracht werden (**Kulanz**).

Für andere Zwecke dürfen keine Rückstellungen gebildet werden (§ 249 Abs. 2 Satz 1 HGB).

Aufgrund des Maßgeblichkeitsprinzips sind Rückstellungen, die in der Handelsbilanz angesetzt werden müssen, auch in der **Steuerbilanz** zu bilden, sofern steuerrechtlich keine andere Vorschrift besteht. Gemäß § 5 Abs. 4a EStG dürfen z. B. Rückstellungen für drohende Verluste aus schwebenden Geschäften in der Steuerbilanz nicht angesetzt werden.

Rückstellungen werden über das zugehörige Aufwandskonto (z. B. Steueraufwand für Steuerrückstellungen) oder, sofern noch nicht erkennbar ist, welche Aufwandsarten in welcher Höhe betroffen sind, über „sonstigen betrieblichen Aufwand" gebildet. Aufgelöst werden Rückstellungen, wenn der Grund für ihre Existenz entfallen ist (§ 249 Abs. 2 Satz 2 HGB). Entspricht die Höhe der Rückstellung nicht der tatsächlich eingetretenen Vermögensminderung, entsteht grundsätzlich entweder zusätzlicher Aufwand (Rückstellung ist zu niedrig) oder ein Ertrag (Rückstellung ist zu hoch).

Frage: Wie werden Rückstellungen in der Bilanz ausgewiesen?

Der Ausweis von Rückstellungen in der Handelsbilanz ist lediglich für Kapitalgesellschaften gesetzlich geregelt. Gemäß § 266 Abs. 3 HGB müssen die Rückstellungen wie folgt aufgegliedert werden:

- Rückstellungen für Pensionen und ähnliche Verpflichtungen,
- Steuerrückstellungen,
- Sonstige Rückstellungen.

Pensionsrückstellungen müssen – als ungewisse Verbindlichkeit – gebildet werden, wenn ein Unternehmen Arbeitnehmern eine Leistung nach Beendigung des Arbeitsverhältnisses zugesagt hat und diese auch selbst erbringt (unmittelbare Leistungszusage). Es handelt sich hierbei um eine Verpflichtung des Unternehmens, die der Fälligkeit und der Höhe nach ungewiss ist, da bspw. die Lebensdauer und damit die Leistungsbezugsdauer eines speziellen Arbeitnehmers ex-ante nicht eindeutig ermittelt werden kann. Es besteht ein Wahlrecht zum Ansatz von Pensionsansprüchen, die vor dem 01.01.1987 erworben wurden, für deren Erhöhungen, für mittelbare Verpflichtungen aus Zusagen für eine Pension sowie für ähnliche unmittelbare oder mittelbare Verpflichtungen (Art. 28 Abs. 1 EGHGB).

Schulden aus Altersversorgungsverpflichtungen und vergleichbaren langfristig fälligen Verpflichtungen sind gemäß § 246 Abs. 2 Satz 2 HGB mit Vermögensgegenständen zu verrechnen, wenn diese ausschließlich der Erfüllung dieser Schulden dienen und dem Zugriff aller übrigen Gläubiger entzogen sind (siehe hierzu auch Abschnitt C.2.6). Hierbei handelt es sich um eine explizite Durchbrechung des Saldierungsverbots.

Zum Ansatz von **Pensionsrückstellungen** in der **Steuerbilanz** müssen gemäß § 6a Abs. 1 und 2 EStG folgende Voraussetzungen erfüllt sein:

- der Pensionsberechtigte muss einen Rechtsanspruch auf die Leistung haben,
- das Unternehmen muss seine Zusage schriftlich und ohne Vorbehalt geleistet haben und
- der Berechtigte ist seit Mitte des Geschäftsjahres mindestens 23 Jahre alt oder der Versorgungsfall ist bereits eingetreten.

Da handelsrechtlich keine Altersgrenze für die Bildung der Pensionsrückstellungen besteht, kann es z. B. hierdurch zu einer Abweichung zwischen Handels- und Steuerbilanz kommen.

Bei den **Steuerrückstellungen** handelt es sich ebenfalls um eine Rückstellung für ungewisse Verbindlichkeiten. Sie werden für Steuerverpflichtungen gebildet, die zwar im abgelaufenen oder in einem früheren Geschäftsjahr entstanden sind, deren Höhe im Zeitpunkt der Jahresabschlusserstellung jedoch noch nicht feststeht. Hierzu zählen auch Steuernachzahlungen, die möglicherweise aufgrund einer laufenden Betriebsprüfung im kommenden Geschäftsjahr geleistet werden müssen. In der Steuerbilanz werden Steuerrückstellungen nur für abzugsfähige Steuern, wie z. B. Verbrauchsteuern, gebildet.

Alle weiteren Rückstellungen werden in den **sonstigen Rückstellungen** zusammengefasst. Hierzu gehören z. B.

- **Garantierückstellungen**: Garantieverpflichtungen sind bis zum Eintritt des Garantiefalls bzw. bis zum Ablauf der Garantiefrist sowohl in ihrer Höhe als auch in ihrem zeitlichen Eintreten unsicher, da nicht bekannt ist, in welchem Ausmaß und wann Garantiefälle eintreten. Es handelt sich somit um ungewisse Verbindlichkeiten, für die gemäß § 249 Abs. 1 Satz 1 HGB eine Rückstellungspflicht besteht.
- **Drohverlustrückstellungen**: Gemäß § 249 Abs. 1 Satz 1 HGB müssen für drohende Verluste aus schwebenden Geschäften Rückstellungen gebildet werden. Schwebende Geschäfte sind solche Geschäfte, bei denen bereits ein Vertrag geschlossen worden ist, aber noch keine der beiden Seiten ihre vertragliche Verpflichtung erfüllt hat. Hat der Lieferant die zu liefernden Produkte bereits erworben, hergestellt oder mit der Produktion begonnen, sollte vorrangig ein voraussichtlicher Verlust durch Abschreibung der Vorräte erfasst werden. Ist dies nicht der Fall (siehe obiges Grundsatzbeispiel), ist der Verlust durch Bildung einer Rückstellung zu erfassen. Verluste können auch aus Geschäften entstehen, die mehrere Jahre betreffen, wenn sich die wirtschaftlichen Verhältnisse so ändern, dass die Vertragsbedingungen unvorteilhaft werden. Dies geschieht z. B. aus Sicht eines Darlehensnehmers, wenn die Zinsen für entsprechende Darlehen nachhaltig sinken.
- **Rückstellungen für Gewährleistungen ohne rechtliche Verpflichtung**: Gemäß § 249 Abs. 1 Satz 2 Nr. 2 HGB muss für Gewährleistungen auch eine Rückstellung gebildet werden, wenn keine rechtliche, aber eine wirtschaftliche Verpflichtung besteht, weil das Unternehmen entsprechende Leistungen in der Regel aus Kulanz erbringt.
- **Urlaubsrückstellungen**: Hat ein Arbeitnehmer im abgelaufenen Geschäftsjahr den ihm zustehenden Urlaub nicht vollständig in Anspruch genommen und kann er den Urlaub entweder im folgenden Geschäftsjahr nachholen oder steht ihm eine Abfindung hierfür zu, muss für diese Verpflichtung gegenüber dem Arbeitnehmer eine Rückstellung gebildet werden.
- **Rückstellungen für unterlassene Instandhaltungsmaßnahmen**: Wäre im abgelaufenen Geschäftsjahr eine Instandhaltungsmaßnahme aus betriebswirtschaftlicher und technischer Sicht notwendig gewesen, muss eine Rückstellung für die Durchführung dieser Maßnahme gebildet werden, wenn sie in den ersten drei Monaten des folgenden Geschäftsjahres durchgeführt werden soll (§ 249 Abs. 1 Satz 2 Nr. 1 HGB).
- **Rückstellungen für unterlassene Abraumbeseitigung**: Plant das Unternehmen, in der folgenden Periode Abraum (z. B. unbrauchbare Gesteine im Bergbau

oder Schlagabraum in der Forstwirtschaft), der bis zum Bilanzstichtag entstanden ist, zu beseitigen, muss für die Beseitigung eine Rückstellung gebildet werden (§ 249 Abs. 1 Satz 2 Nr. 1 HGB).

Zur transparenten Darstellung der Entwicklung der Rückstellungen bietet sich ein **Rückstellungsspiegel** an, der z. B. wie folgt aussehen kann:

	Stand zum 1.1.	Zuführung	Aufzinsung	Inanspruchnahme	Auflösung	Stand zum 31.12.
Umweltlastensanierung						
Drohende Verluste aus schwebenden Geschäften						
Prozesse						
Restrukturierungen						
Gewährleistungen						
Sonstige Rückstellungen						

Frage: Wie werden Rückstellungen bewertet?
Gemäß § 253 Abs. 1 Satz 2 HGB dürfen Rückstellungen nur in Höhe des Erfüllungsbetrages angesetzt werden, der **nach vernünftiger kaufmännischer Beurteilung** notwendig ist. Der Wert darf also nicht z. B. zur Gewinngestaltung willkürlich hoch festgelegt werden. Handelt es sich bei der Rückstellung um eine Verpflichtung, deren Höhe unsicher ist, muss der Betrag geschätzt werden.

Der **Erfüllungsbetrag** ist der Betrag, mit dem die Verpflichtung in der Zukunft voraussichtlich erfüllt werden wird. Künftige Preis- und Kostensteigerungen sind daher zu berücksichtigen.

Eine vernünftige kaufmännische Beurteilung setzt voraus, dass die Schätzung auf objektiven Kriterien beruht und dadurch **für einen Dritten nachvollziehbar** ist. Für den Eintritt künftiger Preis- und Kostenentwicklungen müssen ausreichende objektive Hinweise bestehen.

Rückstellungen mit einer Restlaufzeit von mehr als einem Jahr sind gemäß § 253 Abs. 2 Satz 1 HGB abzuzinsen. Der **Abzinsung** ist der durchschnittliche Marktzinssatz der letzten sieben Geschäftsjahre zugrunde zu legen, der der Restlaufzeit der jeweiligen Rückstellung entspricht. Für die Abzinsung von Altersversorgungsrückstellungen ist der Durchschnitt der letzten zehn Jahre zu bilden. Durch die Durchschnittsbildung sollen Ergebnisschwankungen aufgrund von Schwankungen des Marktzinssatzes möglichst vermieden werden. Der Abzinsungssatz wird gemäß § 253 Abs. 2 Satz 4 HGB von der Deutschen Bundesbank aufgrund einer Rechtsver-

ordnung ermittelt und monatlich bekannt gegeben (abrufbar unter https://www.
bundesbank.de/de/statistiken/geld-und-kapitalmaerkte/zinssaetze-und-renditen/
abzinsungszinssaetze/abzinsungszinssaetze-772396).

> **i** **Beispiel:** Die X AG wird von der Y AG verklagt, ein Patent verletzt zu haben. Es wird damit gerechnet, dass ein Urteil erst in zwei Jahren gefällt wird. Die X AG schätzt, dass sie 2 Mio. € an die Y AG wird zahlen müssen. Der Abzinsungssatz für eine Laufzeit von 2 Jahren beträgt gemäß der von der Deutschen Bundesbank veröffentlichten Zinsstrukturkurve 5 %. Die X AG bilanziert eine Rückstellung in Höhe von $(2 \text{ Mio. } € / 1{,}05^2 =)$ 1,814 Mio. €.

Auch für Rückstellungen gilt der **Grundsatz der Einzelbewertung**. Der Grundsatz kann jedoch durchbrochen und eine **Pauschalrückstellung** gebildet werden, wenn eine größere Anzahl gleichartiger unsicherer Verpflichtungen besteht und eine Einzelbewertung praktisch nicht durchführbar ist, z. B. bei Garantieverpflichtungen. In solchen Fällen werden die gleichartigen Verpflichtungen zusammengefasst und mit Hilfe von statistischen Verfahren bewertet. Dabei wird auf Erfolgswerte der Vergangenheit zurückgegriffen und auf garantiebehaftete Umsätze z. B. der letzten 2 Jahre (gesetzliche Gewährleistungsfrist) Bezug genommen.

Werden Sach- oder Dienstleistungsverpflichtungen (z. B. im Rahmen von Drohverlustrückstellungen) voraussichtlich selbst erbracht, wird die Rückstellung mit den Herstellungskosten in Höhe sämtlicher Einzel- und notwendiger Gemeinkosten, also zu Vollkosten bewertet (vgl. Schubert in Beck'scher Bilanzkommentar 2020, § 253 Anm. 159 m. w. N.). Wird die Leistung durch ein anderes Unternehmen erbracht, sind die Anschaffungskosten für diese Leistung der Bewertungsmaßstab für die Rückstellung.

Für die **Steuerbilanz** ist die Bewertung von Rückstellungen in § 6 Abs. 1 Nr. 3a EStG geregelt. Danach müssen bei Rückstellungen für gleichartige Verpflichtungen Erfahrungen aus der Vergangenheit berücksichtigt werden, mit welcher Wahrscheinlichkeit solche Verpflichtungen eintreten. Rückstellungen für Sachleistungen müssen mit Einzelkosten und angemessenen Teilen der notwendigen Gemeinkosten bewertet werden. Künftige Vorteile im Zusammenhang mit der Erfüllung der Verpflichtung müssen den Wert der Rückstellung mindern, sofern sie nicht aktiviert werden. Rückstellungen für Verpflichtungen, die im laufenden Betrieb entstehen, müssen zeitanteilig in gleichen Raten angesammelt werden (Ansammlungsrückstellungen; z. B. Rückstellungen für die Stilllegung eines Kernkraftwerks).

In der Steuerbilanz sind Rückstellungen grundsätzlich mit 5,5 % abzuzinsen, sofern ihre Laufzeit mindestens 12 Monate beträgt. Für die Bewertung sind die Wertverhältnisse am Bilanzstichtag maßgebend, künftige Preis- und Kostensteigerungen dürfen nicht berücksichtigt werden. Damit wird der Wert der Rückstellungen in der Steuerbilanz voraussichtlich von dem in der Handelsbilanz abweichen.

Frage: Welche Besonderheiten sind bei der Bewertung von Pensionsrückstellungen und Drohverlustrückstellungen zu beachten? ❓

Wird im Falle von **Pensionsrückstellungen** eine Gegenleistung (Arbeitsleistung des Arbeitnehmers) nicht mehr erbracht, ist der Barwert der Verpflichtung anzusetzen. Wird die Gegenleistung noch erbracht, wird der Barwert der Pensionszahlungen während der Dienstzeit angesammelt. Die Höhe der Rückstellung ist von einer **Vielzahl von Parametern** abhängig, die der Bewertung zugrunde gelegt werden, z. B.:

- **Berechnungsverfahren** der Rückstellung: Handelsrechtlich ist kein bestimmtes Verfahren zur Verteilung des Pensionsaufwands über die aktive Zeit der begünstigten Mitarbeiter vorgeschrieben. In der Handelsbilanz sind sowohl Verfahren, die den Barwert der erreichten Anwartschaft bilanzieren (Anwartschaftsbarwertverfahren) als auch Verfahren, die die Verpflichtung durch gleiche Annuitäten in der aktiven Zeit ansammeln (z. B. das Teilwertverfahren) anwendbar. Steuerlich ist nur das Teilwertverfahren zulässig. Bei allen Verfahren wird bis zum Erreichen des Pensionsalters der Barwert der ab diesem Zeitpunkt potenziell zu leistenden Zahlungen angesammelt. Ein Unterschied liegt im Zeitpunkt des Ansammlungsbeginns. Bei Anwartschaftsbarwertverfahren wird im Zeitpunkt der Zusage, beim Teilwertverfahren ab dem Zeitpunkt des Diensteintritts mit der Ansammlung begonnen. Liegt der Diensteintritt vor dem Zeitpunkt einer Zusage, muss in der Bilanz für das Geschäftsjahr, in dem die Zusage gemacht wurde, und damit im Zeitpunkt der erstmaligen Rückstellungsbildung, der Gesamtbetrag für die Zeit vom Diensteintritt bis zur Zusage zurückgestellt werden. Es besteht auch die Möglichkeit, den Betrag gleichmäßig auf das Geschäftsjahr der Zusage und die beiden folgenden Geschäftsjahre zu verteilen.
- **Zinssatz** zur Abzinsung der potenziellen Zahlungen: Handelsrechtlich ist die von der Deutschen Bundesbank veröffentlichte Zinsstrukturkurve zugrunde zu legen. Zur Vereinfachung kann für sämtliche Pensionsverpflichtungen der durchschnittliche Marktzinssatz für eine Laufzeit von 15 Jahren angewandt werden, sofern die tatsächlichen Laufzeiten nicht erheblich davon abweichen (§ 253 Abs. 2 Satz 2 HGB). Steuerlich ist ein Zinssatz von 6 % für Pensionsrückstellungen vorgeschrieben (§ 6a Abs. 3 Satz 3 EStG).
- **Leistungsumfang:** Da die Rückstellungen mit dem Erfüllungsbetrag anzusetzen sind, sind bei der Bewertung von Pensionsrückstellungen insbesondere auch voraussichtliche Lohn- und Gehaltsentwicklungen sowie Rentenanpassungen zu berücksichtigen.
- **Lebenserwartung:** Hierzu werden in der Praxis die Sterbetafeln von Dr. Klaus Heubeck herangezogen.
- **Fluktuation:** Es ist zu berücksichtigen, dass nicht alle Arbeitnehmer von ihrem Eintritt in das Unternehmen bis zur Erreichung des Pensionsalters in dem Unternehmen tätig sind.

In der Regel wird zur Bilanzierung der Pensionsrückstellungen ein **Gutachten,** in dem der zu passivierende Wert ermittelt wird, durch einen Aktuar aufgestellt. In der Praxis werden die Gutachten häufig zwei bis drei Monate vor dem Bilanzstichtag erstellt. Ändern sich die Berechnungsparameter in der Zeit bis zum Bilanzstichtag wesentlich, muss das Gutachten angepasst werden.

Rückstellungen für drohende Verluste aus schwebenden Geschäften werden mit der Differenz zwischen dem Wert der eigenen noch zu erbringenden Leistung und dem Wert der erwarteten Gegenleistung bewertet. Bei der Bewertung sind Beschaffungsgeschäfte, Absatzgeschäfte und Dauerschuldverhältnisse zu unterscheiden:

- Bei **Beschaffungsgeschäften** ergibt sich ein drohender Verlust, wenn die Wiederbeschaffungskosten eines Gutes unter die Anschaffungskosten sinken, die für ein bestelltes Gut anfallen werden. Wurde z. B. eine bestimmte Menge Rohstoff, die erst nach dem Bilanzstichtag geliefert wird, für 3.000 € bestellt und sinkt der Preis für den entsprechenden Rohstoff bis zum Bilanzstichtag auf 2.800 €, so droht ein Verlust in Höhe von 200 €. Durch die Rückstellungsbildung wird der Wertverlust erfasst, der durch eine außerplanmäßige Abschreibung berücksichtigt würde, wenn der Vermögensgegenstand bereits im wirtschaftlichen Eigentum des Unternehmens wäre, wenn also der Rohstoff zum Bilanzstichtag bereits geliefert worden wäre. Daher ist bei der Rückstellungsbildung zu unterscheiden, ob es sich bei dem schwebenden Geschäft um die Beschaffung eines Vermögensgegenstandes für das Anlage- oder für das Umlaufvermögen handelt. Ist die Vermögensminderung voraussichtlich nicht von Dauer, besteht eine Rückstellungspflicht nur für Güter, die für das Umlaufvermögen beschafft werden (strenges Niederstwertprinzip).
- Aus **Absatzgeschäften** kann ein Verlust in Höhe der Differenz zwischen dem Wert der eigenen, zugesagten Leistung und der erwarteten Gegenleistung resultieren. Wird z. B. die Lieferung eines Gutes für den Absatzpreis von 1.000 € vereinbart und ist am Bilanzstichtag absehbar, dass die Anschaffungs- oder Herstellungskosten dieses Gutes beim Lieferanten 1.100 € betragen werden, so ist – sofern noch kein fertiges oder unfertiges Gut vorhanden ist, das abgeschrieben werden kann – eine Rückstellung in Höhe von 100 € zu bilden. Wird das Gut selbst hergestellt, so sollten zur Bewertung einer Drohverlustrückstellung aufgrund des Vorsichtsprinzips die Herstellungskosten in Höhe der Vollkosten zugrunde gelegt werden.
- **Dauerschuldverhältnisse** bestehen z. B. während der Laufzeit eines Darlehens oder während der Laufzeit eines Mietvertrages. Steigen bspw. während der Laufzeit eines Mietvertrages die Aufwendungen des Vermieters so weit, dass der Mietzins die Aufwendungen nicht deckt, ist für den über den Mietzins hinausgehenden Betrag für die Restlaufzeit des Mietvertrages eine Drohverlustrückstellung zu bilden. Auch hier sollten sämtliche tatsächlich anfallenden Aufwendungen berücksichtigt werden.

2.8.2 Verbindlichkeiten

Frage: Was sind Verbindlichkeiten?

?

Verbindlichkeiten sind – in Abgrenzung zu den Rückstellungen – **Verpflichtungen, deren Höhe und Fälligkeit am Bilanzstichtag sicher feststehen.** Das Unternehmen kann zu der Erfüllung dieser Verpflichtungen mit juristischen Mitteln gezwungen werden und der Wert ist eindeutig ermittelbar. Die Verpflichtung stellt eine künftige wirtschaftliche Belastung in Form von Geldzahlungen, in Form einer Lieferung von Produkten oder in Form der Erbringung von Dienstleistungen dar.

Frage: Wie werden Verbindlichkeiten in der Bilanz ausgewiesen?

?

Gemäß § 266 Abs. 3 HGB müssen die Verbindlichkeiten in folgende Positionen aufgegliedert werden:
- Anleihen,
- Verbindlichkeiten gegenüber Kreditinstituten,
- Erhaltene Anzahlungen auf Bestellungen,
- Verbindlichkeiten aus Lieferungen und Leistungen,
- Verbindlichkeiten aus der Annahme gezogener Wechsel und der Ausstellung eigener Wechsel,
- Verbindlichkeiten gegenüber verbundenen Unternehmen,
- Verbindlichkeiten gegenüber Unternehmen, mit denen ein Beteiligungsverhältnis besteht und
- Sonstige Verbindlichkeiten.

Bei **Anleihen** handelt es sich um in der Regel langfristige, verbriefte Verbindlichkeiten, die an einem organisierten Kapitalmarkt gehandelt werden, z. B. Schuldverschreibungen, Wandel- und Gewinnschuldverschreibungen und Optionsanleihen. Konvertible Anleihen, die ein Umtauschrecht in oder ein Bezugsrecht auf Anteile des Unternehmens gewähren (insbesondere Wandelschuldverschreibungen), müssen mit einem „Davon-Vermerk" gesondert ausgewiesen werden.

Unter den **Verbindlichkeiten gegenüber Kreditinstituten** werden alle bestehenden sicheren Verpflichtungen gegenüber Kreditinstituten ausgewiesen, also bspw. nur in Anspruch genommene Kreditlinien. Hierunter fallen auch antizipative Zinsabgrenzungen (siehe Abschnitt C.2.9) im Zusammenhang mit Verbindlichkeiten gegenüber Kreditinstituten.

Erhaltene Anzahlungen auf Bestellungen sind Zahlungen, die das Unternehmen von Kunden erhalten hat, obwohl der Kunde noch keine Leistung bekommen hat. Alternativ zum Ausweis unter den Verbindlichkeiten können diese Beträge gemäß § 268 Abs. 5 Satz 2 HGB auch offen von den Vorräten auf der Aktivseite abgesetzt werden (siehe Abschnitt C.2.5.1).

Verbindlichkeiten aus Lieferungen und Leistungen entstehen, wenn das Unternehmen Sachgüter bereits erhalten oder Dienstleistungen in Anspruch genommen hat, die Gegenleistung jedoch noch nicht oder nur teilweise erbracht hat (Zielgeschäfte). Unter dieser Position ist auch die Verbindlichkeit des Leasingnehmers als Gegenposten zur Aktivseite zu bilanzieren, wenn der Leasing-Gegenstand beim Leasing-Nehmer bilanziert wird (siehe Abschnitt C.2.1.1). Verbindlichkeiten aus Lieferungen oder Leistungen gegenüber verbundenen Unternehmen und Beteiligungsunternehmen werden unter den Posten der Verbindlichkeiten gegenüber diesen Unternehmen ausgewiesen. Wird eine Lieferantenverbindlichkeit durch einen Wechsel besichert, wird sie als Wechselverbindlichkeit (siehe folgende Position) bilanziert.

Verbindlichkeiten aus der Annahme gezogener Wechsel und der Ausstellung eigener Wechsel stellen Verpflichtungen aus Wechseln, die auf das Unternehmen gezogen und von ihm akzeptiert worden sind, und aus Solawechseln dar. Ist der Gläubiger aus dem Wechsel ein verbundenes Unternehmen oder ein Beteiligungsunternehmen, wird die Verpflichtung in dem jeweiligen Posten der Verbindlichkeiten gegenüber diesen Unternehmen ausgewiesen.

Entsprechend der Vorgehensweise im Finanzanlagevermögen und im Umlaufvermögen sind die **Verbindlichkeiten gegenüber verbundenen Unternehmen** und **Verbindlichkeiten gegenüber Unternehmen, mit denen ein Beteiligungsverhältnis besteht** (zur Abgrenzung siehe Abschnitt C.2.4.3), gesondert auszuweisen. Hierdurch werden finanzielle Verflechtungen zwischen Unternehmen, die wirtschaftlich eng miteinander verbunden sind, offengelegt. Die Positionen enthalten sämtliche Verbindlichkeiten gegenüber den entsprechenden Unternehmen.

Die Position „**Sonstige Verbindlichkeiten**" ist eine Sammelposition für alle Verbindlichkeiten, die keiner der anderen Positionen zugeordnet werden können. Es handelt sich hierbei z. B. um Verbindlichkeiten gegenüber den Finanzbehörden oder den Sozialversicherungsträgern, Schuldscheindarlehen, Verbindlichkeiten aus Gewinnabführung und antizipative Rechnungsabgrenzungsposten (siehe Abschnitt C.2.9). Verbindlichkeiten aus Steuern (von dem Unternehmen selbst zu entrichtende Ertragssteuern, aber auch einbehaltene Lohnsteuer und die abzuführende Umsatzsteuer) und Verbindlichkeiten im Rahmen der sozialen Sicherheit (z. B. die Beiträge zur Sozialversicherung, die noch nicht an die Krankenversicherungsträger überwiesen wurden) sind mit einem „Davon-Vermerk" gesondert auszuweisen.

Verbindlichkeiten dürfen grundsätzlich nicht mit Forderungen saldiert werden (**Saldierungsverbot**, siehe Abschnitt C.1.3.2). Eine Ausnahme gilt lediglich für Forderungen und Verbindlichkeiten, die gemäß § 387 BGB unmittelbar aufrechenbar sind. Danach ist eine Aufrechnung möglich, wenn dieselbe Person gegenüber einer anderen Person sowohl Gläubiger als auch Schuldner ist, die Forderungen und die Verbindlichkeiten gleichartig sind, die Forderungen am Stichtag fällig und die Verbindlichkeiten entweder fällig oder zumindest erfüllbar sind.

Für jede gesondert ausgewiesene Verbindlichkeiten-Position müssen Kapitalgesellschaften gemäß § 268 Abs. 5 Satz 1 HGB die **Beträge mit einer Restlaufzeit von bis**

zu einem Jahr und **von mehr als einem Jahr** sowie gemäß § 285 Nr. 1.a i. V. m. § 285 Nr. 2 HGB die **Beträge mit einer Restlaufzeit von mehr als 5 Jahren** angeben (kleine Kapitalgesellschaften müssen die Verbindlichkeiten mit einer Restlaufzeit von mehr als 5 Jahren nicht aufgliedern). Darüber hinaus muss für jede gesondert ausgewiesene Verbindlichkeiten-Position der Betrag der Verbindlichkeiten, die durch Pfandrechte oder ähnliche Rechte gesichert sind, unter Angabe von Art und Form der Sicherheiten ausgewiesen werden (auch hier genügt für kleine Kapitalgesellschaften gemäß § 288 Abs. 1 Nr. 1 HGB die Angabe in einem Betrag). Viele Unternehmen kommen diesen Angabepflichten mit Hilfe eines Verbindlichkeitenspiegels (siehe Tabelle 11) im Anhang nach, der z. B. folgende Form haben kann:

Tab. 11: Schema eines Verbindlichkeitenspiegels

	31.12.00	Restlaufzeit			31.12.01
	insgesamt	bis 1 Jahr	über 1 bis 5 Jahre	mehr als 5 Jahre	insgesamt
Anleihen					
(davon konvertibel)					
(davon durch Pfandrechte gesichert)					
Verbindlichkeiten gegenüber Kreditinstituten					
(davon durch Pfandrechte gesichert)					
Erhaltene Anzahlungen auf Bestellungen					
Verbindlichkeiten aus Lieferungen und Leistungen					
Verbindlichkeiten aus der Annahme gezogener Wechsel und der Ausstellung eigener Wechsel					
Verbindlichkeiten gegenüber verbundenen Unternehmen					
Verbindlichkeiten gegenüber Unternehmen, mit denen ein Beteiligungsverhältnis besteht					
Sonstige Verbindlichkeiten					
(davon aus Steuern)					
(davon im Rahmen der sozialen Sicherheit)					
Summe					

? **Frage: Wie werden Verbindlichkeiten bewertet?**

Gemäß § 253 Abs. 1 Satz 2 HGB sind Verbindlichkeiten mit ihrem **Erfüllungsbetrag** zu bewerten. Im Falle von Geldleistungen handelt es sich bei dem Erfüllungsbetrag um den Geldbetrag, der im Erfüllungszeitpunkt zu zahlen ist, bei Sachleistungs- oder Sachwertverpflichtungen um den Betrag, der im Erfüllungszeitpunkt voraussichtlich zur Erfüllung der Verbindlichkeit aufgewendet werden muss (z. B. bei erhaltenen Anzahlungen der (ggf. anteilige) Verkaufswert der zu liefernden Ware oder Dienstleistung).

Verbindlichkeiten werden somit in der Handelsbilanz grundsätzlich nicht abgezinst. Im Falle von Wertänderungen ist das **Höchstwertprinzip** (siehe Abschnitt C.1.3.2) zu beachten: steigt der Erfüllungsbetrag, ist die Verbindlichkeit mit dem höheren Wert anzusetzen, sinkt der Erfüllungsbetrag unter den ursprünglich bilanzierten Betrag, darf der niedrigere Wert nicht angesetzt werden.

---

i **Beispiel:** Ein Unternehmen mit Sitz in der Bundesrepublik Deutschland nimmt bei einer Bank in New York ein Darlehen von 500.000 US$ auf. Der Kurs zum Zeitpunkt der Aufnahme beträgt 1 € : 1 US$. Das Darlehen ist somit mit 500.000 US$ × 1/1 €/US$ = 500.000 € zu bilanzieren. Am Bilanzstichtag ist der Kurs auf 1 € : 0,9 US$ gesunken. Das Darlehen ist mit dem neuen Kurs umzurechnen und mit 500.000 US$ × 1/0,9 €/US$ = 555.555,55 € zu bewerten. Wäre der Kurs hingegen auf 1 € : 1,1 US$ gestiegen, dürfte der auf Basis dieses Kurses umgerechnete Betrag von 500.000 US$ × 1/1,1 €/US$ = 454.545,45 € nicht angesetzt werden, da ansonsten unrealisierte Erträge erfasst würden. Der ursprünglich bilanzierte Betrag von 500.000 € müsste beibehalten werden.

Valutaverbindlichkeiten (Verbindlichkeiten in Fremdwährung) werden mit dem Kurs am Tag ihres Entstehens in Euro umgerechnet. An den folgenden Bilanzstichtagen ist für die Umrechnung in € gemäß § 256a HGB der Devisenkassamittelkurs unter Beachtung des Imparitäts-, des Realisations- und des Anschaffungswertprinzips zugrunde zu legen. Ergibt sich aufgrund von Kursänderungen zum Bilanzstichtag ein Wert, der unter dem Wert bei erstmaligem Ansatz liegt, so darf diese Wertverringerung aufgrund des Realisationsprinzips grundsätzlich nicht erfasst werden, da sonst nicht realisierte Gewinne erfasst würden. Steigt der in Euro umgerechnete Wert, so muss aufgrund des Höchstwertprinzips der höhere Wert angesetzt werden (siehe obiges Beispiel). Sinkt der in Euro umgerechnete Wert wieder, ist, da seit Verabschiedung des BilMoG für sämtliche Rechtsformen auf der Aktivseite eine Zuschreibungspflicht besteht, für die Passivseite analog von einer Wertverringerungspflicht auszugehen. Die Verbindlichkeit muss jedoch mindestens mit dem ursprünglich bilanzierten Betrag angesetzt werden. Bei der Umrechnung von Valutaverbindlichkeiten mit einer Laufzeit von weniger als einem Jahr muss die Verbindlichkeit ohne Rücksicht auf den Kurs am Anschaffungstag mit dem Kurs am Bilanzstichtag umgerechnet werden (§ 256a Satz 2 HGB).

Ändert sich der Marktzins für Verbindlichkeiten, die ein Unternehmen mit einem über die Laufzeit festen Zinssatz verzinst, muss im Falle einer nachhaltigen und wesentlichen Zinssenkung eine Drohverlustrückstellung gebildet werden (siehe Abschnitt C.2.8.1). Der Wert der Verbindlichkeit ändert sich nicht.

Liegt der Rückzahlungsbetrag einer Verbindlichkeit über ihrem Ausgabebetrag, so kann gemäß § 250 Abs. 3 Satz 1 HGB die Differenz (**Disagio**) sofort als Aufwand erfasst oder unter den aktiven Rechnungsabgrenzungsposten aktiviert und planmäßig aufgelöst werden. Ist der Rückzahlungsbetrag hingegen niedriger als der Ausgabebetrag, muss die Differenz (**Agio**) als passiver Rechnungsabgrenzungsposten passiviert und über die Laufzeit aufgelöst werden.

Bei **Zerobonds** (Anleihen, die nominell unverzinslich sind, deren Ausgabebetrag aber unter dem Rückzahlungsbetrag liegt; das Disagio entspricht der Verzinsung) wird ausnahmsweise der niedrigere Ausgabebetrag angesetzt und über die Laufzeit aufgezinst, so dass am Ende der Laufzeit die Verbindlichkeit mit ihrem Rückzahlungsbetrag bilanziert wird.

Beispiel: Ein Unternehmen gibt zum 01.01.00 einen Zerobond mit folgenden Anlagebedingungen heraus: Ausgabekurs: 78,3526 %, Rückzahlungskurs: 100 %, Laufzeit: 5 Jahre, Nominalzins 0 %. Der Ausgabebetrag entspricht 783.526 €, der Rückzahlungsbetrag für die gesamte Anleihe 1.000.000 €. Die Verzinsung beträgt 5 %. Die Anleihe wird im Jahresabschluss des Unternehmens wie folgt bilanziert:

Geschäftsjahr	Buchwert der Anleihe zum 31.12. (in €)	Zinsaufwand (in €)
00	(783.526 + 39.176 =) 822.702	(783.526 × 5 % =) 39.176
01	(822.702 + 41.135 =) 863.837	(822.702 × 5 % =) 41.135
02	907.029	43.192
03	952.381	45.352
04	1.000.000	47.619

Verbindlichkeiten aus Lieferungen und Leistungen werden mit dem Rechnungsbetrag bilanziert. Nimmt das Unternehmen regelmäßig Skonto in Anspruch, gilt es als zulässig, sowohl die Verbindlichkeit als auch die Anschaffungskosten der empfangenen Lieferung oder Leistung bei der erstmaligen Verbuchung unmittelbar zu kürzen.

Im Gegensatz zum Handelsrecht schreibt das **Steuerrecht** gemäß § 6 Abs. 1 Nr. 3 EStG eine Abzinsung von Verbindlichkeiten mit einem Zinssatz von 5,5 % vor, es sei denn,

- die Verbindlichkeit ist verzinslich,
- die Verbindlichkeit hat eine Laufzeit von weniger als 12 Monaten oder
- es handelt sich um Anzahlungen bzw. um Vorausleistungen.

2.9 Rechnungsabgrenzungsposten

? **Frage: Was sind Rechnungsabgrenzungsposten?**
Ein Teil der Aufwendungen und Erträge bezieht sich auf einen Zeitraum, z. B. Mieten für ein Produktionsgebäude oder Zinsen für einen Kredit. Gemäß dem Grundsatz der **zeitlichen Abgrenzung** (siehe Abschnitt C.1.3.2) sind solche Aufwendungen und Erträge unabhängig vom Zahlungszeitpunkt zeitproportional zu erfassen. Wenn in dem Zeitraum, auf den sich ein Aufwand oder ein Ertrag bezieht, ein Bilanzstichtag liegt, muss der Betrag, der sich auf das abgeschlossene Geschäftsjahr bezieht, erfasst und damit von dem Betrag, der das folgende Geschäftsjahr betrifft, abgegrenzt werden. Dies geschieht durch Bildung von Rechnungsabgrenzungsposten (siehe ausführlich Abschnitt A.4.7).

? **Frage: In welchen Bilanzpositionen werden Rechnungsabgrenzungsposten bilanziert?**
Lediglich die **transitorischen Rechnungsabgrenzungsposten** werden gemäß § 250 Abs. 1 und 2 HGB in den entsprechend bezeichneten Positionen des Bilanzgliederungsschemas gemäß § 266 HGB (Aktivseite C. und Passivseite D.) erfasst. Es gilt:
- Auszahlung vor dem Bilanzstichtag, Aufwand nach dem Bilanzstichtag: **aktiver Rechnungsabgrenzungsposten.**
- Einzahlung vor dem Bilanzstichtag, Ertrag nach dem Bilanzstichtag: **passiver Rechnungsabgrenzungsposten.**

Antizipative Rechnungsabgrenzungsposten werden unter den **sonstigen Forderungen** bzw. unter den **sonstigen Verbindlichkeiten** (Ausnahme: abgegrenzter Zinsaufwand auf Verbindlichkeiten gegenüber Kreditinstituten werden zusammen mit der Verbindlichkeit bilanziert, siehe Abschnitt C.2.8.2) ausgewiesen. Es gilt in der Regel:
- Aufwand vor dem Bilanzstichtag, Auszahlung nach dem Bilanzstichtag: **sonstige Verbindlichkeit.**
- Ertrag vor dem Bilanzstichtag, Einzahlung nach dem Bilanzstichtag: **sonstige Forderung.**

2.10 Latente Steuern

? **Frage: Was sind latente Steuern?**
Wird ein Vermögenswert bzw. eine Schuld in der Handelsbilanz anders behandelt (angesetzt oder bewertet) als in der Steuerbilanz, kommt es sowohl bei der Entstehung der **Differenz** als auch bei der Reduzierung bzw. Auflösung der Position im späteren Zeitablauf zu einem Ergebnisunterschied **zwischen Handels- und Steuerbilanz.** Damit der in der handelsrechtlichen GuV ausgewiesene Steueraufwand zu dem dargestell-

ten Ergebnis „passt", muss der sich aus der Steuerbilanz ergebende Ergebnissteuer-
aufwand angepasst werden. Zu diesem Zweck werden latente Steuern gebildet.

Beispiel: Ein Unternehmen aktiviert Ende Dezember des Geschäftsjahres 00 in der Handelsbilanz ei- ⓘ
nen selbst erstellten immateriellen Vermögensgegenstand des Anlagevermögens, für den Entwicklungsaufwendungen in Höhe von 100.000 € angefallen sind. Für die Steuerbilanz besteht ein Aktivierungsverbot. Das vorläufige Ergebnis (ohne Berücksichtigung von Ertragssteuern) in der Handels-
und in der Steuerbilanz beträgt vor Aktivierung der Entwicklungsaufwendungen 100.000 €. Durch die
Aktivierung der Entwicklungsaufwendungen steigt das vorläufige Ergebnis in der Handelsbilanz auf
200.000 €. Unterstellt man einen Ertragssteuersatz von 30 %, ergibt sich ein effektiver Steueraufwand von 30.000 € in der Steuerbilanz.

Buchung: **Steueraufwand an sonstige Verbindlichkeiten 30.000 €.**

In der handelsrechtlichen GuV erwartet man jedoch bei einem Ergebnis vor Ertragssteuern von
200.000 € und einem Ertragssteuersatz von 30 % einen Steueraufwand von 60.000 €.

Die Angleichung des Steueraufwands wird durch folgende Buchung ermöglicht:

latenter Steueraufwand an passive latente Steuern 30.000 €.

Die folgende Tabelle zeigt den Unterschied zwischen Handels- und Steuerbilanz aufgrund der
Aktivierung der Entwicklungsaufwendungen:

Aktiva	Handelsbilanz zum 31.12.00 (in €)		Passiva
Immat. Vermögensgegenstand des Anlagevermögens	**100.000**	Sonstiges Eigenkapital	500.000
Sonstige Aktiva	2.000.000	**Ergebnis nach Steuern**	**140.000**
		Passive latente Steuern	**30.000**
		Sonstige Passiva	1.430.000
	2.100.000		2.100.000

Aktiva	Steuerbilanz zum 31.12.00 (in €)		Passiva
Sonstige Aktiva	2.000.000	Sonstiges Eigenkapital	**500.000**
		Ergebnis nach Steuern	**70.000**
		Sonstige Passiva	1.430.000
	2.000.000		2.000.000

Der latente Steuerposten wird in den Perioden aufgelöst, in denen sich die Differenz
zwischen der Handels- und der Steuerbilanz wieder auflöst.

Beispiel (Fortsetzung): In den Geschäftsjahren 01 bis 04 schreibt das Unternehmen den immateriel- ⓘ
len Vermögensgegenstand gleichmäßig über die Nutzungsdauer von 4 Jahren ab. Dadurch ist das handelsrechtliche Ergebnis in diesen Geschäftsjahren jeweils um 25.000 € niedriger als das steuerrechtliche Ergebnis. Der Steueraufwand wird angeglichen, indem der bei Entstehung der Differenz gebildete
latente Steuerposten aufgelöst wird.

Das Ergebnis vor Abschreibung des Vermögensgegenstandes sei in jedem Geschäftsjahr
100.000 €, die sonstigen Aktiva und die sonstigen Passiva bleiben unverändert. Der effektive Steueraufwand beträgt damit bei einem Ertragssteuersatz von 30 % wieder 30.000 €. Das handelsrechtliche
Ergebnis vor Steuern hat jedoch aufgrund der Abschreibung eine Höhe von 75.000 €. In der handels-

rechtlichen GuV erwartet man einen Steueraufwand von 22.500 €. Der effektive Steueraufwand wird durch einen (latenten) Steuerertrag aus der Auflösung der passiven latenten Steuern ausgeglichen.

Die Buchung lautet: **passive latente Steuern an latenter Steuerertrag 7.500 €.**

Die folgende Tabelle zeigt die Handelsbilanzen der Geschäftsjahre 01 bis 04. In jedem Geschäftsjahr werden 70.000 € ausgeschüttet. Die Steuerbilanz entspricht dann in jedem Geschäftsjahr derjenigen des Geschäftsjahres 00. Ab dem Geschäftsjahr 05, in dem die Differenz zwischen Handels- und Steuerbilanz nicht mehr besteht, entsprechen sich die beiden Bilanzen wieder.

Aktiva	Handelsbilanz zum 31.12.01 (in €)		Passiva
Immat. Vermögensgegenstand	75.000	**Sonstiges Eigenkapital**	570.000
des Anlagevermögens	2.000.000	**Ergebnis nach Steuern**	52.500
Sonstige Aktiva		**Passive latente Steuern**	22.500
		Sonstige Passiva	1.430.000
	2.075.000		2.075.000

Aktiva	Handelsbilanz zum 31.12.02 (in €)		Passiva
Immat. Vermögensgegen-stand	50.000	**Sonstiges Eigenkapital**	552.500
des Anlagevermögens	2.000.000	**Ergebnis nach Steuern**	52.500
Sonstige Aktiva		**Passive latente Steuern**	15.000
		Sonstige Passiva	1.430.000
	2.050.000		2.050.000

Aktiva	Handelsbilanz zum 31.12.03 (in €)		Passiva
Immat. Vermögensgegen-stand	25.000	**Sonstiges Eigenkapital**	535.000
des Anlagevermögens	2.000.000	**Ergebnis nach Steuern**	52.500
Sonstige Aktiva		**Passive latente Steuern**	7.500
		Sonstige Passiva	1.430.000
	2.025.000		2.025.000

Aktiva	Handelsbilanz zum 31.12.04 (in €)		Passiva
Sonstige Aktiva	2.000.000	**Sonstiges Eigenkapital**	517.500
		Ergebnis nach Steuern	52.500
		Sonstige Passiva	1.430.000
	2.000.000		2.000.000

! Es kann folgender **Grundsatz zur Erfassung von latenten Steuern** aufgestellt werden: Führt das Entstehen der Differenz in der Handelsbilanz zu einem höheren Eigenkapital als in der Steuerbilanz, sind passive latente Steuern zu bilden. Resultiert aus der Differenz jedoch in der Handelsbilanz ein niedrigeres Eigenkapital als in der Steuerbilanz, sind aktive latente Steuern zu bilanzieren.

Tabelle 12 verdeutlicht, in welchen Fällen aktive bzw. passive latente Steuern zu bilden sind.

Eine Besonderheit stellen **aktive latente Steuern auf Verlustvorträge** dar: Erwirtschaftet ein Unternehmen in einem Geschäftsjahr einen Verlust, so kann das Un-

Tab. 12: Übersicht zur Bildung latenter Steuern

Art der Differenz	Beispiel	Art der latenten Steuer
Vermögensgegenstand in der Handelsbilanz aktiviert, in der Steuerbilanz nicht aktiviert	Immaterieller Vermögensgegenstand des Anlagevermögens: handelsrechtlich ggf. Aktivierungswahlrecht, steuerrechtlich Aktivierungsverbot	Passive latente Steuer
Vermögensgegenstand in der Handelsbilanz höher bewertet als in der Steuerbilanz	Bewertung von Vermögensgegenständen, die mit Altersversorgungsverpflichtungen verrechnet werden, mit einem beizulegenden Zeitwert, der über den Anschaffungskosten liegt (steuerrechtlich verboten)	
In der Steuerbilanz wird eine Schuld passiviert, in der Handelsbilanz nicht passiviert		
In der Steuerbilanz wird eine Schuld höher bewertet als in der Handelsbilanz	Ggf. bei Pensionsrückstellungen, wenn der Abzinsungssatz in der Handelsbilanz weit über dem steuerlichen Zinssatz von 6 % liegt	
Vermögensgegenstand in der Steuerbilanz aktiviert, in der Handelsbilanz nicht aktiviert	Disagio (handelsrechtlich: Aktivierungswahlrecht, steuerrechtlich: Aktivierungspflicht)	Aktive latente Steuer
Vermögensgegenstand in der Handelsbilanz niedriger bewertet als in der Steuerbilanz	außerplanmäßige Abschreibung in der Handelsbilanz, keine Teilwertabschreibung in der Steuerbilanz	
In der Handelsbilanz wird eine Schuld passiviert, in der Steuerbilanz nicht passiviert	Drohverlustrückstellungen sind handelsrechtlich zu passivieren – steuerliches Passivierungsverbot	
In der Handelsbilanz wird eine Schuld höher bewertet als in der Steuerbilanz	Ggf. bei Pensionsrückstellungen, da in der Handelsbilanz künftige Gehalts- und Pensionssteigerungen zu berücksichtigen sind	

ternehmen diesen Verlust in der Zukunft mit dann entstehenden Gewinnen verrechnen, so dass dann nur noch die (positive) Differenz zu versteuern ist. Damit kann aus einem Verlustvortrag ein steuerlicher Vorteil gezogen werden. Dieser Vorteil wird in der Bilanz als aktive latente Steuer dargestellt.

Beispiel: Die X AG erwirtschaftet in 00 einen Verlust vor Steuern in Höhe von 1 Mio. €, in 02 einen Gewinn vor Steuern von 2 Mio. €. Ohne die Bildung latenter Steuern stellt sich die Ergebnissituation der X AG bei einem durchschnittlichen Ertragssteuersatz von 30 % wie folgt dar:

	00	01
Ergebnis vor Steuern	−1.000.000 €	2.000.000 €
Steueraufwand		−300.000 €
Ergebnis nach Steuern	**−1.000.000 €**	**1.700.000 €**
Verlustvortrag aus dem Vorjahr		−1.000.000 €
Verlustvortrag/Bilanzgewinn	−1.000.000 €	700.000 €

Der Steuervorteil aus dem Verlustvortrag wird erst in der Periode gezeigt, in der der Verlustvortrag mit dem Gewinn verrechnet wird.

Werden in der Periode der Verlustentstehung aktive latente Steuern gebildet, wird der Steuervorteil in der Periode ergebniswirksam, in der die Grundlage für den Vorteil, nämlich der Verlust, entsteht. Verluste werden – wie Gewinne – nach Berücksichtigung von Ertragsteuern ausgewiesen. Der Ausweis der latenten Steuer auf den Verlustvortrag dient damit dem Ausweis eines periodengerecht ermittelten Ergebnisses (Verschiebung der Gewinnrealisierung auf der Zeitachse).

	00	01
Ergebnis vor Steuern	−1.000.000 €	2.000.000 €
Steuerertrag/Steueraufwand	300.000 €	−600.000 €
Ergebnis nach Steuern	**−700.000 €**	**1.400.000 €**
Verlustvortrag aus dem Vorjahr		−700.000 €
Verlustvortrag/Bilanzgewinn	−700.000 €	700.000 €

? Frage: In welchen Fällen werden latente Steuern bilanziert und in welchen Positionen werden sie ausgewiesen?

Latente Steuern sind in § 274 HGB geregelt. Da sich die Vorschrift in dem Teil des Dritten Buches des HGB befindet, der die ergänzenden Vorschriften für Kapitalgesellschaften enthält, sind lediglich Kapitalgesellschaften und Unternehmen, die wie Kapitalgesellschaften Rechnung legen müssen (z. B. besondere Personenhandelsgesellschaften), zur Bildung latenter Steuern verpflichtet. Gemäß § 274a Nr. 5 HGB sind kleine Kapitalgesellschaften (siehe Abschnitt C.1.3.1) von der Pflicht zur Bilanzierung latenter Steuern befreit.

Differenzen zwischen der Handels- und der Steuerbilanz eines Unternehmens können in drei Kategorien unterteilt werden:
- Differenzen, die sich in absehbarer Zeit ausgleichen (**zeitliche Differenzen**, siehe obiges Beispiel),
- Differenzen, die sich in nicht absehbarer Zeit, sondern z. B. erst bei Abgang eines Vermögensgegenstandes, ausgleichen (**quasi permanente Differenzen**, z. B. eine steuerlich nicht anerkannte außerplanmäßige Abschreibung auf ein Grundstück, dessen Veräußerung nicht geplant ist) und
- Differenzen, die sich niemals ausgleichen (**permanente Differenzen**, z. B. eine steuerlich nicht abzugsfähige Spende).

Gemäß § 274 Abs. 1 HGB werden latente Steuern auf Differenzen gebildet, die sich in späteren Geschäftsjahren voraussichtlich umkehren, also sowohl auf zeitliche als auch auf quasi permanente Differenzen. Für permanente Differenzen werden grundsätzlich keine latenten Steuern angesetzt.

Verlustvorträge sind zu berücksichtigen, sofern die Verrechnung der Verluste mit Gewinnen innerhalb der nächsten fünf Jahre zu erwarten ist. Das Unternehmen muss nachweisen, dass es wahrscheinlich in der gesetzlich angegebenen Zeit wieder Gewinne erwirtschaften wird und damit die Verlustvorträge nutzen kann. Für Unternehmen, die auch in vergangenen Geschäftsjahren nicht immer Gewinne ausweisen konnten, wird dies schwierig sein. Damit wird die Möglichkeit begrenzt, eine schlechte wirtschaftliche Lage mit Hilfe der Aktivierung latenter Steuern günstiger darzustellen.

In der Bilanz können aktive und passive latente Steuern entweder als Saldo in einer oder unsaldiert in zwei Positionen ausgewiesen werden. Aktive latente Steuern sind auf der Aktivseite in der Position „D. Aktive latente Steuern", passive latente Steuern auf der Passivseite in der Position „E. Passive latente Steuern" auszuweisen.

Für einen **passiven Saldo** besteht eine **Ansatzpflicht**, für einen **aktiven Saldo** ein **Ansatzwahlrecht**. Wird ein aktiver Saldo angesetzt, so besteht in Höhe des aktivierten Betrags gemäß § 268 Abs. 8 Satz 2 HGB eine **Ausschüttungssperre**. Werden die latenten Steuern unsaldiert ausgewiesen, besteht die Ausschüttungssperre ebenfalls lediglich für den Betrag, um den aktive latente Steuern die passiven übersteigen.

Gemäß § 274 Abs. 2 Satz 3 HGB sind latente Steuern aufzulösen, wenn die Steuerbe- bzw. die Steuerentlastung eingetreten ist oder wenn damit nicht mehr gerechnet werden kann.

Die Veränderung der latenten Steuern innerhalb eines Geschäftsjahres, also der latente Steueraufwand oder -ertrag, ist gemäß § 274 Abs. 2 Satz 3 HGB in der GuV gesondert unter dem Posten „Steuern vom Einkommen und vom Ertrag" auszuweisen.

Im Anhang ist anzugeben, auf welchen Differenzen oder steuerlichen Verlustvorträgen die latenten Steuern beruhen und mit welchen Steuersätzen die Bewertung erfolgt ist (§ 285 Nr. 29 HGB). Ferner sind gemäß § 285 Nr. 30 HGB die latenten Steuersalden zum Ende des Geschäftsjahres sowie die während des Geschäftsjahres entstandenen Änderungen der Salden im Anhang anzugeben, sofern latente Steuerschulden passiviert wurden.

Frage: Wie werden latente Steuern bewertet?

Entscheidend für die Bewertung latenter Steuern ist der Steuersatz, der der Berechnung zugrunde gelegt wird. Gemäß § 274 Abs. 2 Satz 1 HGB ist von einem unternehmensindividuellen künftigen Steuersatz auszugehen, der in dem Geschäftsjahr gelten wird, in dem sich die jeweilige Differenz voraussichtlich ausgleichen wird. Dieser ist jedoch in der Praxis kaum bekannt. Es werden daher in der Regel **die aktuellen individuellen Steuersätze** zugrunde gelegt. Bei einer Änderung der Steuersätze wird der

Bestand an latenten Steuern angepasst. Änderungen deutscher Steuergesetze sind zu berücksichtigen, wenn der Bundesrat einem relevanten Gesetz bis zum bzw. am Bilanzstichtag zugestimmt hat.

Latente Steuern sind gemäß § 274 Abs. 2 Satz 1 HGB nicht abzuzinsen.

2.11 Verpflichtungen außerhalb der Bilanz

? **Frage: Welche Verpflichtungen sind außerhalb der Bilanz auszuweisen?**

Verpflichtungen eines Unternehmens müssen außerhalb der Bilanz angegeben werden, wenn

- das Unternehmen zum Zeitpunkt der Bilanzerstellung davon ausgeht, dass aus den Verpflichtungen keine Vermögensverringerung resultieren wird oder wenn
- das Unternehmen Verpflichtungen eingegangen ist, die zu Aufwendungen führen werden, die erst künftige Perioden betreffen.

Zu unterscheiden sind Haftungsverhältnisse, nicht in der Bilanz enthaltene Geschäfte und sonstige finanzielle Verpflichtungen.

Haftungsverhältnisse sind mögliche Belastungen des Vermögens, mit denen jedoch am Bilanzstichtag nicht gerechnet wird. Man spricht auch von Eventualverbindlichkeiten. § 251 HGB führt als Haftungsverhältnisse

- Verbindlichkeiten aus der Begebung und Übertragung von Wechseln,
- Verbindlichkeiten aus Bürgschaften, Wechsel- und Scheckbürgschaften,
- Verbindlichkeiten aus Gewährleistungsverträgen und
- Haftungsverhältnisse aus der Bestellung von Sicherheiten für fremde Verbindlichkeiten

an, die nicht als Verbindlichkeiten oder Rückstellungen zu passivieren sind, da hieraus folgende Belastungen weder sicher noch wahrscheinlich sind. Sie müssen auch aufgeführt werden, wenn gleichwertige Rückgriffsforderungen, z. B. aus einer Rückbürgschaft, bestehen.

Einzelkaufleute und Personenhandelsgesellschaften können Haftungsverhältnisse in einem Betrag angeben. Kapitalgesellschaften, besondere Personenhandelsgesellschaften und Genossenschaften hingegen müssen gemäß § 268 Abs. 7 HGB die oben genannten Haftungsverhältnisse jeweils gesondert im Anhang ausweisen, gewährte Pfandrechte und sonstige Sicherheiten angeben und Verpflichtungen betreffend die Altersversorgung sowie die Verpflichtungen gegenüber verbundenen und assoziierten Unternehmen gesondert anführen. Wird mit einer Inanspruchnahme aus einer Eventualverbindlichkeit gerechnet, weil sich z. B. die wirtschaftlichen Verhältnisse eines Unternehmens, für dessen Verbindlichkeit das bilanzierende Unternehmen gebürgt hat, wesentlich verschlechtert haben, so ist in Höhe der geschätzten Inanspruchnahme eine Rückstellung für ungewisse Verbindlichkeiten zu bilden. Ist die Inanspruchnahme sicher, weil z. B. der Begünstigte aus einer Bürgschaft bereits zur

Zahlung aufgefordert hat, muss in Höhe der Inanspruchnahme eine Verbindlichkeit bilanziert werden.

Große und mittelgroße Kapitalgesellschaften, besondere Personenhandelsgesellschaften und Genossenschaften müssen im Anhang gemäß § 285 Nr. 3 HGB Art und Zweck sowie Risiken, Vorteile und finanzielle Auswirkungen von **nicht in der Bilanz enthaltenen Geschäften** angeben, soweit die Risiken und Vorteile wesentlich sind und die Offenlegung für die Beurteilung der Finanzlage notwendig ist.

Nicht in der Bilanz enthaltene Geschäfte sind „alle Transaktionen, die von vornherein dauerhaft keinen Eingang in die Handelsbilanz finden oder einen dauerhaften Abgang von Vermögensgegenständen oder Schulden aus der Handelsbilanz nach sich ziehen" (Begründung zum Entwurf des BilMoG, S. 151). Hierzu gehören z. B. Factoring, Verträge mit unbedingter Zahlungsverpflichtung („take or pay"-Verträge), Leasingverträge oder auch die Auslagerung von Tätigkeiten.

Ob die Angabe eines nicht in der Bilanz enthaltenen Geschäfts notwendig ist, muss in jedem Einzelfall auf Grundlage der Auswirkungen des jeweiligen Geschäfts auf die Liquidität und die Fähigkeit zur Erfüllung finanzieller Verpflichtungen in einem überschaubaren Zeitraum gesondert beurteilt werden.

Über Vorteile und Risiken im Hinblick auf die Liquidität und die Zahlungsfähigkeit des Unternehmens ist getrennt zu berichten. Risiken müssen nur insoweit dargestellt werden, als sie nicht bereits in der Bilanz z. B. durch Rückstellungen berücksichtigt worden sind.

Gemäß § 285 Nr. 3a HGB sind alle **sonstigen finanziellen Verpflichtungen**, die nicht in der Bilanz abgebildet werden und die nicht gemäß §§ 268 Abs. 7 oder 285 Nr. 3 HGB im Anhang darzustellen sind, in einem Gesamtbetrag im Anhang anzugeben, sofern die Angabe für die Beurteilung der Finanzlage von Bedeutung ist. Verpflichtungen, die die Altersversorgung betreffen, und Verpflichtungen gegenüber verbundenen oder assoziierten Unternehmen sind jeweils gesondert zu nennen. Zu den sonstigen Verpflichtungen zählen z. B. Investitionen, die zwangsläufig aus bereits begonnenen Investitionsprojekten folgen werden, oder Großreparaturen, die in Zukunft durchgeführt werden müssen, für deren Durchführung jedoch noch keine vertragliche Vereinbarung besteht.

Die sonstigen finanziellen Verpflichtungen müssen auch angegeben werden, wenn sie für die Beurteilung der Finanzlage zwar nicht notwendig, aber doch von Bedeutung sind. Allerdings ist nur der Gesamtbetrag anzugeben und weitere Informationen wie z. B. der Zweck, Risiken und Vorteile, sind nicht darzulegen.

2.12 Prüfungsaufgaben

Aufgabe 5

Geben Sie für die in der folgenden Tabelle aufgeführten Positionen an, ob ein Ansatzgebot, ein -wahlrecht oder ein -verbot besteht, bzw. ob es sich um eine Verpflichtung handelt, die außerhalb der Bilanz angegeben werden muss. Gehen Sie von der Bilanz einer Kapitalgesellschaft aus:

Position	Ansatzpflicht		Ansatzwahlrecht		Ansatzverbot	Angabe außerhalb der Bilanz
	Aktiva	Passiva	Aktiva	Passiva		
Pensionsrückstellungen						
Ein für 500 € (netto) erworbener Schreibtisch						
Selbst geschaffener Firmenwert						
Selbst erstelltes Gebäude auf einem gepachteten Grundstück						
Auftragsbestand						
Von dem Unternehmen übernommene Bürgschaft						
Von dem Unternehmen sicherungsübereignete Maschine						
Im Voraus gezahlte Versicherungsprämie						
Von einem Kunden erhaltene Anzahlungen						
Bei einer Bank in Tokio in Yen aufgenommener Kredit						
Disagio bei einer Anleiheemission						
Rückstellung für eine Großreparatur						
Agio bei einer Aktienemission						
Kreditlinie						
An ein Tochterunternehmen gewährtes Darlehen						

Aufgabe 6

Ein Unternehmen erwirbt zum 05.04.00 eine Maschine mit Anschaffungskosten von 600.000 €. Die Maschine ist am 19.04.00 betriebsbereit. Die Nutzungsdauer der Maschine wird auf 6 Jahre geschätzt. Das Unternehmen schreibt alle Anlagen linear ab.

1. Erstellen Sie den Abschreibungsplan der Maschine.

2. Wie ändert sich der Abschreibungsplan für die Maschine, wenn der beizulegende Wert der Maschine am 31.12.02 260.000 € beträgt und davon ausgegangen wird, dass die Wertminderung von Dauer ist? Begründen Sie kurz Ihre Antwort.
3. Wie ändert sich der Abschreibungsplan für die Maschine, wenn der beizulegende Wert der Maschine am 31.12.04 150.000 € beträgt? Begründen Sie kurz Ihre Antwort.

Aufgabe 7
Chemieunternehmen C setzt zur Produktion von Kunststoffen eine Chemikalie ein. Folgende Tabelle zeigt die Zugänge und den Verbrauch der Chemikalie im Geschäftsjahr 00:

01.01.00	2.000 l	2,25 €/l
05.03.00	+1.500 l	2,30 €/l
04.06.00	−1.900 l	
07.08.00	+2.100 l	2,20 €/l
11.11.00	−1.800 l	

Am 31.12.00 beträgt der Preis für die Chemikalie 2,10 €/l.

Ermitteln Sie den Wert des Endbestandes der Chemikalie zum 31.12.00 sowie den Wert des Gesamtverbrauchs der Chemikalie für das Geschäftsjahr 00 mit Hilfe des Perioden-LiFo-Verfahrens, des Perioden-FiFo-Verfahrens und des gleitenden Durchschnittsverfahrens. Erläutern Sie kurz Ihre Ergebnisse.

Aufgabe 8
Ein Unternehmen schließt am 15.11.00 einen Vertrag über die Lieferung einer Maschine für insgesamt 198.000 € (einschl. Anlieferung) am 31.03.01 ab. Die Produktion der Maschine ist für Februar und März des Jahres 01 geplant. Das Unternehmen hat den Auftrag folgendermaßen kalkuliert:

Materialeinzelkosten:	30.000 €
Materialgemeinkosten:	3.000 €
Fertigungseinzelkosten:	50.000 €
Fertigungsgemeinkosten:	74.000 €
Anteilige Verwaltungskosten:	7.000 €
Transportkosten:	1.000 €
Gewinnaufschlag (20 %):	33.000 €
	198.000 €

Am Ende des Geschäftsjahres 00 ist absehbar, dass die Fertigungsgemeinkosten um 50 % höher als geplant anfallen werden.

1. Welche Auswirkungen hat das abgeschlossene Geschäft im handelsrechtlichen Jahresabschluss des Unternehmens zum 31.12.00?
   a) Muss oder kann eine Rückstellung gebildet werden oder besteht ein Rückstellungsverbot? Begründen Sie Ihre Antwort!
   b) Sofern ein Rückstellungsgebot oder -wahlrecht besteht: mit welchem Betrag ist die Rückstellung zu bewerten?
2. Welche Auswirkungen auf den handelsrechtlichen Jahresabschluss hätte das abgeschlossene Geschäft, wenn mit der Produktion der Maschine bereits in 00 begonnen worden wäre und bis zum Bilanzstichtag bereits Herstellungskosten in Höhe von 50.000 € angefallen wären? Geben Sie die erforderlichen Buchungssätze an.

Aufgabe 9

Die XYZ AG weist in ihrem Jahresabschluss zum 31.12.00 ein vorläufiges Ergebnis vor Steuern vom Einkommen und vom Ertrag von 500.000 € aus. Die Geschäftsvorfälle 1–3 sind noch nicht berücksichtigt. Ermitteln Sie den handelsrechtlichen und den steuerrechtlichen Jahresüberschuss, indem Sie die Erträge bzw. die Aufwendungen, die aus den folgenden Geschäftsvorfällen 1–3 resultieren, einbeziehen. Gehen Sie für die Berechnung der Steuern vom Einkommen und vom Ertrag von einem durchschnittlichen Ertragssteuersatz von 30 % aus. Latente Steuern sind zu beachten. Üben Sie sämtliche Wahlrechte in der Handelsbilanz so aus, dass ein möglichst geringer Jahresüberschuss ausgewiesen wird.

1. Zu Beginn des Geschäftsjahres 00 hat die XYZ AG eine Anleihe über 1.000.000 € mit folgenden Ausstattungsmerkmalen emittiert: Zinssatz 5 %, Ausgabekurs 98 %, Rückzahlung nach 8 Jahren zu 100 %, Zinszahlung jährlich nachträglich zum 02.01.
2. Die XYZ AG hat am 05.09.00 eine Maschine mit Anschaffungskosten in Höhe von 500.000 € (netto) erworben. Die Nutzungsdauer wird auf 8 Jahre geschätzt. Bei Anwendung der geometrisch-degressiven Abschreibung legt die XYZ AG immer einen Abschreibungssatz von 30 % zugrunde. Für Vermögensgegenstände, die im Geschäftsjahr 00 angeschafft werden, sei steuerrechtlich die geometrisch-degressive Abschreibung nicht zulässig.
3. Die XYZ AG hat am 01.12.00 mit einem Lieferanten für den 10.01.01 die Lieferung von 5 t eines Rohstoffs für 1.000 €/t vereinbart. Am 31.12.00 beträgt der Marktpreis für diesen Rohstoff 950 €/t.

Aufgabe 10

Eine Aktiengesellschaft weist zum 31.12.00 in der Bilanz folgende Eigenkapitalpositionen aus:

I.	Gezeichnetes Kapital	100.000.000 €
II.	Kapitalrücklage	50.000.000 €
III.	Gewinnrücklagen	
	1. Rücklage für Anteile an einem herrschenden oder mehrheitlich beteiligten Unternehmen	70.000 €
	2. Andere Gewinnrücklagen	700.000.000 €
IV.	Verlustvortrag	–40.000 €

Stellen Sie die Eigenkapitalpositionen der Bilanz zum 31.12.01 unter Berücksichtigung folgender Angaben auf:

1. Durchführung einer Kapitalerhöhung aus Gesellschaftsmitteln (aus den anderen Gewinnrücklagen) in 01 im Verhältnis 5:1, das heißt, ein Aktionär erhält für 5 alte Aktien eine neue Aktie zusätzlich.
2. Im Laufe des Jahres 01 werden weitere Aktien des Mutterunternehmens der Aktiengesellschaft für 30.000 € erworben. Der Wert dieser Aktien beträgt am 31.12.01 25.000 €. Der Wert der Aktien, die Ende 00 im Bestand waren, ist auf 55.000 € gesunken.
3. Die GuV 01 weist einen Jahresüberschuss von 220.000 € aus. 200.000 € sollen ausgeschüttet werden.

3 Die Gewinn- und Verlustrechnung

? Frage: Welche Informationen sind in einer Gewinn- und Verlustrechnung enthalten?
In einer Gewinn- und Verlustrechnung (GuV) wird durch die Gegenüberstellung der Erträge und der Aufwendungen die Entstehung bzw. die Struktur des Ergebnisses (Gewinn oder Verlust) des Unternehmens der vergangenen Periode dargestellt (siehe auch die Ausführungen zum GuV-Konto unter Abschnitt A.3.3). Damit wird eine Detailanalyse des Ergebnisses im Vergleich zur Globaldarstellung in der Bilanz möglich. Die aufgeführten Erträge und Aufwendungen beziehen sich auf eine bestimmte Periode (i. d. R. das Geschäftsjahr), nicht auf einen Zeitpunkt. Bei den in der GuV gezeigten Größen handelt es sich somit um **Stromgrößen** (siehe zur Begriffsabgrenzung Abschnitt B.2).

Die GoB besitzen auch für die GuV und die darin ausgewiesenen Größen Gültigkeit (siehe zu den GoB Abschnitt C.1.3.2). Dies führt z. B. dazu, dass aufgrund des **Periodisierungsprinzips** Erträge und Aufwendungen grundsätzlich von den Ein- und Auszahlungen abweichen können. Erträge und Aufwendungen müssen aufgrund der gleichen Bewertungsmethoden ermittelt werden wie im vorangegangenen Geschäftsjahr (**materielle Stetigkeit**) und dürfen grundsätzlich nicht miteinander verrechnet werden (**Saldierungsverbot**).

Die Höhe der Erträge und der Aufwendungen ergibt sich aus den Ansatz- und Bewertungsvorschriften für die Bilanz. Im Folgenden wird behandelt, in welchen Positionen einer GuV die Aufwendungen und Erträge ausgewiesen werden müssen.

3.1 Gliederung der Gewinn- und Verlustrechnung

? Frage: Wie ist eine Gewinn- und Verlustrechnung aufgebaut?
Eine GuV kann grundsätzlich in Konto- oder in Staffelform erstellt werden:

- Bei Anwendung der **Kontoform** werden alle Aufwendungen auf der Sollseite und alle Erträge auf der Habenseite zusammengefasst (siehe zur Struktur des GuV-Kontos A.3.3). Der Saldo wird als Gewinn auf der Sollseite, wenn die Aufwendungen geringer als die Erträge sind, oder als Verlust auf der Habenseite, wenn die Aufwendungen die Erträge übersteigen, ausgewiesen. Der **Vorteil** dieser Form ist, dass die **Summe der Aufwendungen und der Erträge umgehend zu ermitteln** ist und die **Struktur** der Aufwendungen auf der einen und der Erträge auf der anderen Seite **schnell ersichtlich** wird.
- Wird die **Staffelform** angewandt, werden die Erträge und die Aufwendungen untereinander geschrieben. Dabei können sich Ertrags- und Aufwandspositionen abwechseln. Der **Vorteil** liegt darin, dass Erträge und Aufwendungen **sinnvoll** (z. B. für den Betriebsbereich und den Finanzbereich) **gruppiert** und **Zwischenergebnisse** ermittelt werden können.

https://doi.org/10.1515/9783110747683-017

Für **Kapitalgesellschaften, besondere Personenhandelsgesellschaften und Genossenschaften** ist gemäß § 275 HGB die **Staffelform vorgeschrieben.** Außerdem enthält § 275 HGB zwei Gliederungsschemata, zwischen denen Kapitalgesellschaften, besondere Personenhandelsgesellschaften und Genossenschaften wählen können: die Gliederung nach dem **Gesamtkostenverfahren** und die Gliederung nach dem **Umsatzkostenverfahren.** Beide Verfahren gliedern die Ermittlung des Ergebnisses in einen betrieblichen Bereich (Positionen 1.–8. im Gesamtkostenverfahren und Positionen 1.–7. im Umsatzkostenverfahren) und einen Finanzbereich (Positionen 9.–13. im Gesamtkostenverfahren und 8.–12. im Umsatzkostenverfahren). Danach werden der Ertragssteueraufwand und (als einziges laut Gliederungsschema vorgeschriebenes Zwischenergebnis) das Ergebnis nach Steuern, sowie anschließend die sonstigen Steuern und das Jahresergebnis (Jahresüberschuss oder Jahresfehlbetrag) ausgewiesen. Formell ist bei beiden Verfahren lediglich die Ermittlung des Betriebsergebnisses unterschiedlich (siehe Abschnitte C.3.2.1 und C.3.2.2). Kleinstkapitalgesellschaften gemäß § 267a HGB können ein in § 275 Abs. 5 HGB dargestelltes verkürztes Gliederungsschema nach dem Gesamtkostenverfahren anwenden.

Die allgemeinen Grundsätze für die Gliederung gemäß § 265 HGB beziehen sich auch auf die GuV (zur Gliederung der Bilanz siehe Abschnitt C.2.3). Es gilt der **Grundsatz der Stetigkeit**: die Form der Darstellung und insbesondere die Gliederung dürfen nur ausnahmsweise geändert werden. Abweichungen müssen im Anhang dargestellt und begründet werden (§ 265 Abs. 1 HGB). Zu jedem Posten sind die **Vorjahreszahlen** anzugeben. Sind Werte einer Position für das Berichtsjahr und für das Vorjahr nicht vergleichbar, weil z. B. ein Teilbetrieb geschlossen wurde, oder wurden Vorjahresbeträge angepasst, muss dies angegeben und im Anhang erläutert werden (§ 265 Abs. 2 HGB). Ist das Unternehmen in verschiedenen Geschäftszweigen tätig, für die grundsätzlich unterschiedliche GuV-Schemata vorgeschrieben sind (z. B. ein Automobilunternehmen, das auch Kredite und andere Bankprodukte anbietet), ist eine der Gliederungen anzuwenden und um Positionen der anderen Gliederungen zu ergänzen (§ 265 Abs. 4 HGB).

Das Gliederungsschema kann **weiter untergliedert** und **neue Positionen** und **Zwischensummen,** deren Inhalt durch die in § 275 HGB vorgeschriebenen Posten nicht gedeckt ist, können **aufgenommen** werden (§ 265 Abs. 5 HGB). In der Unternehmenspraxis werden vielfach gesetzlich nicht normierte Ergebnisbegriffe verwendet (z. B. zur Kommunikation mit den Kapitalanlegern). Dabei kommen folgende Ergebnisgrößen zum Einsatz:

– **EBT** (earnings before taxes): Beim EBT werden dem Ergebnis nach Steuern die Steuern vom Einkommen und Ertrag wieder hinzugerechnet, um eine Ergebnisgröße zu erhalten, die frei von steuerlichen Einflüssen (z. B. Gestaltungsaspekten) ist.

– **EBIT** (earnings before interest and taxes): Aus dem EBT werden zusätzlich noch die Zinserträge und -aufwendungen – sowie ähnliche Positionen, mitunter auch das gesamte Finanzergebnis – wieder herausgerechnet, um ein Ergebnis ohne Belastungen aus der Besteuerung und der Kapitalstruktur sowie – je nach Definition – ohne das Ergebnis aus Finanzanlagen zu erhalten.

– **EBITDA** (earnings before interest, taxes, depreciation and amortisation): Zusätzlich zu den Korrekturen des EBIT werden die Abschreibungen auf materielle wie immaterielle Vermögensgegenstände dem Ergebnis hinzugerechnet, um eine von der Abschreibungspolitik unverzerrte Ergebnisgröße zu erhalten, die ferner noch als Hilfsgröße zur Bestimmung des Zahlungsmittelzuflusses während des Geschäftsjahres (Cash flow) interpretiert wird.

Einige Erweiterungen der GuV-Gliederung hat der Gesetzgeber bereits vorgeschrieben: So verlangt z. B. § 277 Abs. 3 Satz 1 HGB den gesonderten Ausweis von außerplanmäßigen Abschreibungen auf das Anlagevermögen gemäß § 253 Abs. 3 Satz 5 und 6 HGB. In der Regel besteht bei solchen Bestimmungen die Alternative der Angabe im Anhang.

Die Reihenfolge und auch die Bezeichnung der Gliederungspositionen müssen geändert werden, wenn der Grund in einer Besonderheit des Unternehmens liegt und dies die Klarheit und Übersichtlichkeit der GuV erhöht (§ 265 Abs. 6 HGB). Ferner können Positionen zusammengefasst werden, wenn entweder der Betrag der einzelnen Position unwesentlich ist oder wenn die Klarheit der Darstellung verbessert wird. Im letzteren Fall muss jedoch die Aufgliederung im Anhang durchgeführt werden (§ 265 Abs. 7 HGB). Positionen, die im Geschäftsjahr und im Vorjahr keinen Betrag enthalten, müssen nicht aufgeführt werden (§ 265 Abs. 8 HGB).

3.2 Ermittlung des Betriebsergebnisses

[?] Frage: Was ist das Betriebsergebnis und welche Bedeutung hat es für die Einschätzung der Ertragslage eines Unternehmens?

Das betriebliche Ergebnis setzt sich aus den Erträgen und Aufwendungen zusammen, die durch die Verfolgung des Betriebszweckes des Unternehmens entstehen. Für die Beurteilung der Ertragslage eines Unternehmens ist es somit von zentraler Bedeutung.

Ein negatives Betriebsergebnis weist auf Probleme im (Kern-)Geschäft des Unternehmens hin. Eine rückläufige Entwicklung über mehrere Geschäftsjahre lässt ebenfalls vermuten, dass das Unternehmen Schwierigkeiten bei der Produktion oder beim Absatz seiner Sachgüter und Dienstleistungen hat.

3.2.1 Ermittlung des Betriebsergebnisses nach dem Gesamtkostenverfahren

[?] Frage: Wie wird das betriebliche Ergebnis grundsätzlich bei Anwendung des Gesamtkostenverfahrens ermittelt?

Bei Anwendung des Gesamtkostenverfahrens werden **sämtliche betrieblichen Aufwendungen**, die im betrachteten Geschäftsjahr **für die Produktion von Sachgütern**

und Dienstleistungen angefallen sind, dargestellt und **nach Aufwandsarten** (Materialaufwand, Personalaufwand, Abschreibungen und sonstige) **gegliedert** (primäre Aufwandsgliederung). Bei der Ermittlung des Betriebsergebnisses beziehen sich in einem ersten Schritt die Umsätze auf die abgesetzten Produkte, während die gesamten Aufwendungen für alle hergestellten Produkte angefallen sind (siehe linke Spalte in Abbildung 21). Diese ungleiche Basis der Erträge und Aufwendungen gilt es zu korrigieren. Das Gesamtkostenverfahren (mittlere Spalte in Abbildung 21) behält die Aufwendungen bei und korrigiert die Ertragsseite, indem die Umsatzerlöse um die Bestandsveränderung zur sogenannten Gesamtleistung ergänzt werden. Dabei repräsentieren die Umsatzerlöse die abgesetzten Produkte. Die Bestandsveränderung entspricht dem Saldo jener Produkte, die entweder in der Berichtsperiode produziert, aber nicht abgesetzt wurden (positives Vorzeichen) oder in einer Vorperiode produziert, aber erst in der Berichtsperiode veräußert wurden (negatives Vorzeichen), so dass die Gesamtheit aller produzierten Produkte bei den Erträgen berücksichtigt wird.

Ausgangsdaten	Gesamtkostenverfahren	Umsatzkostenverfahren
Umsatz: abgesetzte Produkte	abgesetzte Produkte + Bestandsveränderung = Gesamtleistung (produzierte Produkte)	Umsatzerlöse (abgesetzte Produkte)
Aufwand: produzierte Produkte	produzierte Produkte	abgesetzte Produkte (Korrektur der Herstellungskosten)

Abb. 21: Vergleich der Basisdaten im Gesamt- und im Umsatzkostenverfahren

Werden mehr Sachgüter und Dienstleistungen veräußert als produziert wurden, werden die Aufwendungen für den Lagerabgang als Bestandsreduktion von den Umsätzen abgezogen. Werden hingegen weniger Güter veräußert als produziert wurden, werden zusätzlich zu den Erträgen aus der Veräußerung die Erträge aus dem Lageraufbau bzw. aus dem Zugang selbst erstellter Produkte, die das Unternehmen selbst nutzt, berücksichtigt.

Beispiel: Die X AG produziert in den Geschäftsjahren 00 und 01 jeweils 100.000 Stück ihres Produktes ABC. Dafür fallen in jedem Geschäftsjahr 1,2 Mio. € betriebliche Aufwendungen an. Im Geschäftsjahr 00 werden jedoch nur 80.000 Stück von ABC verkauft, im Geschäftsjahr 01 120.000 Stück. Die X AG bewertet ihre Erzeugnisse in der Handelsbilanz lediglich mit den Pflichtbestandteilen der Herstellungskosten (siehe Abschnitt C.2.2.2) von 9 € je Stück. 1 Stück ABC wird für 15 € verkauft.

Das **betriebliche Ergebnis des Geschäftsjahres 00** berechnet sich unter Einsatz des Gesamtkostenverfahrens wie folgt:

Umsatzerlöse	1.200.000 €	(80.000 St. × 15 €/St.)
Erhöhung des Bestands an fertigen Erzeugnissen	+180.000 €	(20.000 St. × 9 €/St.)
Betriebliche Aufwendungen	−1.200.000 €	
Betriebliches Ergebnis	180.000 €	

Für das **Geschäftsjahr 01** errechnet sich folgendes **betriebliches Ergebnis**:

Umsatzerlöse	1.800.000 €	(120.000 St. × 15 €/St.)
Verminderung des Bestands an fertigen Erzeugnissen	−180.000 €	(20.000 St. × 9 €/St.)
Betriebliche Aufwendungen	−1.200.000 €	
Betriebliches Ergebnis	420.000 €	

An diesem Beispiel lässt sich nochmals die Beeinflussung des Periodenergebnisses durch die Wahl der Zusammensetzung der Herstellungskosten aufzeigen. Würde die X AG ihre nicht verkauften Erzeugnisse nicht mit Teil-, sondern mit Vollkosten von z. B. 11 € bewerten, ergäbe sich für das Geschäftsjahr 00 ein betriebliches Ergebnis von 220.000 € (1.200.000 € + 220.000 € − 1.200.000 €), für das Geschäftsjahr 01 eines von 380.000 € (1.800.000 € − 220.000 € − 1.200.000 €). Das Gesamtergebnis beider Geschäftsjahre zusammen beträgt unabhängig von der Bewertung der Vorräte 600.000 €, jedoch werden durch die Bewertung mit Vollkosten Erträge früher erfasst. Die einzelnen Periodenergebnisse schwanken bei der Bewertung mit Teilkosten stärker als bei der Bewertung mit Vollkosten.

? **Frage: Aus welchen Positionen setzt sich das im betrieblichen Bereich erwirtschaftete Ergebnis bei Anwendung des Gesamtkostenverfahrens gemäß § 275 Abs. 2 HGB zusammen?**

Die Gliederung einer GuV nach dem Gesamtkostenverfahren ist in § 275 Abs. 2 HGB festgelegt. Die ersten acht Positionen stellen Erträge und Aufwendungen dar, die (größtenteils) im betrieblichen Bereich eines Unternehmens entstehen:

1. Umsatzerlöse
2. Erhöhung oder Verminderung des Bestands an fertigen und unfertigen Erzeugnissen
3. andere aktivierte Eigenleistungen
4. sonstige betriebliche Erträge
5. Materialaufwand
   a) Aufwendungen für Roh-, Hilfs- und Betriebsstoffe und für bezogene Waren
   b) Aufwendungen für bezogene Leistungen
6. Personalaufwand
   a) Löhne und Gehälter
   b) Soziale Abgaben und Aufwendungen für Altersversorgung und für Unterstützung, davon für Altersversorgung

7. Abschreibungen
   a) auf immaterielle Vermögensgegenstände des Anlagevermögens und Sachanlagen
   b) auf Vermögensgegenstände des Umlaufvermögens, soweit diese die in der Kapitalgesellschaft üblichen Abschreibungen überschreiten
8. sonstige betriebliche Aufwendungen

Kleine und mittelgroße Kapitalgesellschaften können gemäß § 276 Satz 1 HGB die ersten 5 Positionen zusammenfassen und als „Rohergebnis" ausweisen. Kleinstkapitalgesellschaften können dieses Wahlrecht nur in Anspruch nehmen, falls sie ihre GuV nicht nach dem verkürzten Gliederungsschema gemäß § 275 Abs. 5 HGB aufstellen.

Umsatzerlöse sind **Erträge** aus dem Verkauf und der Vermietung oder Verpachtung von Produkten sowie aus der Erbringung von Dienstleistungen (vgl. § 277 Abs. 1 HGB). Umsatzerlöse sind in der Praxis zumeist der bedeutendste Ertragsposten und stellen den Gegenwert des Markterfolgs des Unternehmens dar.

Gewinne oder Verluste aus der Veräußerung von Vermögensgegenständen des Anlagevermögens werden unter den sonstigen betrieblichen Erträgen bzw. den sonstigen betrieblichen Aufwendungen ausgewiesen. Verkauft bspw. ein Autohaus einen Gebrauchtwagen (Umlaufvermögen), ist der Verkaufserlös unter den Umsatzerlösen auszuweisen. Veräußert hingegen ein Verlag den Dienstwagen des Vorstandsvorsitzenden (Anlagevermögen), so ist das Ergebnis aus dem Verkauf – je nachdem, ob der Verkaufserlös höher oder niedriger als der Buchwert im Zeitpunkt des Verkaufs ist – in der Regel als sonstiger betrieblicher Ertrag bzw. sonstiger betrieblicher Aufwand zu klassifizieren (vgl. ausführlich zu den Problemen der Erfassung von Umsatzerlösen Breidenbach/Währisch, 2016, S. 152 ff.).

Umsatzerlöse sind gemäß § 277 Abs. 1 HGB **ohne Umsatzsteuer** und ohne sonstige direkt mit dem Umsatz verbundene Steuern (z. B. Energiesteuer) sowie nach **Abzug von Erlösschmälerungen** (z. B. Skonti, Boni) auszuweisen (siehe Abschnitt A.4.2). Aufgrund des **Realisationsprinzips** (§ 252 Abs. 1 Nr. 4 HGB) werden sie erst erfasst, wenn sie realisiert sind. Umsätze gelten dann als realisiert, wenn die Lieferung oder Leistung erbracht worden, die Gefahr auf den Käufer übergegangen und damit der Anspruch auf Gegenleistung entstanden ist (vgl. ADS 1995, § 252 Tz. 82).

Große Kapitalgesellschaften müssen **periodenfremde Umsatzerlöse** wie alle periodenfremden Erträge gemäß § 285 Nr. 32 HGB im Anhang erläutern, wenn die Beträge für die Beurteilung der Ertragslage des Unternehmens von Bedeutung sind.

Darüber hinaus müssen sie gemäß § 285 Nr. 4 HGB ihre Umsatzerlöse im Anhang nach **Tätigkeitsbereichen** und nach **Regionen** aufgliedern, sofern sich die Tätigkeitsbereiche bzw. die regionalen Märkte erheblich unterscheiden.

Beispiel: Die Henkel KGaA z. B. gliedert ihre Umsatzerlöse im Anhang des Jahresabschlusses 2020 wie folgt auf (siehe Jahresabschluss der Henkel KGaA, S. 18; Angaben in Mio. €):

Gliederung nach **Produktgruppen bzw. Aktivitäten**

	2019	2020
Adhesive Technologies	1.045	995
Beauty Care	498	480
Laundry & Home Care	972	973
Corporate	1.110	1.128
	3.625	3.576

Gliederung nach **Regionen**

	2019	2020
Deutschland	2.026	1.976
Westeuropa	1.030	1.022
Osteuropa	266	262
Afrika/Nahost	47	46
Nordamerika	69	79
Lateinamerika	31	32
Asien/Pazifik	156	160
	3.625	3.576

Diese Angaben helfen dem Bilanzleser, die Quellen und die Struktur und damit die Beständigkeit der Umsatzerlöse einzuschätzen. Im Falle der Tätigkeitsgebiete wird z. B. ersichtlich, ob es sich um konjunkturabhängige Produkte handelt, deren Absatz in künftigen Geschäftsjahren unsicher ist. Im Falle der Regionen erkennt der Jahresabschlussleser z. B., ob es sich um Regionen handelt, die politisch unsicher sind, so dass dort der Absatz in künftigen Geschäftsjahren besonderen Unsicherheiten unterliegt.

In der Position **Erhöhung oder Verminderung des Bestands an fertigen und unfertigen Erzeugnissen** werden **sowohl mengenmäßige** (Lagerzu- und Lagerabgänge) **als auch wertmäßige** (z. B. Wertverringerungen aufgrund eines Rückgangs des Absatzpreises) **Änderungen** des Bestands an Erzeugnissen erfasst. Lediglich Wertverringerungen, die das übliche Maß übersteigen, sind unter den Abschreibungen (Position 7b des Gliederungsschemas) auszuweisen.

Die Aktivierung von Erzeugnissen oder Leistungen, die das Unternehmen hergestellt hat und in künftigen Perioden selbst nutzen will (z. B. selbst hergestellte Maschinen, selbst durchgeführte Erweiterungen eines Vermögensgegenstandes), wird in der Position **andere aktivierte Eigenleistungen** erfolgsmäßig nachvollzogen. Durch die Ertragsbuchung werden die Herstellungsaufwendungen, die für die Erstellung des Sachgutes oder der Leistung angefallen sind, neutralisiert. Der Aufwand wird in den Perioden erfolgswirksam, in denen die aktivierten Vermögensgegenstände genutzt und abgeschrieben werden oder abgehen.

Den **sonstigen betrieblichen Erträgen** werden alle betrieblichen Erträge zugeordnet, die nicht einer anderen Ertragsposition entsprechen. Hierzu zählen z. B. Gewinne aus dem Abgang von Anlagevermögen, Erträge aus der Auflösung von Rückstellungen und Erträge aus Zuschreibungen. Erträge aus der Währungsumrechnung sind gemäß § 277 Abs. 5 Satz 2 HGB in dieser Position gesondert auszuweisen.

Beispiel: Die Hochtief AG z. B. macht zu der Position sonstige betriebliche Erträge in ihrem Jahresabschluss für das Geschäftsjahr 2020 folgende Angaben (siehe Jahresabschluss der HOCHTIEF Aktiengesellschaft 31.12.2020, S. 20):

„Diese Position enthält Erträge aus dem Abgang von Gegenständen des Anlagevermögens im Umfang von 760 Tsd. Euro (Vorjahr 1.243 Tsd. Euro) sowie Erträge aus Kostenverrechnungen in Höhe von 731 Tsd. Euro (Vorjahr 9.429 Tsd. Euro) und aus Währungskursgewinnen in Höhe von 579 Tsd. Euro (Vorjahr 1.919 Tsd. Euro). Des Weiteren wurden periodenfremde Erträge aus der Auflösung von Rückstellungen in Höhe von 1.501 Tsd. Euro (Vorjahr 697 Tsd. Euro) sowie aus dem Eingang bereits abgeschriebener Forderungen in Höhe von 1.282 Tsd. Euro (Vorjahr 9 Tsd. Euro) und aus der Zuschreibung auf Forderungen in Höhe von 536 Tsd. Euro (Vorjahr 5.800 Tsd. Euro) erfasst."

Der **Materialaufwand** wird in Aufwand für den Verbrauch materieller Produktionsfaktoren und Aufwand für bezogene Leistungen unterteilt. Zu den **Aufwendungen für Roh-, Hilfs- und Betriebsstoffe** zählt sämtlicher Verbrauch von diesen Stoffen (siehe auch Abschnitt A.4.5). In dieser Position werden auch der Abgang von Handelswaren, Inventurdifferenzen, Zugänge von zu Festwerten bewertetem Umlaufvermögen und Abschreibungen auf Roh-, Hilfs- und Betriebsstoffe, die im üblichen Rahmen liegen, erfasst. Abschreibungen, die das übliche Maß übersteigen, werden unter den Abschreibungen (Position 7b) ausgewiesen. Es besteht auch die Möglichkeit, den Stoffverbrauch des Verwaltungs- und des Vertriebsbereichs den sonstigen betrieblichen Aufwendungen zuzuordnen (vgl. hierzu Coenenberg et al., 2021a, S. 562 m. w. N.). Als **Aufwendungen für bezogene Leistungen** werden Aufwendungen für erhaltene fertigungsbezogene Leistungen Dritter, z. B. Reparaturen, die durch Dritte durchgeführt wurden, oder Lizenzaufwand für die Fertigung, erfasst.

Beim **Personalaufwand** werden Aufwendungen für die direkte Vergütung der Arbeitsleistungen und Aufwendungen für soziale Leistungen getrennt ausgewiesen (siehe ausführlich Abschnitt A.4.1).

Die Position **Löhne und Gehälter** umfasst sämtliche Arbeitsentgelte an das Personal, also neben den Bruttolöhnen und -gehältern auch Tantiemen, Nebenbezüge (z. B. Vergütungen für Verbesserungsvorschläge) und Zuführungen zu Rückstellungen für im Geschäftsjahr nicht genommenen Urlaub und für Jubiläumszuwendungen. Abfindungen sollten in dieser Position nur erfasst werden, sofern es sich um eine Entlohnung geleisteter Arbeit handelt. Stellt die Abfindung eine Entschädigung für den Verlust des Arbeitsplatzes dar, handelt es sich um einen sonstigen betrieblichen Aufwand (vgl. Winnefeld 2015, Kapitel G, Rz. 212).

Soziale Abgaben umfassen den Arbeitgeberanteil zur Sozialversicherung (Renten-, Kranken-, Pflege- und Arbeitslosenversicherung) sowie Beiträge z. B. zur Berufsgenossenschaft. **Aufwendungen für Altersversorgung** müssen gesondert ausgewiesen werden. Hierzu zählen die Zuführung zu Pensionsrückstellungen, Pensionsleistungen, für die keine Rückstellung gebildet wurde, Beiträge zu selbständigen Versorgungseinrichtungen, wie z. B. Pensionskassen und Beiträge zum Pensionssicherungsverein. Vorruhestandsleistungen werden hingegen den sonstigen betrieblichen Aufwendungen zugerechnet (vgl. Winnefeld 2015, Kapitel G, Rz. 218). **Aufwendungen für Unterstützung** stellen Leistungen an Betriebsangehörige und deren Hinterbliebene dar, für die keine Gegenleistung erbracht wird, z. B. Zahlungen bei Heirat, Geburt und in Notfällen.

Abschreibungen auf das betriebliche Anlagevermögen und Abschreibungen auf das Umlaufvermögen werden in getrennten Positionen dargestellt.

Die Position **Abschreibungen auf immaterielle Vermögensgegenstände des Anlagevermögens und Sachanlagen** enthält grundsätzlich sämtliche planmäßigen und außerplanmäßigen Abschreibungen auf die aufgeführten Vermögenspositionen. Abschreibungen auf einen niedrigeren beizulegenden Wert am Bilanzstichtag müssen gemäß § 277 Abs. 3 Satz 1 HGB gesondert ausgewiesen oder im Anhang angegeben werden.

Abschreibungen auf Vermögensgegenstände des Umlaufvermögens werden nur unter den Abschreibungen ausgewiesen, **soweit diese die in der Kapitalgesellschaft üblichen Abschreibungen überschreiten.** Übliche Wertminderungen werden in der betreffenden Aufwandsposition (Verminderung des Bestands an fertigen und unfertigen Erzeugnissen, Aufwendungen für Roh-, Hilfs- und Betriebsstoffe und – bei Wertminderungen von Forderungen und sonstigen Vermögensgegenständen – sonstige betriebliche Aufwendungen) erfasst.

Die Abgrenzung zwischen üblichen und unüblichen Abschreibungen ist in der Praxis zum Teil schwierig. Als unüblich können z. B. Abschreibungen angesehen werden, die die durchschnittliche Höhe entsprechender Abschreibungen der Vorjahre wesentlich überschreiten oder die auf einer ungewöhnlichen Ursache (z. B. Vernichtung von Vorräten aufgrund eines Lagerbrandes) beruhen. Abschreibungen auf Wertpapiere des Umlaufvermögens, die das übliche Maß übersteigen, können grundsätzlich dieser Position oder der Position „Abschreibungen auf Finanzanlagen und auf Wertpapiere des Umlaufvermögens" im Finanzergebnis zugeordnet werden. Hier wird der Auffassung gefolgt, dass sämtliche Abschreibungen auf Wertpapiere des Umlaufvermögens immer im Finanzergebnis (Position 12) auszuweisen sind (vgl. Winnefeld 2015, Kapitel G, Rz. 318). Tabelle 13 zeigt den Ausweis von Abschreibungen auf das Umlaufvermögen im Überblick.

In den **sonstigen betrieblichen Aufwendungen** werden alle Aufwendungen zusammengefasst, die nicht einer anderen Aufwandsposition des Gliederungsschemas zugeordnet werden können, z. B. Wertminderungen von Forderungen und sonstigen Vermögensgegenständen sowie liquiden Mitteln im üblichen Rahmen und Verluste aus dem Abgang von Vermögensgegenständen. In Abhängigkeit von der Abgrenzung der Position Materialaufwand wird hier auch z. B. der Verbrauch von Büromaterial in

Tab. 13: Erfassung von Abschreibungen auf Umlaufvermögen in einer GuV nach dem Gesamtkosten-verfahren (in Anlehnung an Schildbach et al., 2013, S. 430)

Vermögensgegenstand	Übliche Abschreibungen	Unübliche Abschreibungen
Roh-, Hilfs- und Betriebsstoffe, bezogene Waren	5a	7b
Fertige und unfertige Erzeugnisse, unfertige Leistungen	2	7b
Forderungen und sonstige Vermögensgegenstände	8	7b
Wertpapiere des Umlaufvermögens	12	12 (7b)

der Verwaltung und im Vertrieb, Werbeaufwand und Versandaufwand erfasst. Aufwendungen aus der Währungsumrechnung sind gemäß § 277 Abs. 5 Satz 2 HGB in dieser Position gesondert auszuweisen.

Beispiel: Die HOCHTIEF AG z. B. erläutert die Position in ihrem Jahresabschluss für das Geschäftsjahr 2020 wie folgt (siehe Jahresabschluss der HOCHTIEF Aktiengesellschaft 31.12.2020, S. 21):

„In den sonstigen betrieblichen Aufwendungen sind im Wesentlichen Mieten und Pachten, Gerichts-, Anwalts- und Notarkosten, Kosten des Post- und Zahlungsverkehrs, Jahresabschlusskosten, EDV-Kosten, Aufsichtsratsvergütungen, Beratungs- und Prüfungskosten sowie Umlagen ausgewiesen. Des Weiteren enthält diese Position mit 29.491 Tsd. Euro (Vorjahr 18.974 Tsd. Euro) Abschreibungen auf Forderungen, periodenfremde Aufwendungen aus der Weiterverrechnung von auf Tochtergesellschaften entfallenden Erstattungsansprüchen in Höhe von 15.100 Tsd. Euro (Vorjahr 19.428 Tsd. Euro) sowie Kostenerstattungen in Höhe von 5.100 Tsd. Euro (Vorjahr 5.000 Tsd. Euro). Die Währungskursverluste beliefen sich auf 9.695 Tsd. Euro (Vorjahr 140 Tsd. Euro). "

3.2.2 Ermittlung des Betriebsergebnisses nach dem Umsatzkostenverfahren

Frage: Wie wird das betriebliche Ergebnis grundsätzlich bei Anwendung des Umsatzkostenverfahrens ermittelt?

Bei Anwendung des Umsatzkostenverfahrens werden **sämtliche betrieblichen Aufwendungen**, die im betrachteten Geschäftsjahr **für die veräußerten Sachgüter und Dienstleistungen** angefallen sind, dargestellt und **nach Funktionsbereichen** (Herstellung, Verwaltung, Vertrieb) **gegliedert** (sekundäre Aufwandsgliederung). Während das Gesamtkostenverfahren den Unterschied zwischen den produzierten und den abgesetzten Produkten durch die Positionen Bestandsveränderungen und aktivierte Eigenleistungen für die Jahresabschlussadressaten sichtbar berücksichtigt, wird beim Umsatzkostenverfahren der Aufwand der Periode angepasst, so dass er sich nicht mehr auf die hergestellten, sondern auf die abgesetzten Produkte bezieht. Dieser Sachverhalt ist in Abbildung 21 (rechter Teil) dargestellt.

Werden mehr Sachgüter und Dienstleistungen veräußert als produziert wurden, werden die Aufwendungen für den Lagerabgang zusätzlich zu den Herstellungsaufwendungen für die abgesetzten und in der gleichen Periode produzierten Güter in den

Herstellungskosten erfasst. Werden hingegen weniger Sachgüter und Dienstleistungen veräußert als produziert wurden, werden die ausgewiesenen Herstellungskosten um die Aufwendungen für die nicht veräußerten Sachgüter und Dienstleistungen gekürzt.

Beispiel: Die X AG produziert in den Geschäftsjahren 00 und 01 jeweils 100.000 Stück ihres Produktes ABC. Dafür fallen in jedem Geschäftsjahr 1,2 Mio. € betriebliche Aufwendungen an: 900.000 € im Herstellungsbereich, 200.000 € in der Verwaltung, 100.000 € im Vertrieb. Im Geschäftsjahr 00 werden jedoch nur 80.000 Stück von ABC verkauft, im Geschäftsjahr 01 120.000 Stück. Die X AG bewertet ihre Erzeugnisse in der Handelsbilanz lediglich mit den Pflichtbestandteilen der Herstellungskosten (siehe Abschnitt C.2.2.2) von 9 € je Stück. 1 Stück ABC wird für 15 € verkauft.

Das **betriebliche Ergebnis des Geschäftsjahres 00** berechnet sich unter Anwendung des Umsatzkostenverfahrens wie folgt:

Umsatzerlöse	1.200.000 €	(80.000 St. × 15 €/St.)
Herstellungskosten	−720.000 €	(900.000 € − 20.000 St. × 9 €/St.)
Verwaltungskosten	−200.000 €	
Vertriebskosten	−100.000 €	
Betriebliches Ergebnis	180.000 €	

Für das **Geschäftsjahr 01** errechnet sich folgendes **betriebliches Ergebnis**:

Umsatzerlöse	1.800.000 €	(120.000 St. × 15 €/St.)
Herstellungskosten	−1.080.000 €	(900.000 € + 20.000 St. × 9 €/St.)
Verwaltungskosten	−200.000 €	
Vertriebskosten	−100.000 €	
Betriebliches Ergebnis	420.000 €	

Bei gleicher Bewertung der Bestände an fertigen und unfertigen Erzeugnissen und aktivierten Eigenleistungen führt die Anwendung des Umsatzkostenverfahrens stets zum gleichen Periodenergebnis wie das Gesamtkostenverfahren. Das betriebliche Ergebnis kann jedoch aufgrund der nicht eindeutigen Definition der Herstellungskosten (siehe folgende Ausführungen) je nach angewandtem Gliederungsverfahren unterschiedlich sein.

Frage: Aus welchen Positionen setzt sich das im betrieblichen Bereich erwirtschaftete Ergebnis bei Anwendung des Umsatzkostenverfahrens gemäß § 275 Abs. 3 HGB zusammen?

§ 275 Abs. 3 HGB stellt das Gliederungsschema einer GuV nach dem Umsatzkostenverfahren dar. Die ersten sieben Positionen enthalten Erträge und Aufwendungen, die (größtenteils) im betrieblichen Bereich eines Unternehmens entstehen:

1. Umsatzerlöse
2. Herstellungskosten der zur Erzielung der Umsatzerlöse erbrachten Leistungen

3. Bruttoergebnis vom Umsatz
4. Vertriebskosten
5. allgemeine Verwaltungskosten
6. sonstige betriebliche Erträge
7. sonstige betriebliche Aufwendungen

Kleine und mittelgroße Kapitalgesellschaften können gemäß § 276 Satz 1 HGB die Positionen 1, 2, 3 und 6 zusammenfassen und als „Rohergebnis" ausweisen. Dieses Rohergebnis entspricht materiell nicht der entsprechenden Position, die bei Anwendung des Gesamtkostenverfahrens angegeben werden kann.

Die Position **Umsatzerlöse** unterscheidet sich nicht von der entsprechenden Position des Gesamtkostenverfahrens (siehe Abschnitt C.3.2.1).

Die Zusammensetzung der **Herstellungskosten der zur Erzielung der Umsatzerlöse erbrachten Leistungen** (Herstellungskosten des Umsatzes, Umsatzkosten) ist im Gesetz nicht definiert. Nach herrschender Meinung (vgl. Winnefeld 2015, Kapitel G, Rz. 473 m. w. N.) gilt hier nicht die Definition der Herstellungskosten gemäß § 255 Abs. 2 und 3 HGB, die der Bewertung selbst erstellter, aktivierter Sachgüter und Dienstleistungen zugrunde zu legen ist (siehe hierzu Abschnitt C.2.2.2). Vielmehr sind in dieser Position sämtliche Aufwendungen des Herstellungsbereichs zu erfassen, die im Zusammenhang mit der Herstellung der im Geschäftsjahr veräußerten Sachgüter und Dienstleistungen angefallen sind, also sämtliche Material- und Fertigungseinzelkosten und -gemeinkosten, einschließlich aller planmäßigen und außerplanmäßigen Abschreibungen, sofern sie dem Herstellungsbereich zuzuordnen sind, auch Kosten der Unterbeschäftigung, periodenfremde Aufwendungen und bestimmte Verwaltungskosten, die dem Herstellungsbereich zugeordnet werden können. Zu erwägen ist auch – zumindest bei langfristiger Fertigung, z. B. im Schiffbau – eine Einbeziehung des Zinsaufwands, der dem Herstellungsbereich zuzuordnen ist und der auf den Zeitraum der Herstellung entfällt (vgl. ADS 1995, § 275 Tz. 231). Die Zurechnung von Kostensteuern (z. B. Kfz-Steuer, Versicherungssteuer) zu den Funktionsbereichen wird ebenfalls für zulässig erachtet (vgl. ADS 1995, § 275 Tz. 232).

Werden in einem Geschäftsjahr mehr Sachgüter und Dienstleistungen produziert als abgesetzt (Lagerzugang), verringern sich die Herstellungskosten des Umsatzes um den Wert der nicht veräußerten Sachgüter und Dienstleistungen (siehe nochmals Abbildung 21). Ist der Absatz jedoch größer als die Produktion, erhöhen sich die Herstellungskosten des Umsatzes um den Wert des Lagerabgangs. Die Höhe der Umsatzkosten hängt damit auch von der Bewertung der aktivierten fertigen und unfertigen Erzeugnisse und aktivierten Eigenleistungen ab. Es ist möglich, starke Schwankungen der Umsatzkosten bei Bestandsbewertung mit Teilkosten zu verringern, indem Lagerzugänge in den Herstellungskosten immer mit Vollkosten berücksichtigt werden und die Differenz zwischen Voll- und Teilkosten in den sonstigen betrieblichen Aufwendungen erfasst wird (vgl. ADS 1995, § 275 Tz. 223).

Das folgende Schema stellt eine (!) Möglichkeit dar, die Herstellungskosten des Umsatzes zu ermitteln:

Sämtliche dem Herstellungsbereich zuzuordnenden Aufwendungen der Periode
+ Wert der Lagerabgänge fertiger und unfertiger Erzeugnisse der Periode, bewertet zu Herstellungskosten gemäß § 255 Abs. 2 und 3 HGB
− Wert der aktivierten Eigenleistungen der Periode, bewertet mit Herstellungskosten gemäß § 255 Abs. 2, 2a und 3 HGB
− Wert der Lagerzugänge fertiger und unfertiger Erzeugnisse der Periode, bewertet zu Herstellungskosten gemäß § 255 Abs. 2 und 3 HGB

Das **Bruttoergebnis vom Umsatz** stellt die Differenz zwischen den Umsatzerlösen und den Herstellungskosten des Umsatzes dar.

Als **Vertriebskosten** werden sämtliche Aufwendungen, die dem Vertriebsbereich im Unternehmen zugeordnet werden können, ausgewiesen, also neben dem Material-, Personal- und Abschreibungsaufwand auch sonstige Aufwendungen wie z. B. Werbeaufwand und Einzelwertberichtigungen auf Forderungen. Auch Verwaltungsaufwand, der für den Vertriebsbereich anfällt, z. B. anteiliger Aufwand der Personalabteilung, kann in dieser Position erfasst werden.

Unter den **allgemeinen Verwaltungskosten** werden sämtliche Material-, Personal-, Abschreibungs- und sonstigen Aufwendungen ausgewiesen, die im Verwaltungsbereich des Unternehmens entstehen und die nicht in die Herstellungskosten des Umsatzes oder in die Vertriebskosten einbezogen werden.

Die **sonstigen betrieblichen Erträge** entsprechen der gleichen Position des Gesamtkostenverfahrens. Die Position **sonstige betriebliche Aufwendungen** wird hingegen bei Anwendung des Umsatzkostenverfahrens niedriger ausfallen, da hier nur die Aufwendungen zusammengefasst werden, die nicht einem der drei Funktionsbereiche zugeordnet werden können. Hierzu zählen z. B. Verluste aus dem Abgang von Vermögensgegenständen des Anlagevermögens.

Beispiel: Die Volkswagen AG z. B. erläutert die Position in ihrem Jahresabschluss für das Geschäftsjahr 2020 wie folgt (siehe Jahresabschluss der Volkswagen Aktiengesellschaft zum 31.12.2020, S. 28):

„Innerhalb der Sonstigen betrieblichen Aufwendungen sind Aufwendungen für Rechts- und Prozessrisiken in Höhe von 1,1 Mrd. € (Vorjahr: 2,3 Mrd. €) enthalten, die im Wesentlichen aus der Dieselthematik resultieren. Außerdem enthalten sind Aufwendungen aus der Bewertung und Abrechnung von Sicherungsgeschäften sowie aus der Währungsumrechnung in Höhe von 2,9 Mrd. € (Vorjahr: 2,8 Mrd. €). Bei den Aufwendungen aus der Währungsumrechnung handelt es sich vorwiegend um Kursverluste aus der Bewertung und Abrechnung von Devisenabsicherungen sowie Kursverluste aus der Umrechnung operativer Forderungen und Verbindlichkeiten."

Bei Anwendung des Umsatzkostenverfahrens muss eine Kapitalgesellschaft gemäß § 285 Nr. 8 HGB die Aufwandsarten Materialaufwand und Personalaufwand im Anhang entsprechend der Aufgliederung nach dem Gesamtkostenverfahren angeben. Kleine Kapitalgesellschaften sind hiervon gemäß § 288 Abs. 1 Nr. 1 HGB befreit.

3.3 Ermittlung des Finanzergebnisses

Frage: Was ist das Finanzergebnis und welche Bedeutung hat es für die Beurteilung der Ertragslage eines Unternehmens?

Die Positionen 9 bis 13 des Gesamtkostenverfahrens bzw. die Positionen 8 bis 12 des Umsatzkostenverfahrens betreffen Erträge und Aufwendungen aus Finanzvermögen bzw. Finanzschulden. Das Ergebnis hieraus hat für die Beurteilung der Ertragslage eines Unternehmens – sofern es sich nicht um ein Finanzdienstleistungsunternehmen handelt – eine geringere Bedeutung als das betriebliche Ergebnis. Ein negatives Finanzergebnis kann z. B. ausschließlich dadurch entstehen, dass sich ein Unternehmen zum Teil mit Fremdkapital finanziert. Dies allein ist noch kein Grund für eine schlechte Einschätzung der Ertragslage. Dennoch sollte auch das Finanzergebnis beobachtet werden, da es Hinweise darauf gibt, welche Bedeutung das Finanzergebnis für die gesamte Ertragslage eines Unternehmens hat und ob z. B. Potenzial besteht, Finanzierungskosten zu verringern.

Holdinggesellschaften, d. h. Gesellschaften deren Zweck es ist, die Beteiligungen an anderen Gesellschaften zu halten, weisen in der Regel kein Betriebsergebnis, sondern in erster Linie ein Finanzergebnis aus. Erträge aus Beteiligungen und aus verbundenen Unternehmen ersetzen hier die Umsatzerlöse, da die Aufgabe einer Holding lediglich in der Führung ihrer Beteiligungs- und verbundenen Unternehmen besteht. Zur Beurteilung der Ertragslage einer Holding und vor allem zur Einschätzung der künftigen Entwicklung muss die Ertragslage der Beteiligungen und der verbundenen Unternehmen analysiert werden, da die Ertragslage der Holding von diesen im Wesentlichen abhängt.

Frage: Aus welchen Positionen setzt sich das Finanzergebnis gemäß § 275 Abs. 2 und 3 HGB zusammen?

Formal unterscheiden sich die Positionen zur Ermittlung des Finanzergebnisses im Gesamtkosten- und im Umsatzkostenverfahren nicht (siehe § 275 Abs. 2 und 3 HGB; die erste Zahl entspricht der Positionsnummer beim Gesamtkostenverfahren, die zweite der Positionsnummer beim Umsatzkostenverfahren):

9./8.   Erträge aus Beteiligungen, davon aus verbundenen Unternehmen

10./9.   Erträge aus anderen Wertpapieren und Ausleihungen des Finanzanlagevermögens, davon aus verbundenen Unternehmen

11./10.   sonstige Zinsen und ähnliche Erträge, davon aus verbundenen Unternehmen

12./11.   Abschreibungen auf Finanzanlagen und auf Wertpapiere des Umlaufvermögens

13./12.   Zinsen und ähnliche Aufwendungen, davon an verbundene Unternehmen

Als **Erträge aus Beteiligungen** werden alle laufenden Erträge aus Beteiligungen und aus Anteilen an verbundenen Unternehmen, z. B. Dividenden aus Beteiligungen an Kapitalgesellschaften oder Gewinnanteile bei Beteiligungen an Personenhandelsgesellschaften, ausgewiesen. Erträge aus verbundenen Unternehmen sind mit einem Davon-Vermerk gesondert anzugeben. Nicht-laufende Erträge, wie z. B. ein Gewinn bei Abgang einer Beteiligung, werden in den sonstigen betrieblichen Erträgen erfasst. Damit wird inhaltlich von der formalen Unterteilung des Ergebnisses in Betriebs- und Finanzergebnis in den Gliederungsschemata gemäß § 275 Abs. 2 und 3 HGB abgewichen: Erträge aus Finanzvermögen werden in diesem Fall dem betrieblichen Bereich zugerechnet. Zur Lösung dieses Problems kann die Gliederung unter Anwendung von § 265 Abs. 5 Satz 2 HGB um eine Position „Gewinne aus dem Abgang von Beteiligungen" erweitert werden.

Für die Erfassung von Erträgen aus Beteiligungen ist der Realisationszeitpunkt wichtig. Man unterscheidet **zeitgleiche** und **zeitversetzte Gewinnvereinnahmung**. Gewinnansprüche aus Beteiligungen an Personenhandelsgesellschaften gelten mit Ablauf des Geschäftsjahres der Personenhandelsgesellschaft als realisiert (zeitgleiche Vereinnahmung). Ausschüttungen von Kapitalgesellschaften können in der Regel erst dann vereinnahmt werden, wenn ein Ausschüttungsbeschluss vorliegt (zeitversetzte Vereinnahmung). Eine Ausnahme besteht für die Handelsbilanz, wenn die beteiligte Gesellschaft als Mutterunternehmen die Ausschüttung des Tochterunternehmens praktisch dadurch bestimmen kann, dass

– das Mutterunternehmen sämtliche Anteile der Tochtergesellschaft hält,
– die Geschäftsjahre von Mutter- und Tochtergesellschaft übereinstimmen,
– der Jahresabschluss der Tochtergesellschaft vor dem Jahresabschluss der Muttergesellschaft festgestellt ist und ein den tatsächlichen Verhältnissen entsprechendes Bild der Vermögens-, Finanz- und Ertragslage vermittelt und
– ein Gewinnverwendungsbeschluss vorliegt, bevor die Abschlussprüfung des Mutterunternehmens beendet ist (vgl. Winnefeld 2015, Kapitel G, Rz. 283 m .w. N. und Ausnahmen).

Steuerrechtlich gilt diese Ausnahme hingegen nicht (vgl. Falterbaum et al. 2020, S. 328).

Beträge aus vereinnahmten Erträgen aus Beteiligungen werden brutto erfasst. Die auf das Bruttoergebnis anfallende Kapitalertragsteuer wird in den Steuern vom Einkommen und vom Ertrag (Position 14./13.) ausgewiesen.

Erträge aus einer Verlustübernahme durch ein anderes Unternehmen, z. B. einer Muttergesellschaft, **und aufgrund einer Gewinngemeinschaft oder aufgrund eines (Teil-)Gewinnabführungsvertrages** mit einem anderen Unternehmen, z. B. einer Tochtergesellschaft werden zeitgleich vereinnahmt und müssen gemäß § 277 Abs. 3 Satz 2 HGB jeweils in einer eigenen Position mit entsprechender Bezeichnung ausgewiesen werden.

Bei den **Erträgen aus anderen Wertpapieren und Ausleihungen des Finanzanlagevermögens** handelt es sich um alle laufenden Erträge aus Finanzanlagen, die nicht Erträge aus Beteiligungen darstellen, z. B. Zinsen aus langfristigen Ausleihungen und Dividenden aus Aktien, die lediglich eine langfristige Finanzinvestition darstellen. Auch in diesem Fall sind Erträge aus verbundenen Unternehmen mit einem Davon-Vermerk gesondert anzugeben. Die Erträge aus diesem Finanzanlagevermögen werden ebenfalls brutto erfasst. Gewinne aus dem Verkauf z. B. von Wertpapieren oder auch von Bezugsrechten werden unter den sonstigen betrieblichen Erträgen oder – entsprechend der oben beschriebenen Lösung für Gewinne aus dem Abgang von Beteiligungen – als gesonderte Position ausgewiesen.

Alle laufenden Finanzerträge, die nicht einer der vorherigen Positionen zugeordnet werden können, werden als **sonstige Zinsen und ähnliche Erträge** zusammengefasst. Hierzu zählen z. B. Zinsen aus Guthaben bei Kreditinstituten, laufende Erträge aus Wertpapieren des Umlaufvermögens und Erträge aus der Aufzinsung niedrig- oder unverzinslicher Forderungen des Umlaufvermögens. Die Beträge werden brutto, also z. B. einschließlich eventuell direkt abgezogener Kapitalertragssteuer, erfasst. Erträge aus verbundenen Unternehmen sind wiederum mit einem Davon-Vermerk gesondert anzugeben. Auch Erträge aus der Abzinsung (z. B. von Rückstellungen bei einer Änderung des Zinssatzes) sind gemäß § 277 Abs. 5 Satz 1 HGB in dieser Position gesondert auszuweisen.

In der Position **Abschreibungen auf Finanzanlagen und auf Wertpapiere des Umlaufvermögens** werden grundsätzlich sämtliche Abschreibungen auf Finanzanlagen und auf Wertpapiere des Umlaufvermögens ausgewiesen. Ein Unterschied der Position bei Anwendung entweder des Gesamtkosten- oder des Umsatzkostenverfahrens besteht lediglich dann, wenn Abschreibungen auf Wertpapiere des Umlaufvermögens, die das übliche Maß übersteigen, bei Anwendung des Gesamtkostenverfahrens den Abschreibungen auf Vermögensgegenstände des Umlaufvermögens, soweit diese die in der Kapitalgesellschaft üblichen Abschreibungen überschreiten (Position 7b des Gliederungsschemas gemäß § 275 Abs. 2 HGB), zugeordnet werden (siehe hierzu Abschnitt C.3.2.1). Gemäß § 277 Abs. 3 Satz 1 HGB müssen Abschreibungen von Finanzanlagen auf den niedrigeren beizulegenden Wert am Bilanzstichtag gesondert ausgewiesen oder im Anhang angegeben werden.

Aufwendungen aus einer Verlustübernahme für ein anderes Unternehmen, z. B. eine Tochtergesellschaft, **und aufgrund einer Gewinngemeinschaft oder aufgrund eines (Teil-)Gewinnabführungsvertrages** zu Gunsten eines anderen Unternehmens, z. B. der Muttergesellschaft, müssen gemäß § 277 Abs. 3 Satz 2 HGB jeweils in einer eigenen Position mit entsprechender Bezeichnung ausgewiesen werden.

Zinsen und ähnliche Aufwendungen sind Aufwendungen, die für die Inanspruchnahme von Fremdkapital entstehen. Hierzu zählen Zinsen für Kredite, Bereitstellungsprovisionen, Abschreibungen auf ein aktiviertes Disagio oder der Aufwand aus der sofortigen Verrechnung eines Disagios. Aufwendungen aus der Abzinsung sind gemäß § 277 Abs. 5 Satz 1 HGB in dieser Position gesondert auszuweisen. Beträge, die an verbundene Unternehmen geleistet werden, sind mit einem Davon-Vermerk gesondert anzugeben.

Aufwendungen für besondere Leistungen im Zusammenhang mit der Kreditaufnahme, z. B. Vermittlungsprovisionen, aber auch Währungsverluste und Aufwendungen für den Zahlungsverkehr, werden als sonstige betriebliche Aufwendungen dem Betriebsergebnis zugeordnet. Ein Unterschied der Position in Abhängigkeit von der Anwendung entweder des Gesamtkosten- oder des Umsatzkostenverfahrens besteht dann, wenn Zinsaufwand bei Anwendung des Umsatzkostenverfahrens den drei Funktionsbereichen zugerechnet wird und dementsprechend in den Umsatz-, Vertriebs- oder allgemeinen Verwaltungskosten ausgewiesen wird (siehe hierzu Abschnitt C.3.2.2).

3.4 Weitere Positionen zur Ermittlung des Jahresüberschusses

[?] Frage: Welche weiteren Bestandteile des Jahresüberschusses müssen gemäß § 275 Abs. 2 und 3 HGB gesondert aufgeführt werden?
Folgende weitere Positionen zur Ermittlung des Periodenergebnisses einer Kapitalgesellschaft müssen gemäß § 275 HGB gesondert ausgewiesen werden (die erste Zahl entspricht der Positionsnummer beim Gesamtkostenverfahren, die zweite der Positionsnummer beim Umsatzkostenverfahren):

14./13. Steuern vom Einkommen und vom Ertrag

15./14. Ergebnis nach Steuern

16./15. sonstige Steuern

17./18. Jahresüberschuss/Jahresfehlbetrag

Steuern vom Einkommen und vom Ertrag sind ertragsabhängige Steuern, wie z. B. die Körperschaftssteuer und die Gewerbeertragssteuer. Steuererträge, z. B. aus einem Verlustrücktrag, werden ebenfalls in dieser Position erfasst, was einen Verstoß gegen das Saldierungsverbot (siehe Abschnitt C.1.3.2) bedeutet. Erträge und Aufwendungen aus der Änderung latenter Steuerpositionen sind hier gemäß § 274 Abs. 2 Satz 3 HGB gesondert auszuweisen. Steuerstrafen zählen zu den sonstigen betrieblichen Aufwendungen.

Logisch problematisch folgen der Position **„Ergebnis nach Steuern"** noch die sonstigen Steuern.

Die **sonstigen Steuern** umfassen mit den Besitz-, Verkehrs- und Aufwandssteuern alle nicht ertragsabhängigen Steuern, die aus Sicht des Unternehmens Aufwendungen sind, z. B. Grundsteuer, Ausfuhrzölle, und Kfz-Steuer. Steuern, die als Anschaffungsnebenkosten zu aktivieren sind (siehe Abschnitt C.2.2.1), z. B. Grunderwerbsteuer und Eingangszölle, werden nicht in den sonstigen Steuern ausgewiesen. Insgesamt wird diese Position, die bei Anwendung des Umsatzkostenverfahrens durch den Ausweis der sonstigen Steuern in den Funktionsbereichen vollständig entfallen kann, auch im Gesamtkostenverfahren nur eine geringe Größenordnung besitzen, so dass das Ergebnis nach Steuern materiell weitgehend mit dem Jahresüberschuss zusammenfällt.

Der **Jahresüberschuss** ist das von dem Unternehmen im betreffenden Geschäftsjahr erwirtschaftete Ergebnis nach sämtlichen Steuern. Eine Ausnahme stellen die Unternehmen dar, die aufgrund eines Gewinnabführungsvertrages ihr Ergebnis direkt an die Muttergesellschaft abführen bzw. deren Verlust ausgeglichen wird. Bei diesen Unternehmen findet sich das Jahresergebnis als Aufwand bzw. als Ertrag gemäß § 277 Abs. 3 Satz 2 HGB in einer gesonderten Position in der Regel unter den Positionen des Finanzergebnisses (siehe Abschnitt C.3.3) wieder. Der ausgewiesene Jahresüberschuss beträgt in diesem Fall stets Null. Bei der KGaA werden die Erfolgsanteile der persönlich haftenden Gesellschafter unter den sonstigen betrieblichen Aufwendungen bzw. sonstigen betrieblichen Erträgen ausgewiesen.

Vor der Einführung des BilRUG waren außerordentliche Aufwendungen und Erträge im Rahmen eines **außerordentlichen Ergebnisses** als Teil der GuV separat auszuweisen; außerordentliche Positionen sind jetzt – im Einklang mit internationalen Vorschriften – Bestandteil der regulären Aufwands- und Ertragspositionen und werden im Anhang nur noch bei außergewöhnlicher Bedeutung gesondert vermerkt. Hierdurch kann die Interpretation des Jahresüberschusses insbesondere in seiner Nachhaltigkeit für unternehmensexterne Bilanzleser erschwert werden.

3.5 Ergebnisverwendungsrechnung

Frage: Wie wird bei einer Kapitalgesellschaft die Verwendung des Jahresüberschusses dargestellt?

Der Jahresüberschuss kann entweder an die Eigentümer einer Gesellschaft ausgeschüttet werden oder die Mittel bleiben als Eigenkapital im Unternehmen (Thesaurierung). Bei Personenhandelsgesellschaften wird der Jahresüberschuss entsprechend der gesetzlichen Regelungen oder der satzungsmäßigen Vereinbarungen auf die Gesellschafter verteilt und den (variablen) Kapitalkonten gutgeschrieben. Die Gesellschafter können den Betrag entnehmen oder im Unternehmen belassen.

Bei Kapitalgesellschaften muss zunächst beschlossen werden, ob **Rücklagen** aufgelöst oder ob aus dem Jahresüberschuss Gewinnrücklagen gebildet werden (siehe zu den Bestimmungen zur Bildung von Gewinnrücklagen Abschnitt C.2.7.3). Der sich hieraus ergebende (Rest-)Betrag kann als Bilanzgewinn an die Anteilseigner ausgeschüttet werden. Die Anteilseigner können jedoch auch beschließen, dass weitere Beträge in die Gewinnrücklagen eingestellt werden. Darüber hinaus können Teile des Bilanzgewinns bzw. -verlustes nicht verwendet, sondern als Gewinn- oder Verlustvortrag in das neue Geschäftsjahr vorgetragen werden (vgl. § 29 GmbHG, § 58 AktG).

§ 158 AktG schreibt für Aktiengesellschaften folgendes Schema für eine Ergebnisverwendungsrechnung in der GuV nach dem Jahresüberschuss oder im Anhang vor:

1. Gewinnvortrag/Verlustvortrag aus dem Vorjahr
2. Entnahmen aus der Kapitalrücklage
3. Entnahmen aus Gewinnrücklagen
   a) aus der gesetzlichen Rücklage
   b) aus der Rücklage für Anteile an einem herrschenden oder mehrheitlich beteiligten Unternehmen
   c) aus satzungsmäßigen Rücklagen
   d) aus anderen Gewinnrücklagen
4. Einstellungen in Gewinnrücklagen
   a) in die gesetzliche Rücklage
   b) in die Rücklage für Anteile an einem herrschenden oder mehrheitlich beteiligten Unternehmen
   c) in satzungsmäßige Rücklagen
   d) in andere Gewinnrücklagen
5. Bilanzgewinn/Bilanzverlust

Beispiel: Eine Aktiengesellschaft hat im Geschäftsjahr 00 einen Jahresüberschuss von 1 Mio. € erwirtschaftet. Es wurden Anteile am Mutterunternehmen der Aktiengesellschaft erworben, die in der Bilanz mit einem Wert von 50.000 € bilanziert werden. Vorstand und Aufsichtsrat der Aktiengesellschaft stellen in Übereinstimmung mit § 58 Abs. 2 AktG 350.000 € in die anderen Gewinnrücklagen ein. Damit ergibt sich für das Geschäftsjahr 00 folgende Ergebnisverwendungsrechnung im Anschluss an den Jahresüberschuss:

Jahresüberschuss	1.000.000 €
− Einstellung in die Rücklage für Anteile an einem herrschenden oder mehrheitlich beteiligten Unternehmen	−50.000 €
− Einstellung in andere Gewinnrücklagen	−350.000 €
Bilanzgewinn	600.000 €

Die Hauptversammlung beschließt im Mai 01, dass aus dem Bilanzgewinn des Geschäftsjahres 00 500.000 € ausgeschüttet und 100.000 € vorgetragen werden sollen. Im Geschäftsjahr 01 erwirtschaftet die Aktiengesellschaft einen Jahresfehlbetrag von 200.000 €. Die in 00 erworbenen Anteile am Mutterunternehmen werden verkauft. Trotz des Fehlbetrages sollen in 02 250.000 € an die Anteilseigner ausgeschüttet werden. Es bestehen in ausreichender Höhe andere Gewinnrücklagen zur Auflösung. Damit ergibt sich für das Geschäftsjahr 01 folgende Ergebnisverwendungsrechnung im Anschluss an den Jahresfehlbetrag:

Jahresfehlbetrag	−200.000 €
+ Gewinnvortrag	100.000 €
+ Entnahme aus der Rücklage für Anteile an einem herrschenden oder mehrheitlich beteiligten Unternehmen	50.000 €
+ Entnahme aus anderen Gewinnrücklagen	300.000 €
Bilanzgewinn	250.000 €

3.6 Prüfungsaufgaben

Aufgabe 11

Die Bäckerglück GmbH, die ihre Backwaren ausschließlich an Großabnehmer vertreibt, weist für das Jahr 01 folgende Zahlungen aus (Angaben in T€):

Verkauf von Backwaren	330
Verkauf einer Teigknetmaschine	1
Rohstoffeinkauf (Mehl, Hefe usw.)	−75
Grundstückskauf	−6
Kauf eines Ofens	−10
Löhne und Gehälter	−95
Aufnahme eines Bankdarlehens	40
Zinszahlungen für das Bankdarlehen	−4
Überweisungen an die Sozialversicherungsträger	−61
Abführung Lohn- und Einkommensteuer der Arbeitnehmer	−55
Körperschafts- und Gewerbeertragsteuerzahlung	−10
Zahlungssaldo	**55**

Erstellen Sie aus der Finanzrechnung unter Berücksichtigung folgender Angaben eine GuV für das Jahr 01 gemäß § 275 Abs. 2 HGB unter Angabe der Nummer und der Bezeichnung der jeweiligen Positionen:

1. Die Einzahlungen aus dem Backwarenverkauf stammten in Höhe von 5 T€ aus Zielverkäufen des Jahres 00. Am Ende des Jahres 01 stehen noch Rechnungen für gelieferte Backwaren in Höhe von 10 T€ aus.
2. Die verkaufte Teigknetmaschine hatte einen Buchwert von 0 €.
3. Der Wert des Lagerbestands an haltbaren Backwaren am Ende von 01 lag um 100 € über dem des Jahres 00. Der Lagerbestand an Rohstoffen Ende 01 hat sich gegenüber dem Vorjahr um 200 € erhöht.
4. Der Ofen wurde zu Beginn des Jahres 01 gekauft. In 00 war bereits eine Anzahlung von 2 T€ geleistet worden. Der Ofen wird – ebenso wie das übrige Anlagevermögen, das einen Anschaffungswert von insgesamt 108 T€ hat – gleichbleibend über zehn Jahre abgeschrieben.
5. Die Fremdkapitalzinsen werden immer am 01.07. für ein Jahr im Voraus gezahlt. Das Darlehen wurde zum 01.07.01 aufgenommen.
6. Die Überweisungen an die Sozialversicherungsträger betreffen in Höhe von 5 T€ das Geschäftsjahr 00. Am Ende des Geschäftsjahres 01 bestehen Verbindlichkeiten gegenüber den Sozialversicherungsträgern in Höhe von 4 T€. Die abzuführenden Beträge werden zu je 50 % von der Bäckerglück GmbH und den Arbeitnehmern getragen.

7. Die abgeführte Lohn- und Einkommensteuer betrifft ausschließlich das Geschäfts-jahr 01.

8. Die Bäckerglück GmbH rechnet noch mit einer Gewerbeertragssteuernachzah-lung von 1 T€.

Aufgabe 12

Folgende Tabelle stellt die Aufwendungen dar, die in einem Unternehmen im Ge-schäftsjahr 01 entstanden sind, und in welcher Höhe die Aufwendungen im Herstel-lungs-, Vertriebs- oder Verwaltungsbereich angefallen sind (in T€):

Aufwandart	Gesamt	Herstel-lungs-bereich	Vertrieb	Allgemeine Verwaltung	Nicht zuzu-ordnen
Materialaufwand	2.100	1.750	100	250	
Personalaufwand	3.000	2.300	200	500	
Abschreibungsaufwand	900	700		200	
Sonstiger betrieblicher Aufwand	800	160	80	60	500
Zinsaufwand	500				500
Steuern vom Einkommen und Ertrag	500				500

Das Unternehmen bezieht in die Herstellungskosten zur Bestandsbewertung sämtli-che Material- und Fertigungskosten sowie anteilige Verwaltungskosten ein. Der Be-stand an fertigen Erzeugnissen erhöhte sich in 01 um 600 T€. Davon betreffen 450 T€ den Herstellungs-, 150 T€ den Verwaltungsbereich. Umsatzerlöse wurden in 01 in Hö-he von 8.500 T€, sonstige betriebliche Erträge in Höhe von 200 T€ erzielt.

Erstellen Sie eine GuV gemäß § 275 Abs. 3 HGB.

4 Der Anhang

Frage: Was ist ein Anhang und wer muss ihn aufstellen?

Gemäß § 264 Abs. 1 Satz 1 HGB müssen Kapitalgesellschaften und Unternehmen, die die Vorschriften für Kapitalgesellschaften anwenden (außer große Personenhandelsgesellschaften und große Einzelkaufleute gemäß § 5 Abs. 2 PublG), ihren Jahresabschluss um einen Anhang erweitern. Kleinstkapitalgesellschaften brauchen keinen Anhang aufzustellen, wenn sie bestimmte, in § 264 Abs. 1 Satz 5 HGB genannte Angaben unter der Bilanz aufführen. Der Anhang ist wie Bilanz und GuV ein **gleichwertiger Bestandteil des Jahresabschlusses**. Wichtige Informationen können bzw. müssen im Anhang dargelegt werden.

Frage: Welche Funktionen soll ein Anhang erfüllen?

Bei Kapitalgesellschaften und großen Unternehmen anderer Rechtsformen hat die Informationsfunktion des Jahresabschlusses eine größere Bedeutung als z. B. bei kleinen Personenhandelsgesellschaften. Der Anhang dient dazu, den Informationsgehalt eines Jahresabschlusses zu erhöhen. In diesem Zusammenhang soll der Anhang folgende Funktionen erfüllen (vgl. Coenenberg et al., 2021a, S. 888 f. m .w. N.).

Die Bilanz oder die GuV können Informationen enthalten, die nicht ein tatsächliches Bild der wirtschaftlichen Lage des Unternehmens vermitteln. Dies hängt häufig mit der Einkommensbemessungsfunktion des Jahresabschlusses zusammen. Wird z. B. eine Finanzanlage auf Basis des gemilderten Niederstwertprinzips (siehe Abschnitt C.2.2.4.2) nicht abgewertet, obwohl der Buchwert am Bilanzstichtag über dem beizulegenden Zeitwert liegt, ist ein Teil des Vermögens in der Bilanz zu hoch ausgewiesen. In solchen Fällen enthält der Anhang Informationen, die eine **Korrektur** der verfälschten Angaben zumindest zum Teil erlauben. So müssen in dem obigen Fall gemäß § 285 Nr. 18 HGB der Buchwert und der beizulegende Zeitwert der einzelnen Vermögensgegenstände oder angemessener Gruppierungen sowie die Gründe für das Unterlassen der Abschreibung und die Anhaltspunkte darauf, dass die Wertminderung voraussichtlich nicht von Dauer ist, angegeben werden. Der Bilanzleser kann den Wert in der Bilanz für seine Analyse auf Basis dieser Information ggf. korrigieren.

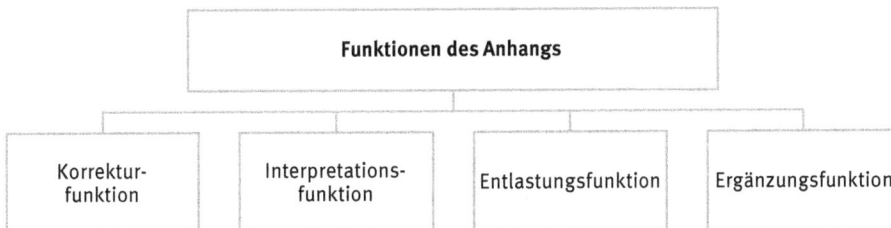

Funktionen des Anhangs

| Korrektur-funktion | Interpretations-funktion | Entlastungsfunktion | Ergänzungsfunktion |

Abb. 22: Die Funktionen des Anhangs (in Anlehnung an Coenenberg et al., 2021a, S. 889)

https://doi.org/10.1515/9783110747683-018

Die in der Bilanz und der GuV enthaltenen Angaben sind alleine nur begrenzt aussagekräftig. Zur Beurteilung des Wertes des abnutzbaren Anlagevermögens muss der Leser z. B. wissen, welche Abschreibungsverfahren das Unternehmen anwendet. Zur **Interpretation** des Inhaltes von Bilanz und GuV sind weitere Informationen nötig, die der Anhang zum Teil enthält. Hierzu zählen insbesondere die Angabe der angewandten Bilanzierungs- und Bewertungsmethoden und Abweichungen hiervon im Zeitablauf (§ 284 Abs. 2 Nr. 1 und 2 HGB).

Eine Vielzahl von Informationen können wahlweise in Bilanz bzw. GuV oder im Anhang gegeben werden. Hierzu zählt z. B. der Ausweis eines Disagios (§ 268 Abs. 6 HGB). Werden solche Angaben im Anhang gemacht, bedeutet dies eine **Entlastung** der Bilanz bzw. der GuV, die deren Übersichtlichkeit erhöht. Der Jahresabschlussleser kann sich dann zunächst einen schnellen ersten Eindruck von der wirtschaftlichen Lage des Unternehmens mit Hilfe von Bilanz und GuV machen und mit Hilfe des Anhangs eine eingehendere Analyse durchführen.

Zahlreiche Informationen zur Beurteilung der wirtschaftlichen Lage eines Unternehmens können nicht in die Bilanz und die GuV aufgenommen werden. Dies betrifft z. B. die sonstigen finanziellen Verpflichtungen (§ 285 Nr. 3 und 3a HGB) und die Darstellung der Entwicklung der einzelnen Positionen des Anlagevermögens (Anlagenspiegel; § 284 Abs. 3 HGB). Entsprechende Angaben können bzw. müssen in den Anhang aufgenommen werden, der dadurch die beiden anderen Bestandteile des Jahresabschlusses **ergänzt.**

? **Frage: Welche Informationen enthält ein Anhang?**

Wesentliche Bestimmungen darüber, welche Informationen ein Anhang enthalten muss, finden sich in den §§ 284 ff. HGB. Darüber hinaus enthalten viele weitere Vorschriften des HGB (z. B. §§ 265, 268, 277 HGB) Bestimmungen zum Anhang, insbesondere wenn ein Wahlrecht zum Ausweis eines Postens entweder in der Bilanz bzw. der GuV oder im Anhang gewährt wird.

In der Praxis wird der Anhang häufig wie folgt gegliedert:

1. Allgemeine Angaben und Grundlagen der Rechnungslegung
2. Bilanzierungs- und Bewertungsgrundsätze
3. Erläuterungen zur Bilanz
4. Erläuterungen zur GuV
5. Sonstige Angaben

Die zu den Bilanz- und GuV-Positionen vorgeschriebenen Anhangangaben müssen gemäß § 284 Abs. 1 Satz 1 2. Halbsatz HGB in derselben Reihenfolge wie die entsprechenden Positionen in der Bilanz bzw. der GuV dargestellt werden.

Die **Allgemeinen Angaben** enthalten z. B. Informationen darüber, welche Rechtsgrundlage dem Jahresabschluss zugrunde liegt (z. B. „Der Jahresabschluss der XYZ AG wurde nach den Vorschriften des Handelsgesetzbuches und den besonderen Rechnungslegungsvorschriften des Aktiengesetzes erstellt."), ob Positionen von Bilanz bzw. GuV zusammengefasst wurden und im Anhang aufgegliedert sind (§ 265 Abs. 7 Nr. 2 HGB) und welches Gliederungsschema gemäß § 275 HGB für die GuV gewählt worden ist.

Gemäß § 284 Abs. 2 Nr. 1 HGB müssen im Anhang die auf die Posten der Bilanz und der Gewinn- und Verlustrechnung angewandten **Bilanzierungs- und Bewertungsgrundsätze** angegeben werden. Hierzu zählen z. B. Angaben

- zu den auf die verschiedenen Positionen des Anlagevermögens angewandten Abschreibungsverfahren,
- zur Zusammensetzung der Herstellungskosten,
- zu den für die Vorratsbewertung angewendeten Verfahren,
- zur Durchführung von Wertberichtigungen von Forderungen,
- zur Behandlung von Zuschüssen,
- zu dem der Bilanzierung der Pensionsrückstellungen zugrundeliegenden Verfahren und dem angewandten Zinssatz,
- zu den Grundlagen für die Umrechnung von Fremdwährungspositionen (z. B. ein in US$ aufgenommenes Darlehen) in Euro.

Es handelt sich hierbei mehrheitlich um verbale Angaben (Ausnahme: z. B. der zur Abzinsung der Pensionsrückstellungen angewandte Zinssatz). Sofern von den Bilanzierungs- und Bewertungsmethoden, insbesondere im Vergleich zum Vorjahr, abgewichen wird, muss dies gemäß § 284 Abs. 2 Nr. 2 HGB angegeben und begründet werden sowie der Einfluss auf die Vermögens-, Finanz- und Ertragslage gesondert dargestellt werden. Es handelt sich hierbei um eine gravierende Durchbrechung des Stetigkeitsgebotes, deren Hintergrund und Auswirkungen auf die Jahresabschlusspositionen für die Beurteilung der wirtschaftlichen Lage des Unternehmens von großem Interesse sind.

Die **Erläuterungen zur Bilanz** enthalten spezielle Angaben zu den einzelnen Bilanzpositionen, z. B.

- den Anlagenspiegel gemäß § 284 Abs. 3 HGB (siehe Abschnitt C.2.4.4),
- Angaben zum Inhalt der einzelnen Positionen,
- Erläuterungen zu wesentlichen Veränderungen der Positionen,
- die Aufgliederung der Positionen, wenn sie in Anwendung von § 265 Abs. 7 Nr. 2 HGB in der Bilanz zusammengefasst wurden,
- einen Verbindlichkeitenspiegel, in dem die Restlaufzeiten und die gegebenen Sicherheiten gemäß §§ 268 Abs. 5, 285 Nr. 1 und 2 HGB dargestellt werden.

Dementsprechend finden sich in den **Erläuterungen zur GuV** spezielle Angaben zu den einzelnen Positionen der GuV, z. B.

- die Aufgliederung der Umsatzerlöse nach Regionen und nach Tätigkeitsbereichen gemäß § 285 Nr. 4 HGB,
- Angaben zum Inhalt der einzelnen Positionen,

– Erläuterungen zu wesentlichen Veränderungen der Positionen gegenüber dem Vorjahresabschluss,
– aperiodische Erträge und Aufwendungen gemäß § 285 Nr. 32 HGB,
– Erträge und Aufwendungen von außergewöhnlicher Größenordnung oder außergewöhnlicher Bedeutung gemäß § 285 Nr. 31 HGB,
– die Angabe von Material- und Personalaufwand gemäß § 285 Nr. 8 HGB bei Anwendung des Umsatzkostenverfahrens.

Unter den **sonstigen Angaben** werden u. a.
– die Haftungsverhältnisse gemäß § 251 HGB und die sonstigen finanziellen Verpflichtungen gemäß § 285 Nr. 3 und 3a HGB,
– Bezüge der Mitglieder der Geschäftsführung, eines Aufsichtsrats, eines Beirats oder eines ähnlichen Gremiums gemäß § 285 Nr. 9 HGB,
– Namen und ausgeübter Beruf der Mitglieder der Geschäftsführung und des Aufsichtsrats gemäß § 285 Nr. 10 HGB,
– die Aufstellung des Anteilsbesitzes gemäß § 285 Nr. 11, 11a und 11b HGB
ausgewiesen.

Im Anhang ist ferner gemäß § 285 Nr. 33 HGB über wesentliche Ereignisse nach dem Bilanzstichtag und ihre finanziellen Auswirkungen zu berichten, soweit sich dies nicht bereits in Bilanz und GuV niedergeschlagen hat. Zu den **Vorgängen von besonderer Bedeutung, die nach dem Schluss des Geschäftsjahres aufgetreten sind**, zählen sowohl Entwicklungen im neuen Geschäftsjahr (z. B. ein wesentlicher Preisanstieg eines Rohstoffes) als auch einzelne Vorfälle (z. B. der Konkurs eines großen Kunden).

? Frage: Welche Ausnahmen von den Angabepflichten gibt es?
Gemäß § 288 Abs. 1 HGB sind **kleine Kapitalgesellschaften** von einer Reihe von Angaben, z. B. zu den sonstigen finanziellen Verpflichtungen, zu der Aufgliederung der Umsatzerlöse nach Regionen und nach Tätigkeitsgebieten und zu der durchschnittlichen Zahl der Arbeitnehmer, befreit.

Mittelgroße Kapitalgesellschaften müssen gemäß § 288 Abs. 2 HGB ihre Umsatzerlöse nicht aufgliedern. Darüber hinaus brauchen sie
– Angaben zum Honorar des Abschlussprüfers gemäß § 285 Nr. 17 HGB nur auf schriftliche Anfrage gegenüber der Wirtschaftsprüferkammer zu machen,
– Angaben zu Geschäften mit nahe stehenden Unternehmen und Personen gemäß § 285 Nr. 21 HGB nur zu machen, wenn die Geschäfte direkt oder indirekt mit einem Gesellschafter, mit Unternehmen, an denen die Gesellschaft selbst eine Beteiligung hält, oder mit Mitgliedern des Geschäftsführungs-, Aufsichts- oder Verwaltungsorgans abgeschlossen wurden,
– die Grundlagen der latenten Steuern gemäß § 285 Nr. 29 HGB nicht anzugeben und

- die periodenfremden Aufwendungen und Erträge nicht gemäß § 285 Nr. 32 darzustellen.

Unabhängig von ihrer Größe müssen bzw. können Unternehmen gemäß § 286 HGB in folgenden Fällen Angaben unterlassen:
- Es besteht ein Berichtsverbot, wenn dies für das Wohl der Bundesrepublik Deutschland oder eines Bundeslandes erforderlich ist.
- Auf die Aufgliederung der Umsatzerlöse kann verzichtet werden, wenn dies für das Unternehmen erheblich nachteilig wäre. Die Unterlassung ist im Anhang anzugeben.
- Sofern es für die Darstellung der Vermögens-, Finanz- und Ertragslage des Unternehmens von untergeordneter Bedeutung ist oder die Angaben für das berichtende Unternehmen oder das Unternehmen, über das berichtet wird, von erheblichem Nachteil wäre, können Pflichtangaben gemäß § 285 Nr. 11 HGB zu Namen, Sitz, Beteiligungsanteil, Eigenkapital und Jahresergebnis von Unternehmen, an denen das Unternehmen im Sinne des § 271 Abs. 1 HGB beteiligt ist oder die Beteiligung von einer dritten Partei für Rechnung des Unternehmens gehalten wird, entfallen. Aus denselben Gründen können börsennotierte Kapitalgesellschaften die Angabe gemäß § 285 Nr. 11 b zu Beteiligungen an großen Kapitalgesellschaften, die 5 % der Stimmrechte überschreiten, unterlassen. Darüber hinaus müssen das Eigenkapital und das Ergebnis von Beteiligungen nicht angegeben werden, wenn das Beteiligungsunternehmen seinen Jahresabschluss nicht offenlegen muss und das berichtende Unternehmen keinen beherrschenden Einfluss auf das Beteiligungsunternehmen ausüben kann. Die Erleichterung aufgrund eines befürchteten Nachteils gilt nicht für kapitalmarktorientierte Unternehmen.
- Die Bezüge der aktuellen und früheren Mitglieder der Geschäftsführung, des Aufsichtsrats, eines Beirates oder einer ähnlichen Gruppe und deren Hinterbliebenen gem. § 285 Nr. 9 Buchstabe a und b HGB müssen nicht angegeben werden, wenn sich aufgrund dieser Angaben die Bezüge eines Mitglieds dieser Organe feststellen ließe. Diese Erleichterung gilt nicht für börsennotierte Aktiengesellschaften.

5 Der Lagebericht

? **Frage: Was ist ein Lagebericht?**

Große und mittelgroße Kapitalgesellschaften und Unternehmen, die die Vorschriften für Kapitalgesellschaften anwenden müssen (außer große Personenhandelsgesellschaften und große Einzelkaufleute gemäß § 5 Abs. 2 PublG), haben gemäß § 264 Abs. 1 Satz 1 HGB zusätzlich zum Jahresabschluss einen Lagebericht aufzustellen. Es handelt sich hierbei um einen Bericht, der die wirtschaftliche Gesamtsituation des Unternehmens verbal wie quantitativ beschreiben und auch Informationen enthalten soll, die explizit die künftige Entwicklung des Unternehmens betreffen (Prognosebericht). Insofern geht der Lagebericht über die vergangenheitsorientierte Berichterstattung des Jahresabschlusses hinaus.

? **Frage: Welche Vorschriften sind bei der Erstellung des Lageberichts zu beachten?**

Für die Erstellung des Lageberichts eines einzelnen Unternehmens sind §§ 289 ff. HGB zu beachten. Konzerne müssen ihren Lagebericht auf Basis der §§ 315 ff. HGB aufstellen. Die Vorschriften zur Lageberichtserstellung für Einzelunternehmen und Konzerne entsprechen einander in weiten Teilen. DRS 20 konkretisiert die Vorschriften für Konzernlageberichte. Grundsätzlich gelten die DRS nur für Konzernabschlüsse. Das DRSC empfiehlt die Anwendung von DRS 20 jedoch ausdrücklich auch auf den Lagebericht von Einzelunternehmen.

? **Frage: Welche Funktionen soll ein Lagebericht erfüllen?**

Der Lagebericht besitzt **eine Rechenschafts-, eine Informations- sowie eine Ergänzungsfunktion** (vgl. Grottel in Beck'scher Bilanzkommentar 2020, § 289 Anm. 7). Die Unternehmensleitung legt durch die Darstellung des Verlaufs des vergangenen Geschäftsjahres Rechenschaft ab. Außerdem enthält der Lagebericht gegenüber dem Jahresabschluss zusätzliche Informationen, die sowohl Daten aus dem Jahresabschluss betreffen als auch Bereiche, die nicht Bestandteil des Jahresabschlusses sind (z. B. soziale Belange oder Forschungs- und Entwicklungsaktivitäten) und die zum Teil explizit zukunftsorientiert sind. Hierdurch und durch die stärker analytische Ausrichtung der Ausführungen ergänzt der Lagebericht den Jahresabschluss.

? **Frage: Nach welchen Grundsätzen muss ein Lagebericht aufgestellt werden?**

Die Grundsätze ordnungsmäßiger Buchführung gelten gemäß §§ 238 Abs. 1 Satz 1, 243 Abs. 1, 264 Abs. 2 Satz 1 HGB für die Buchhaltung und den Jahresabschluss. Der Gesetzgeber verweist für den Lagebericht nicht darauf. Hierdurch ist ein Unternehmen bei der Berichterstattung freier. Dennoch sind – wie in Abbildung 23 dargestellt – eine

https://doi.org/10.1515/9783110747683-019

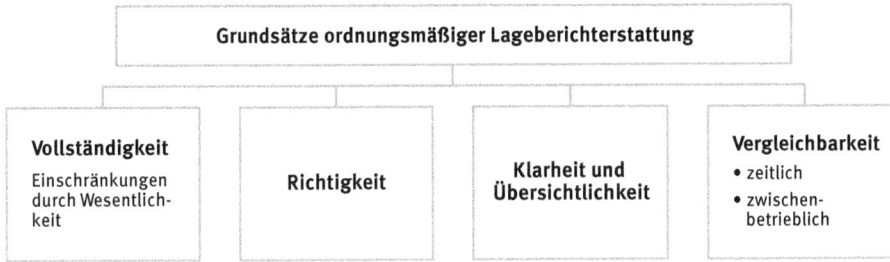

Abb. 23: Grundsätze ordnungsmäßiger Lageberichterstattung

Reihe von Grundsätzen bei der Erstellung des Lageberichtes zu beachten (vgl. Grottel in Beck'scher Bilanzkommentar 2020, § 289 Anm. 21 ff.):

– Nach dem Grundsatz der **Vollständigkeit** hat der Lagebericht sämtliche Informationen zu enthalten, die für die Darstellung der wirtschaftlichen Gesamtsituation des Unternehmens und zur Einschätzung der Risiken, mit denen es konfrontiert wird, notwendig sind. Dabei wird die Pflicht zur Berichterstattung durch den Grundsatz der **Wesentlichkeit** eingeschränkt. Es müssen nicht alle Details lückenlos aufgeführt werden, sondern es sind die Informationen auszuwählen, die für die Einschätzung der Gesamtlage des Unternehmens erforderlich sind. In wirtschaftlich schwieriger Lage wird eine ausführlichere Berichterstattung notwendig sein als in Zeiten, in denen die Geschäfte problemlos laufen.

– Der Inhalt des Lageberichts muss **richtig** sein, d. h. die Angaben müssen intersubjektiv nachprüfbar, Annahmen müssen plausibel und Schlussfolgerungen müssen schlüssig sein. Wertungen dürfen nicht willkürlich getroffen werden, sondern müssen auf Schlussfolgerungen oder Erfahrungen beruhen und der Überzeugung des Berichtenden entsprechen.

– Die Ausführungen im Lagebericht müssen **klar** formuliert sein. Wichtige Informationen dürfen nicht durch Überflüssiges verdeckt werden. Der Lagebericht ist **übersichtlich** zu gestalten, damit die Adressaten die wesentlichen Informationen schnell erfassen können.

– Der Lagebericht sollte zeitlich und zwischenbetrieblich **vergleichbar** sein. Der zeitlichen Vergleichbarkeit dient die Befolgung des Stetigkeitsprinzips sowohl im Hinblick auf die formelle Darstellung als auch hinsichtlich der Informationsauswahl. Die zwischenbetriebliche Vergleichbarkeit wird z. B. gefördert, wenn dargestellte Unternehmenskennzahlen nach allgemein zugänglichen Empfehlungen (z. B. des Arbeitskreises „Externe Unternehmensrechnung" der Schmalenbach-Gesellschaft, vgl. Arbeitskreis „Externe Unternehmensrechnung" 1996, S. 1989 ff.) ermittelt werden oder der nichtfinanziellen Erklärung ein Rahmenwerk zugrunde gelegt wird.

? **Frage: Welche Informationen enthält ein Lagebericht?**

Die Lageberichterstattung ist im Laufe der Zeit immer umfangreicher geworden, weshalb der Lagebericht in der Regel in Teilberichte unterteilt wird.

Wirtschaftsbericht

Gemäß § 289 Abs. 1 Satz 1–3 HGB müssen im Lagebericht **der Geschäftsverlauf und die Lage des Unternehmens** dargestellt sowie ausgewogen und umfassend, dem Umfang und der Komplexität der Geschäftstätigkeit entsprechend, analysiert werden. Damit besitzt der Lagebericht sowohl eine Darstellungs- als auch eine Analyseaufgabe. Die für die Geschäftstätigkeit des Unternehmens bedeutsamsten finanziellen Leistungsindikatoren (z. B. Eigenkapitalrentabilität, Cash-flow, Eigenkapitalquote) sind in die Analyse einzubeziehen und mit Bezug auf die im Jahresabschluss ausgewiesenen Beträge und Angaben zu erläutern.

Große Kapitalgesellschaften haben gemäß § 289 Abs. 3 HGB auch über nichtfinanzielle Leistungsindikatoren, wie z. B. Umweltschutzaktivitäten und Maßnahmen zugunsten der Mitarbeiter, zu berichten (zur Berichterstattung über finanzielle und nichtfinanzielle Leistungsindikatoren vgl. ausführlich DRS 20.101-113).

Wesentliche Bereiche des Unternehmens, deren Entwicklung für den Adressaten des Lageberichts von Interesse sein könnte, sind z. B. (vgl. IDW 1998, Anhang A.):
- gesamtwirtschaftliche und branchenspezifische Situation
- Umsatz- und Auftragsentwicklung, ggf. nach Tätigkeitsbereichen oder Regionen aufgegliedert
- Produktion, z. B. Produktionsvolumen im Berichtsjahr, Produktpolitik
- Beschaffung, z. B. Maßnahmen zur Sicherung der Beschaffung, Situation auf den Beschaffungsmärkten
- Investitionen und Finanzierungsmaßnahmen
- Personal- und Sozialbereich, z. B. Zusammensetzung der Belegschaft, Fluktuation, Weiterbildung
- Umweltschutz, z. B. Aufwendungen für Umweltschutzmaßnahmen
- wichtige Vorgänge des Geschäftsjahres, z. B. Eröffnung oder Schließung eines Teilbetriebes, Änderung der Anteilseignerstruktur.

Zur Verdeutlichung der Vermögens-, Finanz- und Ertragslage werden wesentliche Unternehmenskennzahlen häufig in Mehrjahresübersichten zusammengefasst. Wichtige Zahlen des Berichtsjahres und ihre Veränderung gegenüber dem Vorjahr werden analysiert (z. B. Preis- und Mengeneffekte) und kommentiert.

Prognose-, Chancen- und Risikobericht

Darüber hinaus ist gemäß § 289 Abs. 1 Satz 4 HGB die **voraussichtliche Entwicklung** des Unternehmens mit ihren **wesentlichen Chancen und Risiken** zu beurteilen und zu erläutern. Ein Prognosezeitraum ist im Gesetz nicht fixiert; der DRS 20 geht von einem Zeitraum von mindestens einem Jahr aus. Hinsichtlich der Prognose zentraler wirtschaftlicher Eckdaten, die sich aus den wesentlichen für das Geschäftsjahr geplanten Maßnahmen ergeben, sind verbale Ausführungen ausreichend. Im Folgejahr ist darüber zu berichten, inwieweit die Prognose für das Geschäftsjahr zutreffend war bzw. worin Gründe für Abweichungen lagen. Über Chancen und Risiken soll gleichgewichtig berichtet werden. Aus der Beurteilung muss die Bedeutung der Chancen bzw. Risiken für die künftige Entwicklung des Unternehmens deutlich werden. Die zugrundeliegenden Annahmen sind anzugeben (vgl. zum Prognose-, Chancen- und Risikobericht ausführlich DRS 20.116-167).

Auf folgende Punkte soll der Lagebericht gemäß § 289 Abs. 2 HGB ebenfalls eingehen:

1. a) die **Risikomanagementziele und -methoden** der Gesellschaft einschl. ihrer Methoden zur Absicherung aller wichtigen Arten von Transaktionen, die im Rahmen der Bilanzierung von Sicherungsgeschäften erfasst werden, sowie
    b) die **Preisänderungs-, Ausfall- und Liquiditätsrisiken** sowie die Risiken aus Zahlungsstromschwankungen, denen die Gesellschaft ausgesetzt ist, jeweils in Bezug auf die Verwendung von Finanzinstrumenten durch die Gesellschaft und sofern dies für die Beurteilung der Lage oder der voraussichtlichen Entwicklung von Belang ist,
2. den Bereich **Forschung und Entwicklung** und
3. bestehende **Zweigniederlassungen** der Gesellschaft.

Finanzrisikobericht

Die Berichterstattung zu **Risikomanagementzielen und -methoden** betrifft u. a. das Risikomanagement mit Hilfe von Finanzinstrumenten. Ziele des Risikomanagements können z. B. die vollständige oder die nur teilweise Absicherung von Risiken sein. Zu den Risikomanagementmethoden gehören der Einsatz von Finanzinstrumenten und das Hedging. **Preisänderungsrisiken** betreffen insbesondere Schwankungen von Fremdwährungskursen (Währungsrisiko), Zinssätzen (Zinsrisiko) und Marktpreisen (Marktrisiko), **Ausfallrisiken** das Risiko, dass Vertragspartner ihren Verpflichtungen nicht vertragsgemäß nachkommen und **Liquiditätsrisiken** die Fähigkeit des berichtenden Unternehmens, liquide Mittel termingerecht zur Erfüllung eigener Verpflichtungen zu beschaffen. Risiken aus **Zahlungsstromschwankungen** bestehen in der Möglichkeit der Schwankungen von künftigen Ein- und Auszahlungen.

Forschungs- und Entwicklungsbericht

Über den **Bereich Forschung und Entwicklung** müssen Unternehmen solcher Branchen berichten, in denen entsprechende Aktivitäten üblich sind, wie z. B. in der Pharmabranche. Dabei ist es unerheblich, ob die Forschung und Entwicklung durch das Unternehmen selbst oder durch Dritte im Auftrag des Unternehmens durchgeführt wird. Obwohl es sich hierbei um einen Bereich handelt, der für die künftige Entwicklung der betroffenen Unternehmen entscheidend ist, kann die Berichterstattung auf verbale Angaben beschränkt bleiben, da es sich um sensible Informationen im Hinblick auf Wettbewerber handelt.

Zweigniederlassungsbericht

Eine Zweigniederlassung ist ein räumlich und organisatorisch von der Hauptniederlassung getrennter Unternehmensbestandteil, der im Gegensatz zur Tochtergesellschaft rechtlich nicht selbständig ist, aber im Geschäftsverkehr selbständig auftritt. Der Umfang der Berichtspflicht über **bestehende Zweigniederlassungen der Gesellschaft** im In- und Ausland wird in der Literatur nicht einheitlich beurteilt. Mindestangaben sind (vgl. ADS 1995, § 289 Tz. 123):

- für jede Zweigniederlassung der genaue Standort,
- Firmierungen, die nicht auf die Zugehörigkeit zur Hauptniederlassung schließen lassen,
- wesentliche Veränderungen im Hinblick auf die Einrichtung, Schließung oder räumliche Verlegung von Niederlassungen.

Zum Teil werden darüber hinaus gehende Informationen zu „wirtschaftlichen Eckdaten" (vgl. Grottel in Beck'scher Bilanzkommentar 2020, § 289 Anm. 101), wie z. B. Umsätze und beschäftigte Mitarbeiter, gefordert.

Bericht über das interne Kontrollsystem (IKS) und das Risikomanagementsystem

Kapitalmarktorientierte Kapitalgesellschaften haben die wesentlichen Merkmale des **internen Kontroll- und des Risikomanagementsystems** im Hinblick auf den Rechnungslegungsprozess zu beschreiben (§ 289 Abs. 4 HGB).

Bericht über die Übernahmesituation

AG und KGaA, die einen organisierten Markt im Sinne des § 2 Abs. 7 WpÜG durch von ihnen ausgegebene stimmberechtigte Aktien in Anspruch nehmen, müssen in ihren Lagebericht gemäß § 289a HGB weitere Informationen z. B. zum Eigenkapital und zu Stimmrechten aufnehmen, um Informationen, die eine potenzielle Übernahme der Gesellschaft begünstigen oder verhindern können, bereitzustellen.

Nichtfinanzielle Erklärung

Die Europäische Union hat eine Richtlinie mit dem Ziel verabschiedet, in die Rechnungslegung europäischer Unternehmen Informationen darüber zu integrieren, inwieweit die Unternehmen ihrer gesellschaftlichen Verantwortung (Corporate Social Responsibility – CSR) gerecht werden. Im Rahmen der Umsetzung der sogenannten „CSR-Richtlinie" (Richtlinie 2014/95/EU des Europäischen Parlaments und des Rates vom 22. Oktober 2014 zur Änderung der Richtlinie 2013/34/EU im Hinblick auf die Angabe nichtfinanzieller und die Diversität betreffender Informationen durch bestimmte große Unternehmen und Gruppen) wurden durch das „Gesetz zur Stärkung der nichtfinanziellen Berichterstattung der Unternehmen in ihren Lage- und Konzernlageberichten (CSR-Richtlinie-Umsetzungsgesetz)" bereits bestehende Angabepflichten innerhalb des HGB umgegliedert, zum Teil leicht modifiziert und Regelungen für eine nichtfinanzielle Erklärung aufgenommen.

Kapitalgesellschaften, die sowohl groß i. S. d. § 264 Abs. 3 HGB als auch kapitalmarktorientiert i. S. d. § 264d HGB sind und die mehr als 500 Arbeitnehmer beschäftigen, müssen gemäß § 289b HGB entweder ihren Lagebericht um eine **nichtfinanzielle Erklärung** erweitern oder einen gesonderten **nichtfinanziellen Bericht** veröffentlichen, sofern sie nicht in einen Konzernlagebericht nach EU-Vorschriften mit einer nichtfinanziellen Konzernerklärung oder in einen gesonderten nichtfinanziellen Konzernbericht einbezogen werden.

In der nichtfinanziellen Erklärung bzw. in dem nichtfinanziellen Bericht muss die Kapitalgesellschaft gemäß § 289c HGB kurz ihr Geschäftsmodell beschreiben und zumindest auf folgende Aspekte eingehen:
– Umweltbelange (z. B. Treibhausgasemissionen, Wasserverbrauch, Luftverschmutzung),
– Arbeitnehmerbelange (z. B. Maßnahmen zur Gewährleistung der Geschlechtergleichstellung, Arbeitsbedingungen),
– Sozialbelange (z. B. Maßnahmen zur Sicherstellung des Schutzes und der Entwicklung lokaler Gemeinschaften),
– Achtung der Menschenrechte (z. B. Vermeidung von Menschenrechtsverletzungen),
– Bekämpfung von Korruption und Bestechung (z. B. bestehende Instrumente zur Bekämpfung von Korruption und Bestechung).

Die Kapitalgesellschaft soll insofern auf die oben genannten Aspekte eingehen, wie es zum Verständnis des Geschäftsverlaufs und -ergebnisses, der Lage der Kapitalgesellschaft sowie der Auswirkungen der Tätigkeit der Kapitalgesellschaft auf die genannten Aspekte notwendig ist. Hierzu gehören z. B. Ausführungen zu den Konzepten des Unternehmens zur Wahrnehmung seiner gesellschaftlichen Verantwortung und die Ergebnisse dieser Konzepte. Sollten bei der Kapitalgesellschaft entsprechende Konzepte nicht existieren, ist dies „in der nichtfinanziellen Erklärung klar und begründet zu erläutern" (§ 289c Abs. 4 HGB).

Für die Erstellung der nichtfinanziellen Erklärung lässt § 289d HGB explizit die Nutzung nationaler oder internationaler Rahmenwerke zu. Das berichtende Unternehmen muss entweder das genutzte Rahmenwerk angeben oder begründen, falls kein Rahmenwerk angewandt wurde. Bestimmte Angaben kann das Unternehmen gemäß § 289e HGB unterlassen, wenn diese entweder für das Unternehmen einen erheblichen Nachteil bedeuteten oder für das Verständnis des Geschäftsverlaufs und -ergebnisses, der Lage der Kapitalgesellschaft sowie der Auswirkungen der Tätigkeit der Kapitalgesellschaft nicht wesentlich sind.

Erklärung zur Unternehmensführung

Bestimmte kapitalmarktorientierte Aktiengesellschaften müssen gemäß § 289f HGB im Lagebericht – oder ersatzweise auf ihrer Internetseite – eine **Erklärung zur Unternehmensführung** abgeben, die u. a. die Erklärung zum Corporate Governance Kodex gemäß § 161 AktG und weitere Angaben zu Unternehmensführungspraktiken und der Arbeitsweise von Vorstand und Aufsichtsrat enthalten soll. Durch das CSR-Richtlinie-Umsetzungsgesetz wurde eine Pflicht zu Angaben bezüglich des Diversitätskonzepts des Unternehmens zur Zusammensetzung des vertretungsberechtigten Vertretungsorgans und des Aufsichtsrats z. B. im Hinblick auf Alter, Geschlecht, Bildungs- oder Berufshintergrund aufgenommen. Das Fehlen eines solchen Konzepts ist zu erläutern.

Börsennotierte Aktiengesellschaften mussten bisher im Lagebericht auch auf die **Grundzüge ihres Vergütungssystems** für die Mitglieder des Geschäftsführungsorgans, eines Aufsichtsrats, eines Beirats oder einer ähnlichen Einrichtung eingehen. Mit Einführung des Gesetzes zur Umsetzung der zweiten Aktionärsrichtlinie (ARUG II) wurde der Vergütungsbericht aus dem Lagebericht herausgelöst und verselbständigt (§ 162 AktG). Der Vergütungsbericht ist separat im Internet zehn Jahre lang zu veröffentlichen (§ 162 Abs. 4 AktG).

Der Lagebericht ist insgesamt ein wichtiges Instrument zur Darstellung der wirtschaftlichen Lage des Unternehmens. Die Adressaten erhalten Informationen zu den Vorgängen, auf denen die im Jahresabschluss dargestellten Zahlen beruhen, sowie eine Einschätzung der künftigen Entwicklung durch das Management. Dabei wird die Bedeutung qualitativer Informationen immer größer. Für Teile des Lageberichts müssen die Vertreter einer Kapitalgesellschaft, die Inlandsemittent bestimmter Wertpapiere ist, eine zum „Bilanzeid" (siehe Abschnitt C.1.2) analoge Bestätigung abgeben: Gemäß § 289 Abs. 1 Satz 5 HGB müssen sie dem Lagebericht eine gesonderte schriftliche Erklärung beifügen in der sie versichern, dass die Darstellung des Geschäftsverlaufs (einschließlich Geschäftsergebnis) und der Lage der Gesellschaft nach bestem Wissen ein Bild der tatsächlichen Verhältnisse vermittelt (Anforderung nach § 289 Abs. 1 Satz 1 HGB) und dass die wesentlichen Chancen und Risiken gemäß § 289 Abs. 1 Satz 4 HGB beschrieben werden.

Der Umfang der Pflicht zur Lageberichterstattung hat im Laufe der Zeit immer weiter zugenommen. Hierdurch wächst die Gefahr eines „information overload": wesentliche Informationen können nicht mehr ohne weiteres schnell identifiziert werden. Die Auswahl und die Darstellung der Informationen durch die Jahresabschlusssteller sind subjektiv. Die Prüfung des Lageberichts gestaltet sich dadurch schwierig, ist aber für die Qualität von großer Bedeutung.

6 Prüfung und Offenlegung

Frage: Was umfasst die Prüfungspflicht?

Gemäß § 316 Abs. 1 HGB müssen **der Jahresabschluss und der Lagebericht** von großen und mittelgroßen Kapitalgesellschaften **durch einen Abschlussprüfer geprüft** werden. Die Prüfungspflicht gilt u. a. auch für kleine kapitalmarktorientierte Kapitalgesellschaften (§ 267 Abs. 3 Satz 2 HGB), Unternehmen, die dem PublG unterliegen (§ 6 PublG) und Genossenschaften mit einer Bilanzsumme von mehr als 1,5 Mio. € und Umsatzerlösen von mehr als 3 Mio. € (§ 53 Abs. 1 und 2 GenG). Ohne Prüfung kann der Jahresabschluss eines prüfungspflichtigen Unternehmens nicht festgestellt werden, d. h. er kann keine Rechtswirkung entfalten.

Nachfolgend wird ausschließlich die Prüfung des Jahresabschlusses ggf. inkl. des Lageberichts durch den Abschlussprüfer behandelt. Daneben existieren weitere Prüfungsrechte und -pflichten des Jahresabschlusses z. B. durch den Aufsichtsrat (insbesondere durch den Prüfungsausschuss des Aufsichtsrats) und durch die Bundesanstalt für Finanzdienstleistungsaufsicht (BaFin) im Rahmen der Finanzmarktaufsicht.

Infolge der Insolvenz der Wirecard AG im Jahr 2020, die zu dem Zeitpunkt der Insolvenz im DAX 30 notiert war, sollten sowohl die Abschlussprüfung als auch die Möglichkeiten der BaFin zur Bilanzkontrolle reformiert werden. Zu diesem Zweck wurde das Gesetz zur Stärkung der Finanzmarktintegrität (Finanzmarktintegritätsstärkungsgesetz – FISG) im Mai 2021 verabschiedet. Die Position der BaFin wird durch eine Ausweitung ihrer Befugnisse gestärkt. Auf wesentliche Änderungen bezüglich der Abschlussprüfung wird im weiteren Verlauf eingegangen.

Gegenstand der Prüfung des Jahresabschlusses sind gemäß § 317 HGB:

- der **Jahresabschluss** einschließlich der gesamten **Buchführung**. Es ist zu prüfen, ob der Jahresabschluss den gesetzlichen Vorschriften und gegebenenfalls ergänzenden Vorschriften aus dem Gesellschaftsvertrag oder der Satzung entspricht. Die Prüfung muss so angelegt sein, dass Verstöße, die die Vermittlung eines den tatsächlichen Verhältnissen entsprechenden Bildes der Vermögens-, Finanz- und Ertragslage wesentlich beeinträchtigen, bei einer gewissenhaften Durchführung der Prüfung erkannt werden.
- der **Lagebericht**. Es muss geprüft werden, ob der Lagebericht mit dem Jahresabschluss in Einklang steht und insgesamt eine zutreffende Vorstellung von der Lage des Unternehmens vermittelt und ob die Chancen und Risiken der künftigen Entwicklung zutreffend dargestellt sind. Falls eine Erklärung zur Unternehmensführung gemäß § 289f HGB in den Lagebericht aufgenommen wurde, ist sie nicht in die Prüfung einzubeziehen. Es ist lediglich festzustellen, ob die Angaben gemacht wurden. Bezüglich der nichtfinanziellen Erklärung bzw. des nichtfinanziellen Berichts ist ebenfalls nur die Vorlage, nicht jedoch der Inhalt zu prüfen.

https://doi.org/10.1515/9783110747683-020

- bei Kapitalgesellschaften, die Inlandsemittenten bestimmter Wertpapiere sind, die Übereinstimmung der zum Zwecke der Offenlegung erstellten Wiedergaben von Jahresabschluss und Lagebericht mit den Vorgaben des § 328 Abs. 1 HGB.
- bei börsennotierten Aktiengesellschaften eine Beurteilung der **Maßnahmen** gemäß § 91 Abs. 2 AktG **zur Früherkennung von Entwicklungen, die den Fortbestand des Unternehmens gefährden**, insbesondere die Funktionsfähigkeit des einzurichtenden Überwachungssystems. Ob der Fortbestand des Unternehmens gefährdet ist oder ob die Geschäftsführung wirksam und wirtschaftlich ist, ist normalerweise nicht Gegenstand der Prüfung, es sei denn, dies wird ausdrücklich bestimmt.

? **Frage: Wie wird ein Prüfer bestellt und durch wen kann die Prüfung durchgeführt werden?**

Der **Abschlussprüfer** eines Einzelabschlusses wird gemäß § 318 Abs. 1 HGB grundsätzlich von den Gesellschaftern gewählt. Er soll vor Ablauf des Geschäftsjahres, auf das sich die Prüfung bezieht, gewählt werden. Der Prüfungsauftrag muss unverzüglich nach der Wahl erteilt werden. Als Prüfer können gemäß § 319 HGB Wirtschaftsprüfer und Wirtschaftsprüfungsgesellschaften beauftragt werden, für die Prüfung mittelgroßer GmbH und mittelgroßer Personenhandelsgesellschaften gemäß § 264a Abs. 1 HGB auch vereidigte Buchprüfer und Buchprüfungsgesellschaften. Im Einzelnen bestehen Prüfungsverbote, z. B. wenn ein Prüfer Anteile an der zu prüfenden Gesellschaft besitzt.

Es ist zwischen der externen und der internen Prüferrotation zu unterscheiden. Bei einer externen Prüferrotation wechselt die gesamte Wirtschaftsprüfungsgesellschaft und eine andere übernimmt das Mandat. Bei einer internen Prüferrotation wechselt nur der verantwortliche Wirtschaftsprüfer, das Mandat verbleibt bei der Wirtschaftsprüfungsgesellschaft.

Der einzelne verantwortliche Abschlussprüfer eines Unternehmens von besonderem öffentlichen Interesse darf nur 5 Jahre die Abschlussprüfung eines Mandanten verantworten (**interne Abschlussprüfer-Rotation**; vgl. § 43 Abs. 6 Wirtschaftsprüferverordnung geändert durch das FISG). **Unternehmen von öffentlichem Interesse** sind kapitalmarktorientierte Unternehmen im Sinne des § 264d HGB, bestimmte Kreditinstitute und bestimmte Versicherungsunternehmen (siehe § 316a HGB geändert durch das FISG). Zur Wahrung der Unabhängigkeit des Abschlussprüfers soll eine zu enge Verbindung zwischen Abschlussprüfern und zu prüfenden Unternehmen ausgeschlossen werden. Der Abschlussprüfer darf nicht prüfen, was er selbst im Auftrag des Mandanten erstellt hat (z. B. Lohn- und Gehaltsabrechnung) bzw. wenn er im Rahmen eines Beratungsauftrags Rechts- oder Steuerberatungsdienstleistungen erbracht hat.

Aufgrund aktueller Bilanzskandale und des engen Marktes für Abschlussprüfung gerade bei großen Unternehmen ist durch das FISG für Unternehmen von öffentlichem

Interesse eine **externe Abschlussprüfer-Rotation** nach maximal zehn Jahren (gemäß Art. 17 Abs. 1 der EU-Abschlussprüferverordnung) durch Wegfall der Sonderregelung des § 318 Abs. 1a HGB vorgeschrieben. Zudem wurde die zivilrechtliche Haftung des Abschlussprüfers gegenüber dem geprüften Unternehmen verschärft (höhere Haftungsgrenzen gemäß § 323 Abs. 2 Satz 1 Nr. 1 bis 3 HGB in der Fassung nach FISG).

Frage: Wie wird das Ergebnis der Prüfung dokumentiert?

Über das Ergebnis der Prüfung muss der Prüfer gemäß § 321 HGB einen **Prüfungsbericht** erstellen. Darin hat er zunächst – sofern die geprüften Unterlagen dies erlauben – zu der **Beurteilung der wirtschaftlichen Lage des Unternehmens** durch die gesetzlichen Vertreter Stellung zu nehmen, insbesondere im Hinblick auf den Fortbestand und die künftige Entwicklung des Unternehmens. Ferner muss er über im Rahmen der Prüfung **festgestellte Unrichtigkeiten, Gesetzesverstöße** und Tatsachen, die den Unternehmensbestand bzw. die Unternehmensentwicklung wesentlich beeinträchtigen können oder „die schwerwiegende Verstöße der gesetzlichen Vertreter oder von Arbeitnehmern gegen Gesetz, Gesellschaftsvertrag oder die Satzung erkennen lassen", berichten (Redepflicht).

Im **Hauptteil** des Prüfungsberichts ist festzustellen, ob die geprüften Unterlagen den gesetzlichen Vorschriften und gegebenenfalls ergänzenden Gesellschaftsvertrags- oder Satzungsbestimmungen entsprechen und ob der Abschluss ein den tatsächlichen Verhältnissen entsprechendes Bild der Vermögens-, Finanz- und Ertragslage vermittelt. In diesem Zusammenhang ist u. a. auch auf die Bewertungsgrundlagen und gegebenenfalls deren Änderung einzugehen und die einzelnen Jahresabschlusspositionen sind aufzugliedern und ausreichend zu erläutern. Beanstandungen, die zwar nicht zu einer Einschränkung oder Versagung des Bestätigungsvermerks geführt haben, deren Kenntnis aber für die Überwachung der Geschäftsführung und des Unternehmens bedeutsam ist, muss der Prüfungsbericht ebenfalls enthalten.

In **besonderen Abschnitten** sind zum einen Gegenstand, Art und Umfang der Prüfung zu erläutern und zum anderen das Ergebnis einer Prüfung der Früherkennungsmaßnahmen darzustellen. Im Falle von börsennotierten Aktiengesellschaften ist über das Ergebnis der Prüfung der Maßnahmen gemäß § 91 Abs. 2 AktG zur Früherkennung von Entwicklungen, die den Fortbestand des Unternehmens gefährden, zu berichten und darauf einzugehen, ob Maßnahmen zur Verbesserung des internen Überwachungssystems notwendig sind. Seine Unabhängigkeit muss der Abschlussprüfer im Prüfungsbericht ausdrücklich bestätigen.

In einem **Bestätigungsvermerk** fasst der Prüfer das Ergebnis seiner Prüfung zusammen. Gemäß § 322 HGB muss der Bestätigungsvermerk folgende Punkte enthalten:
- Beschreibung von Gegenstand, Art und Umfang der Prüfung einschließlich der angewandten Rechnungslegungs- und Prüfungsgrundsätze;
- Beurteilung des Prüfungsergebnisses;

- gegebenenfalls Erklärung, dass die Prüfung zu keinen Einwendungen geführt hat und dass der Jahresabschluss unter Beachtung der GoB ein den tatsächlichen Verhältnissen entsprechendes Bild der Vermögens-, Finanz- und Ertragslage des Unternehmens vermittelt; bei Einschränkungen oder Versagen des Bestätigungsvermerks Begründung und Darstellung der Einschränkungen so, dass deren Tragweite erkennbar wird;
- gegebenenfalls Risiken, die den Fortbestand des Unternehmens gefährden;
- Feststellung, ob der Lagebericht im Einklang mit dem Jahresabschluss steht, die gesetzlichen Vorschriften zur Aufstellung des Lageberichts beachtet wurden, der Lagebericht eine zutreffende Vorstellung von der Lage des Unternehmens vermittelt und ob die Chancen und Risiken der künftigen Entwicklung zutreffend dargestellt sind.

Anders als der Prüfungsbericht, wird der Bestätigungsvermerk im Rahmen der **Offenlegung** (siehe unten) veröffentlicht. Er ist für die externen Bilanzadressaten ein wichtiger Hinweis darauf, ob das Unternehmen die Rechnungslegungsvorschriften befolgt und ob Risiken für den Fortbestand des Unternehmens bestehen. Ein uneingeschränkter Bestätigungsvermerk ist allerdings kein Garant dafür, dass das Unternehmen wirtschaftlich vollständig gesund ist. Darüber hinaus hat auch der Abschlussprüfer nur begrenzte Möglichkeiten, vorsätzlich und in betrügerischer Absicht gefälschte Vorgänge im Rechnungswesen eines Unternehmens aufzudecken. Dies ist z. B. im Fall Wirecard offen zu Tage getreten.

? **Frage: Welche Unternehmen sind in welchem Umfang zur Offenlegung verpflichtet?**
Für die Unternehmen besteht in Abhängigkeit von ihrer
- Rechtsform,
- Größe,
- Inanspruchnahme öffentlicher Kapitalmärkte und
- Branche (insbesondere für Kreditinstitute (§ 340l HGB), Versicherungen (§ 341l HGB) und bestimmte Unternehmen des Rohstoffsektors (§ 341v HGB); hierauf wird im Folgenden nicht näher eingegangen)

die Pflicht, **innerhalb von 12 Monaten** nach Ende des Geschäftsjahres ihren Jahresabschluss (oder Teile davon) und den Lagebericht beim Betreiber des **elektronischen Bundesanzeigers** elektronisch einzureichen und damit zu veröffentlichen. Für kapitalmarktorientierte Kapitalgesellschaften gilt gemäß § 325 Abs. 4 HGB grundsätzlich eine verkürzte Frist von 4 Monaten (Ausnahme: § 327a HGB).

Tabelle 14 gibt einen Überblick über die Publizitätspflicht im Hinblick auf den Einzelabschluss:

Tab. 14: Bestimmungen zur Offenlegung des Einzelabschlusses.

Verpflichtete Unternehmen	Gegenstand der Publizitätspflicht	Vorschriften
Große und kapitalmarkt-orientierte (§ 267 Abs. 3 HGB) Kapitalgesellschaften	Jahresabschluss mit Bestätigungsvermerk, Lagebericht, Bericht des Aufsichtsrats; bei börsennotierten Gesellschaften: Erklärung zur Einhaltung des Corporate Governance Kodex gemäß § 161 AktG; ggf. Bilanzeid für Jahres-abschluss und entsprechende Erklärung für Lagebericht	§ 325 HGB
Mittelgroße, nicht kapitalmarktorientierte Kapitalgesellschaften	Verkürzter Jahresabschluss mit Bestätigungsvermerk, Lagebericht, Bericht des Aufsichtsrats	§ 325 i. V. m. § 327 HGB
Kleine, nicht kapitalmarkt-orientierte Kapitalgesell-schaften	Bilanz und Anhang (ohne Angaben zur GuV)	§ 325 i. V. m. § 326 Abs. 1 HGB
Kleinstkapitalgesellschaften	Bilanz	§ 325 i. V. m. § 326 Abs. 2 HGB
Unternehmen, die dem PublG unterliegen	Jahresabschluss mit Bestätigungsvermerk, Lagebericht, Ergebnisverwendungsbeschluss (Erleichterungen für Einzelkaufleute und Personenhandelsgesellschaften)	§ 9 Abs. 1 PublG i. V. m. § 5 PublG und § 325 HGB

Zur Erfüllung seiner Offenlegungspflicht kann ein Unternehmen statt eines Jahres-abschlusses nach HGB auch einen Jahresabschluss nach IFRS veröffentlichen (§ 325 Abs. 2a HGB). Dies befreit nicht von der grundsätzlichen Pflicht zur Auf- und Feststel-lung eines Jahresabschlusses nach den Vorschriften des HGB.

Durch die Veröffentlichung des Jahresabschlusses können sich Personengruppen Informationen beschaffen, die ein Interesse an der wirtschaftlichen Lage eines Unter-nehmens besitzen und keine Möglichkeit haben, auf anderem Wege an entsprechen-de Unterlagen zu gelangen. Hierzu gehören insbesondere (anonyme) Kapitalgeber von Kapitalgesellschaften und im Falle von Unternehmen, die eine besondere gesamtwirt-schaftliche Bedeutung haben, auch allgemein die Öffentlichkeit. Der fehlende Zugang zu unternehmensinternen Informationen wird jedoch aufgrund der Schwächen des Jahresabschlusses – insbesondere die Vergangenheitsorientierung und Verzerrungen aufgrund der unterschiedlichen Ziele – nur eingeschränkt ausgeglichen.

Kapitalgesellschaften, die nicht kapitalmarktorientiert sind und die als Tochter-unternehmen in den Konzernabschluss ihres Mutterunternehmens einbezogen wer-den, sind gemäß § 264 Abs. 3 HGB von der **Prüfungs- und** von der **Offenlegungs-pflicht befreit**, wenn

- sämtliche Gesellschafter dem zustimmen,
- das Mutterunternehmen sich bereit erklärt hat, für die von dem Tochterunternehmen bis zum Abschlussstichtag eingegangenen Verpflichtungen im darauffolgenden Geschäftsjahr einzustehen,
- der befreiende Konzernabschluss und der befreiende Konzernlagebericht im Einklang mit dem Recht des Sitzstaats des Mutterunternehmens, der Richtlinie 2013/34/EU (Bilanz-Richtlinie und der Richtlinie 2006/43/EG (Abschlussprüfungsrichtlinie) aufgestellt und geprüft worden ist,
- die Befreiung im Anhang des befreienden Konzernabschlusses des Mutterunternehmens angegeben wird und
- im elektronischen Bundesanzeiger für das Tochterunternehmen der Beschluss mit der Zustimmung der Gesellschafter, die Einstandserklärung des Mutterunternehmens für die Verpflichtungen des Tochterunternehmens sowie Konzernabschluss, -lagebericht des Mutterunternehmens und der Bestätigungsvermerk offengelegt worden sind.

Die Prüfungspflicht dieser Gesellschaften, sofern sie wesentlich sind, wird in der Praxis zumeist über die Konzernabschlussprüfung wieder hergestellt (§ 317 Abs. 3 HGB).

Serviceteil

Lösungsskizze zu den Prüfungsaufgaben

Zusammenfassende Aufgabe 1

(1)	FLL	an	Umsatzerlöse	2.500.000 €
	FLL	an	Umsatzsteuerschuld	250.000 €
	Bank	an	FLL	2.337.500 €
	Bank	an	FLL	180.000 €
(2)	Löhne und Gehälter	an	Verbindlichkeiten Finanzamt	250.000 €
	Löhne und Gehälter	an	Verbindlichkeiten Sozialvers.	200.000 €
	Löhne und Gehälter	an	Bank	800.000 €
	Soziale Abgaben	an	Verbindlichkeiten Sozialvers.	200.000 €
	Verbindlichkeiten Sozialvers.	an	Bank	350.000 €
(3)	RHB-Stoffe	an	Bank	350.000 €
	Vorsteuer	an	Bank	35.000 €
	VLL	an	Bank	80.000 €
	VLL	an	SBK	270.000 €
(4)	Verbindlichkeiten Finanzamt	an	Bank	50.000 €
	Umsatzsteuerverrechnung	an	Bank	200.000 €
	Verbindlichkeiten Finanzamt	an	Bank	225.000 €
(5)	Kundenboni	an	FLL	50.000 €
	Umsatzsteuerschuld	an	FLL	5.000 €
(6)	Abschreibungen	an	Grundstücke und Gebäude	16.000 €
	Abschreibungen	an	techn. Anlagen und Maschinen	100.000 €
(7)	Sonstige Vermögensgegenst.	an	RHB	20.000 €
	Bank	an	sonstige Vermögensgegenst.	10.000 €
	Bank	an	Vorsteuer	1.000 €
	Sonstige Aufwendungen	an	sonstige Verbindlichkeiten	20.000 €
(8)	Schlussbilanzkonto	an	RHB	360.000 €
	Schlussbilanzkonto	an	unfertige Erzeugnisse	20.000 €
	Schlussbilanzkonto	an	fertige Erzeugnisse	400.000 €
	Aufwendungen RHB	an	RHB	340.000 €
	Unfertige Erzeugnisse	an	Bestandsveränderung	5.000 €
	Bestandsveränderung	an	Fertige Erzeugnisse	100.000 €
(9)	Umsatzsteuerverrechnung	an	Vorsteuer	34.000 €
	Umsatzsteuerschuld	an	Umsatzsteuerverrechnung	245.000 €
	Umsatzsteuerverrechnung	an	VerbindlichkeitenFinanzamt	11.000 €

https://doi.org/10.1515/9783110747683-021

Grundstücke und Gebäude

Soll		Haben	
EBK	1.000.000	Abschreibungen	16.000 (6)
		SBK	984.000
	1.000.000		1.000.000

RHB-Stoffe

Soll		Haben	
EBK	350.000	SBK	360.000 (8)
(3) Bank	350.000	Aufwand RHB	320.000 (8)
		sonstige VG.	20.000 (7)
	700.000		700.000

Fertige Erzeugnisse

Soll		Haben	
EBK	500.000	SBK	400.000 (8)
		Bestandsveränderung	100.000 (8)
	500.000		500.000

Technische Anlagen und Maschinen

Soll		Haben	
EBK	500.000	Abschreibungen	100.000 (6)
		SBK	400.000
	500.000		500.000

Unfertige Erzeugnisse

Soll		Haben	
EBK	15.000	SBK	20.000 (8)
(8) Bestandsveränderung	5.000		
	20.000		20.000

Forderungen LuL

Soll		Haben	
EBK	180.000	Bank	2.337.500 (1)
(1) Umsatzerlöse	2.500.000	Bank	180.000 (1)
(1) Umsatzsteuerschuld	250.000	Kundenboni	50.000 (5)
		Umsatzsteuerschuld	5.000 (5)
		SBK	357.500
	2.930.000		2.930.000

sonstige Vermögensgegenstände

Soll		Haben	
EBK	10.000	Bank	10.000 (7)
(7) Aufwand RHB	20.000	SBK	20.000
	30.000		30.000

Bank

Soll		Haben	
EBK	270.000	Löhne und Gehälter	800.000 (2)
(1) Forderungen LuL	2.337.500	Verbindlichkeit Sozialv.	350.000 (2)
(1) Forderungen LuL	180.000	RHB-Stoffe	350.000 (3)
(7) sonstige Vermögens-gegenstände	10.000	Vorsteuer	35.000 (3)
(7) Vorsteuer	1.000	Verbindlichkeiten LuL	80.000 (3)
		Verbindlichkeiten FA	50.000 (4)
		Umsatzsteuerverrechnung	200.000 (4)
		Verbindlichkeiten FA	225.000 (4)
		SBK	708.500
	2.798.500		2.798.500

gezeichnetes Kapital

Soll		Haben	
SBK	1.050.000	EBK	1.050.000
	1.050.000		1.050.000

Rücklagen

Soll		Haben	
SBK	750.000	EBK	750.000
	750.000		750.000

Verbindlichkeiten Kreditinstitute

Soll		Haben	
SBK	575.000	EBK	575.000
	575.000		575.000

Verbindlichkeiten LuL

Soll		Haben	
(3) Bank	80.000	EBK	350.000
SBK	270.000		
	350.000		350.000

Verbindlichkeiten Finanzamt

Soll			Haben	
(4) Bank	50.000	EBK	50.000	
(4) Bank	225.000	Löhne und Gehälter	250.000	(2)
SBK	36.000	Umsatzsteuer-verrechnung	11.000	(9)
	311.000		311.000	

Vorsteuer

Soll			Haben	
(3) Bank	35.000	Bank	1.000	(7)
		Umsatzsteuer-verrechnung	34.000	(9)
	35.000		35.000	

Umsatzsteuerschuld

Soll			Haben	
(5) Forderungen LuL	5.000	Forderungen LuL	250.000	(1)
(9) Umsatzsteuer-verrechnung	245.000			
	250.000		250.000	

Umsatzsteuerverrechnung

Soll			Haben	
(4) Bank	200.000	Umsatzsteuerschuld	245.000	(9)
(9) Vorsteuer	34.000			
(9) Verbindlichkeit FA	11.000			
	245.000		245.000	

Umsatzerlöse

Soll			Haben	
Kundenboni	50.000	Forderungen LuL	2.500.000	(1)
GuV	2.450.000			
	2.500.000		2.500.000	

Bestandsveränderung Erzeugnisse

Soll			Haben	
(8) Fertige Erzeugnisse	100.000	Unfertige Erzeugnisse	5.000	(8)
		GuV	95.000	
	100.000		100.000	

RHB-Aufwendungen

Soll		Haben	
(8) RHB	320.000	GuV	320.000
	320.000		320.000

soziale Abgaben

Soll		Haben	
(2) Verbindlichkeit Sozialv.	200.000	GuV	200.000
	200.000		200.000

sonstige Aufwendungen

Soll		Haben	
(7) sonstige Verbindlichkeiten	20.000	GuV	20.000
	20.000		20.000

Löhne und Gehälter

Soll		Haben	
(2) Verbindlichkeiten FA	250.000	GuV	1.250.000
(2) Verbindlichkeiten Sozialv.	200.000		
(2) Bank	800.000		
	1.250.000		1.250.000

Abschreibungen

Soll		Haben	
(6) Grundstücke/Gebäude	16.000	GuV	116.000
(6) Technische Anlagen/Masch.	100.000		
	116.000		116.000

Verbindlichkeiten Sozialversicherung

Soll		Haben	
(2) Bank	350.000	Löhne und Gehälter	200.000 (2)
SBK	50.000	soziale Abgaben	200.000 (2)
	400.000		400.000

Kundenboni

Soll		Haben	
(5) Forderung LuL	50.000	Umsatzerlöse	50.000
	50.000		50.000

sonstige Verbindlichkeiten

Soll		Haben	
SBK	70.000	EBK	50.000
		sonstige Aufwendungen	20.000 (7)
	70.000		70.000

Gewinn- und Verlustrechnung

Soll		Haben	
Bestandsveränderung	95.000	Umsatzerlöse	2.450.000
RHB-Aufwendungen	320.000		
Löhne und Gehälter	1.250.000		
soziale Abgaben	200.000		
Abschreibungen	116.000		
sonstige Aufwendungen	20.000		
Jahresüberschuss	449.000		
	2.450.000		2.450.000

Schlussbilanzkonto

Soll		Haben	
Grundstücke/Gebäude	984.000	gezeichnetes Kapital	1.050.000
Technische Anlagen/M.	400.000	Rücklagen	750.000
(8) RHB-Stoffe	360.000	Jahresüberschuss	449.000
(8) Unfertige Erzeugnisse	20.000	Verbindlichkeiten Kreditinst.	575.000
(8) Fertige Erzeugnisse	400.000	Verbindlichkeiten LuL	270.000 (3)
Forderungen LuL	357.500	Verbindlichkeiten FA	36.000
sonstige Vermögensgegenst.	20.000	Verbindlichkeiten Sozialvers.	50.000
Bank	708.500	sonstige Verbindlichkeiten	70.000
	3.250.000		3.250.000

Zusammenfassende Aufgabe 2

(in T€)	Einzahlung	Auszahlung	Einnahme	Ausgabe	Ertrag	Aufwand	Erlös	Kosten
1		3.150		3.000		3.050		3.050
2	8.195		8.000	75	8.000	75	8.000	
3		2.997		3.000		3.000		3.000
4	15		30			10		
5		882		882				
6						1.200		1.320
7		442		42		42		130
8		150						
Su.	8.210	7.621	8.030	6.999	8.000	7.377	8.000	7.500
Saldo	Einzahlungsüber- schuss 589		Einnahmenüber- schuss 1.031		Jahresüber- schuss 623		Positives Be- triebsergebnis 500	

1. Auszahlung: 85 % der erhaltenen Rohstoffe (3.000 T€ × 0,85) und die VLL zu Beginn des Geschäftsjahres 600 T€; Ausgabe: Wert des Rohstoffzugangs; Aufwand und Kosten: Verbrauch berechnet nach der Lagerbestandsformel AB 1.350 T€ + Zugänge 3.000 T€ − EB 1.300 T€ = Verbrauch 3.050 T€.

2. Einzahlung: Kunden bezahlen die Umsätze des Berichtsjahres zu 94 % (8.000 T€ × 0,94) und 90 % der noch aus dem Vorjahr ausstehenden Beträge (750 T€ × 0,9); Einnahme, Ertrag, Erlös: Verkauf von Gütern und dadurch Erhöhung des Nettogeld- und des Nettovermögens um 8.000 T€. Ausgabe, Aufwand: Verringerung des Nettogeld- und des Nettovermögens, da 10 % der Forderungen aus Lieferungen und Leistungen des Vorjahres uneinbringlich sind.

3. Auszahlung: da bereits in der Vorperiode 3 T€ ausgezahlt wurden, beträgt die Auszahlung in der Berichtsperiode 3.000 T€ − 3 T€ = 2.997 T€; der Gegenwert der erhaltenen und verbrauchten Arbeitskraft beträgt 3.000 T€ (Ausgabe, Aufwand und Kosten).

4. Einzahlung 15 T€, da der Käufer lediglich die Hälfte des Kaufpreises bezahlt; Einnahme 30 T€, da das Unternehmen 30 T€ für das abgegangene Gut erhält (Einzahlungszeitpunkt unerheblich); Aufwand: 10 T€, da durch den Abgang von Vermögen mit einem (Buch-)Wert von 40 T€ und dem Zugang von Vermögen im Wert von 30 T€ per Saldo eine Verringerung des Nettovermögens von 10 T€ stattfindet; keine Kosten, da der Verkauf eines Anlagegutes nicht regelmäßig stattfindet, so dass es sich bei dem Verlust aus dem Verkauf der Maschine um neutralen Aufwand handelt.

5. Auszahlung und Ausgabe in Höhe des tatsächlichen Zahlungsmittelabflusses (abzüglich Skonto) von 900 T€ × 0,98 = 882 T€; Aufwand und Kosten entstehen in den Perioden der Nutzung der Maschine.

6. Durch den Aufwand von 1.200 T€ wird der Wertverlust der Maschinen auf Basis der Anschaffungskosten erfasst, durch die Bewertung mit aktuellen Preisen in der Kostenrechnung betragen die Kosten 1.200 T€ × 1,1 = 1.320 T€. Auszahlungen und Ausgaben fallen nicht an.

7. Da die Zinsen für die Anleihe am Bilanzstichtag und die Zinsen für die Verbindlichkeiten gegenüber Kreditinstituten jeweils am Quartalsende gezahlt werden und der Bilanzstichtag mit einem Quartalsende zusammenfällt, muss nicht abgegrenzt werden, so dass sich Auszahlungen, Ausgaben und Aufwand für die Zinsen entsprechen. Zinsen für die Anleihe: 1.000 T€ × 3 % = 30 T€. Zinsen für die Verbindlichkeiten gegenüber Kreditinstituten: (800/4+600/2+400/4)×2 % = 12 T€. Die Zinskosten sind in der Aufgabenstellung angegeben. Zusätzlich sind die Auszahlungen für die Tilgung in Höhe von 400 T€ zu berücksichtigen.

8. Bei der Dividendenzahlung handelt es sich um einen reinen Zahlungsvorgang, der die güterwirtschaftliche Ebene nicht berührt. Daher liegt nur eine Auszahlung in Höhe von 150 T€ vor.

Aufgabe 3

a) Grundsatz der Kongruenz
b) Grundsatz der Richtigkeit und der Willkürfreiheit
c) Saldierungsverbot
d) Realisationsprinzip
e) Stichtagsgrundsatz

Aufgabe 4

a) Der Einzelkaufmann muss einen Jahresabschluss nach handelsrechtlichen Vorschriften erstellen, da er die Größenordnungen des § 241a HGB nur mit einem Kriterium (Umsatzerlöse) unterschreitet. Der Jahresabschluss besteht aus Bilanz und GuV.

b) Die GmbH & Co. KG muss als besondere Personenhandelsgesellschaft gemäß § 264a HGB die Vorschriften für Kapitalgesellschaften beachten und damit einen Jahresabschluss erstellen. Als Mindestbestandteile besteht er aus Bilanz und GuV. Kapitalgesellschaften und ihnen gleichgestellte Gesellschaften haben gemäß § 264 Abs. 1 Satz 1 HGB den Jahresabschluss um einen Anhang zu erweitern. Da in 01 und 02 zwei der drei Kriterien für eine mittelgroße Kapitalgesellschaft erfüllt sind, hat die Gesellschaft ab dem Geschäftsjahr 02 zusätzlich zum Jahresabschluss auch einen Lagebericht zu erstellen.

c) Eine GmbH als Kapitalgesellschaft muss grundsätzlich einen Jahresabschluss aufstellen. Als kapitalmarktorientierte Kapitalgesellschaft besteht der Abschluss mindestens aus Bilanz, GuV, Anhang, Kapitalflussrechnung und Eigenkapital-spiegel. Zudem kann die GmbH eine Segmentberichterstattung erstellen. Als zusätzliches Berichtsinstrument tritt der Lagebericht hinzu.

Aufgabe 5

Position	Ansatzpflicht		Ansatzwahlrecht		Ansatzverbot	Angabe außerhalb der Bilanz
	Aktiva	Passiva	Aktiva	Passiva		
Pensionsrückstellungen		X				
Ein für 500 € (netto) erworbener Schreibtisch	X					
Selbst geschaffener Firmenwert					X	
Selbst erstelltes Gebäude auf einem gepachteten Grundstück	X					
Auftragsbestand					X	
Von dem Unternehmen übernommene Bürgschaft						X
Von dem Unternehmen sicherungsübereignete Maschine	X					
Im Voraus gezahlte Versicherungsprämie	X					
Von einem Kunden erhaltene Anzahlungen		X				
Bei einer Bank in Tokio in Yen aufgenommener Kredit		X				
Disagio bei einer Anleiheemission			X			
Rückstellung für eine Großreparatur					X	
Agio bei einer Aktienemission		X				
Kreditlinie					X	
An ein Tochterunternehmen gewährtes Darlehen	X					

Aufgabe 6

1. Abschreibungsplan

Geschäfts-jahr	Buchwert zu Beginn des Geschäftsjahres (in €)	Abschreibungsbetrag des Geschäftsjahres (in €)	Buchwert am Ende des Geschäftsjahres (in €)
00	0	75.000	525.000
01	525.000	100.000	425.000
02	425.000	100.000	325.000
03	325.000	100.000	225.000
04	225.000	100.000	125.000
05	125.000	100.000	25.000
06	25.000	25.000	0

2. Der beizulegende Wert am 31.12.02 liegt mit 260.000 € unter dem Buchwert von 325.000 € (siehe 1.). Somit liegt eine Wertminderung vor. Da die Wertminderung voraussichtlich von Dauer ist, ist die Maschine gemäß § 253 Abs. 3 Satz 5 HGB außerplanmäßig um 65.000 € auf den niedrigeren beizulegenden Wert am Bilanzstichtag abzuschreiben. Der Abschreibungsplan ist dahingehend zu ändern, dass der neue Buchwert auf die Restnutzungsdauer der Maschine zu verteilen ist.

Geschäfts-jahr	Buchwert zu Beginn des Geschäftsjahres (in €)	Abschreibungsbetrag des Geschäftsjahres (in €)	Buchwert am Ende des Geschäftsjahres (in €)
02	425.000	100.000 + 65.000	260.000
03	260.000	80.000	180.000
04	180.000	80.000	100.000
05	100.000	80.000	20.000
06	20.000	20.000	0

3. Da der beizulegende Wert am 31.12.04 über dem Buchwert von 100.000 € liegt, ist der Grund für die außerplanmäßige Abschreibung in 02 weggefallen, so dass gemäß § 253 Abs. 5 HGB zugeschrieben werden muss, jedoch aufgrund des Anschaffungswertprinzips (§ 253 Abs. 1 Satz 1 HGB) höchstens bis zu den ursprünglich fortgeführten Anschaffungskosten (siehe 1.).

Geschäfts-jahr	Buchwert zu Beginn des Geschäftsjahres (in €)	Abschreibungsbetrag des Geschäftsjahres (in €)	Zuschreibung des Geschäftsjahres (in €)	Buchwert am Ende des Geschäftsjahres (in €)
04	180.000	80.000	25.000	125.000
05	125.000	100.000		25.000
06	25.000	25.000		0

Aufgabe 7

Gesamtverbrauch:
$$1.900\,l + 1.800\,l = 3.700\,l$$

Endbestand:
$$2.000\,l + 1.500\,l + 2.100\,l - 3.700\,l = 1.900\,l\,.$$

Perioden-LiFo-Verfahren
Nach der angenommenen Verbrauchsfolge wurden sämtliche Zugänge und 100 l aus dem Anfangsbestand verbraucht. Damit bilden 1.900 l aus dem Anfangsbestand den Endbestand.

Wert des Gesamtverbrauchs:
$$2.100\,l \times 2,20\,€/l + 1.500\,l \times 2,30\,€/l + 100\,l \times 2,25\,€/l = 8.295\,€\,.$$

Wert des Endbestands:
$$1.900\,l \times 2,25\,€/l = 4.275\,€\,.$$

Perioden-FiFo-Verfahren
Nach der angenommenen Verbrauchsfolge wurden der Anfangsbestand und sämtliche Zugänge bis auf den Endbestand von 1.900 l aus dem letzten Zugang verbraucht.

Wert des Gesamtverbrauchs:
$$2.000\,l \times 2,25\,€/l + 1.500 \times 2,3\,€/l + 200\,l \times 2,2\,€/l = 8.390\,€\,.$$

Wert des Endbestands:
$$1.900\,l \times 2,2\,€/l = 4.180\,€\,.$$

Gleitender Durchschnitt
Bei Anwendung des gleitenden Durchschnittsverfahrens wird nach jedem Zugang ein neuer Durchschnittswert gebildet, mit dem die Verbräuche bis zum nächsten Zugang bewertet werden:

	Menge	Preis	Wert
01.01.00	2.000 l	2,25 € / l	4.500 €
05.03.00	+1.500 l	2,30 € / l	+ 3.450 €
	= 3.500 l		= 7.950 €
04.06.00	−1.900 l	7.950 € / 3.500 l = **2,27 €** / l	**−4.313 €**
07.08.00	+2.100 l	2,20 € / l	+4.620 €
	= 3.700 l		= 8.257 €
11.11.00	−1.800 l	8.257 € / 3.700 l = **2,23 €** / l	**−4.014 €**
31.12.00	= 1.900 l		= 4.243 €

Der Wert des Gesamtverbrauchs ergibt sich aus den Werten der beiden Abgänge: 4.313 € + 4.014 € = 8.327 €.

Der Wert des Endbestands ist der Tabelle zu entnehmen: 4.243 €.

Aufgabe 8

1. Voraussichtliche Kosten des Geschäfts: 202.000 € (sämtliche Kosten, ohne Gewinnaufschlag in Höhe von 165.000 + 37.000 höheren Fertigungsgemeinkosten); voraussichtlicher Ertrag: 198.000 €. Damit besteht ein drohender Verlust aus einem schwebenden Geschäft.
    a) Gemäß § 249 Abs. 1 Satz 1 HGB besteht eine Rückstellungspflicht für drohende Verluste aus schwebenden Geschäften.
    b) Die Rückstellung ist mit der Differenz zwischen den voraussichtlichen Kosten und dem voraussichtlichen Ertrag, also mit 4.000 €, zu bewerten.
2. Die unfertige Maschine wäre zu bilanzieren und in Höhe des erwarteten Verlustes abzuschreiben.
    Buchungen:

Unfertige Erzeugnisse	an	Erhöhung des Bestands an unfertigen Erzeugnissen	50.000 €
Erhöhung des Bestands an unfertigen Erzeugnissen	an	unfertige Erzeugnisse	4.000 €

Aufgabe 9

	Handelsrechtliches Ergebnis (in €)	Steuerrechtliches Ergebnis (in €)
Vorläufiges Ergebnis vor Ertragssteuern	500.000	500.000
Geschäftsvorfall 1.	−70.000	−52.500
Geschäftsvorfall 2.	−50.000	−20.833,33
Geschäftsvorfall 3.	−250	−
Ergebnis vor Ertragssteuern	379.750	426.666,67
Steuern vom Einkommen und vom Ertrag	−128.000	−128.000
Jahresüberschuss	251.750	298.666,67

Zu Geschäftsvorfall 1:

Für das Disagio besteht in der Handelsbilanz gemäß § 250 Abs. 3 HGB ein Aktivierungswahlrecht, in der Steuerbilanz eine Aktivierungspflicht. Zur Erzielung eines möglichst geringen Ergebnisses in der Handelsbilanz wird das Disagio nicht aktiviert, so dass ein Aufwand von 20.000 € zu berücksichtigen ist. In der Steuerbilanz wird das Disagio über die Laufzeit linear abgeschrieben, also im Geschäftsjahr 00 bereits mit 2.500 €. In beiden Abschlüssen ist ferner der Zinsaufwand für ein Jahr in Höhe von 50.000 € zu erfassen.

Zu Geschäftsvorfall 2:
Zur Erzielung eines möglichst geringen Ergebnisses wird die Maschine in der Handelsbilanz geometrisch-degressiv abgeschrieben (500.000 × 0,3 × 4/12 Monate). Für die Steuerbilanz ist die Anwendung der degressiven Abschreibung laut Aufgabenstellung nicht zulässig, daher wird zur Ermittlung des zu versteuernden Einkommens linear abgeschrieben (500.000 : 8 Jahre × 4/12 Monate).

Zu Geschäftsvorfall 3:
Es droht ein Verlust aus einem schwebenden Geschäft, für den in der Handelsbilanz eine Rückstellung zu bilden ist (5 t × 50 €/t = 250 €). Steuerrechtlich ist die Bildung von Drohverlustrückstellungen nicht zulässig.

Zu den Steuern vom Einkommen und Ertrag:
Sämtliche Differenzen zwischen Handels- und Steuerbilanz sind zeitliche Differenzen. Per Saldo ergeben sich aktive latente Steuern in Höhe von (426.666,67 € − 379.750 €) × 30 % = 14.075 €. Um jedoch ein möglichst geringes Ergebnis auszuweisen, wird von dem Wahlrecht gemäß § 274 Abs. 1 HGB Gebrauch gemacht und die latenten Steuern werden nicht angesetzt.

Aufgabe 10

I. Gezeichnetes Kapital (100.000.000 + 20.000.000 =) **120.000.000 €**

II. Kapitalrücklage 50.000.000 €

III. Gewinnrücklagen
   1. Rücklage für Anteile an einem herrschenden oder (55.000 + 25.000 =)
      mehrheitlich beteiligten Unternehmen **80.000 €**
   2. Andere Gewinnrücklagen (700.000.000 − 20.000.000 − 30.000 =)
      679.970.000 €

IV. Bilanzgewinn **200.000 €**

Zu Angabe 3:

	Jahresüberschuss	220.000 €
–	Verlustvortrag aus dem Vorjahr	–40.000 €
+	Auflösung anderer Gewinnrücklagen	+ 30.000 €
–	Einstellung in die Rücklage für Anteile an einem herrschenden oder mehrheitlich beteiligten Unternehmen	–10.000 €
=	Bilanzgewinn	200.000 €

Aufgabe 11

GuV der Bäckerglück GmbH vom 01.01.–31.12.01 (in T€)

1.	Umsatzerlöse	335,0
2.	Erhöhung des Bestands an fertigen Erzeugnissen	0,1
4.	Sonstige betriebliche Erträge	1,0
5.	Materialaufwand	
	a) Aufwendungen für Roh-, Hilfs- und Betriebsstoffe	–74,8
6.	Personalaufwand	
	a) Löhne und Gehälter	–180,0
	b) soziale Abgaben und Aufwendungen für Altersversorgung und für Unterstützung	–30,0
7.	Abschreibungen	
	a) auf Sachanlagen	–12,0
13.	Zinsen und ähnliche Aufwendungen	–2,0
14.	Steuern vom Einkommen und vom Ertrag	–11,0
15./17.	Ergebnis nach Steuern/Jahresüberschuss	26,3

Aufgabe 12

GuV vom 01.01.–31.12.01 (in T€)

Umsatzerlöse	8.500
Herstellungskosten der zur Erzielung der Umsatzerlöse erbrachten Leistungen	−4.460
Bruttoergebnis vom Umsatz	4.040
Vertriebskosten	−380
Allgemeine Verwaltungskosten	−860
Sonstige betriebliche Erträge	200
Sonstige betriebliche Aufwendungen	−500
Zinsen und ähnliche Aufwendungen	−500
Steuern vom Einkommen und vom Ertrag	−500
Ergebnis nach Steuern/Jahresüberschuss	1.500

Literatur- und Quellenverzeichnis

ADS 1995: Adler, Hans; Düring, Walther; Schmaltz, Kurt: Rechnungslegung und Prüfung der Unternehmen, 6. Auflage, bearbeitet von Karl-Heinz Forster, Reinhard Goerdeler, Josef Lanfermann, Hans-Peter Müller, Günter Siepe und Klaus Stollberg, Stuttgart 1995.

Arbeitskreis „Externe Unternehmensrechnung" 1996: Arbeitskreis „Externe Unternehmensrechnung" der Schmalenbach-Gesellschaft: Empfehlung zur Vereinheitlichung von Kennzahlen in Geschäftsberichten, in: Der Betrieb 1996, S. 1989 ff.

Arbeitskreis „Immaterielle Werte im Rechnungswesen" 2008: Arbeitskreis „Immaterielle Werte im Rechnungswesen" der Schmalenbach-Gesellschaft für Betriebswirtschaft e. V.: Leitlinien zur Bilanzierung selbstgeschaffener immaterieller Vermögensgegenstände des Anlagevermögens nach dem Regierungsentwurf des BilMoG, in: Der Betrieb 2008, S. 1813 ff.

Baetge et al. 2019: Baetge, Jörg; Kirsch, Hans-Jürgen; Thiele, Stefan: Bilanzen, 15. Auflage, Düsseldorf 2019.

Ballwieser 2011: Ballwieser, Wolfgang: Abschreibungen, in: Lexikon des Rechnungswesens, hrsg. von Busse von Colbe, Walther; Crasselt, Nils; Pellens, Bernhard, 5. Auflage, München 2011, S. 3–8.

Beck'scher Bilanzkommentar 2020: Grottel, Bernd; Schmidt, Stefan; Schubert, Wolfgang J.; Störk, Ulrich (Hrsg.): Beck'scher Bilanzkommentar: Handels- und Steuerbilanz, 12. Auflage, München 2020.

BMF 1971: Schreiben des Bundesministeriums für Finanzen BMF IV B 2 vom 19.4.1971, BStBl. I, S. 264–266.

BMF 1972: Schreiben des Bundesministeriums für Finanzen BMF IV B 2 vom 21.3.1972, BStBl. I, S. 188.

BMF 1975: Schreiben des Bundesministeriums für Finanzen BMF IV B 2 vom 22.12.1975, in: Der Betrieb 1976, S. 172–174.

BMF 1991: Schreiben des Bundesministeriums für Finanzen BMF IV B 2 vom 23.12.1911, BStBl. I 1992, S. 13.

BMF 2015: Schreiben des Bundesministeriums für Finanzen BMF IV C 6 – S 2174/07/10001:002 vom 12.05.2015.

BMF 2021: Schreiben des Bundesministeriums für Finanzen BMF IV C 3 – S 2190/21/10002:013 vom 26.02.2021.

Breidenbach/Währisch 2016: Breidenbach, Karin; Währisch, Michael: Umsatzerlöse- Handbuch zur Umsatzerfassung nach HGB und IFRS, Herne 2016.

Breidenbach 2021: Breidenbach, Karin: Ermittlung der Herstellungskosten bei Unterbeschäftigung, in: NWB Rechnungswesen 2021, S. 439–451.

Busse von Colbe 2011: Busse von Colbe, Walther: Rechnungswesen, in: Lexikon des Rechnungswesens, hrsg. von Busse von Colbe, Walther; Crasselt, Nils; Pellens, Bernhard, 5. Auflage, München 2011, S. 652–656.

Chmielewicz 1976: Chmielewicz, Klaus: Betriebliche Finanzwirtschaft I, Berlin New York 1976.

Coenenberg et al. 2021a: Coenenberg, Adolf G.; Haller, Axel; Schultze, Wolfgang: Jahresabschluss und Jahresabschlussanalyse, 26. Auflage, Stuttgart 2021.

Coenenberg et al. 2021b: Coenenberg, Adolf G.; Haller, Axel; Matter, Gerhard; Schultze, Wolfgang: Einführung in das Rechnungswesen, 8. Auflage, Stuttgart 2021.

DRSC 2014: Umsetzung der Richtlinie 2013/34/EU: Empfehlungen an das Bundesministerium der Justiz und für Verbraucherschutz vom 11.02.2014.

Eisele/Knobloch 2019: Eisele, Wolfgang; Knobloch, Alois Paul: Technik des betrieblichen Rechnungswesens, 9. Auflage, München 2019.

https://doi.org/10.1515/9783110747683-022

Engelhardt et al. 2020: Engelhardt, Werner Hans; Raffee, Hans; Wischermann, Barbara: Grundzüge der doppelten Buchhaltung, 9. Auflage, Wiesbaden 2020.

Falterbaum et al. 2020: Falterbaum, Hermann; Bolk, Wolfgang; Reiß, Wolfram; Kirchner, Thomas: Buchführung und Bilanz, 23. Auflage, Achim 2020.

Federmann 2010: Federmann, Rudolf: Bilanzierung nach Handels- und Steuerrecht, 12. Auflage, Berlin 2010.

Gesetzentwurf BilMoG 2008: Gesetzentwurf der Bundesregierung – Entwurf eines Gesetzes zur Modernisierung des Bilanzrechts (Bilanzrechtsmodernisierungsgesetz – BilMoG), BT-Drucksache 16/10067 vom 30.07.2008.

Hahn/Laßmann 1999: Hahn, Dietger; Laßmann, Gert: Produktionswirtschaft – Controlling industrieller Produktion, Band 1 und 2, 3. Auflage, Heidelberg 1999.

Hoffmann/Lüdenbach 2021: Hoffmann, Wolf-Dieter; Lüdenbach, Norbert: NWB Kommentar Bilanzierung, 12. Auflage, Herne 2021.

IDW 1998: IDW Rechnungslegungsstandard: Aufstellung des Lageberichts (IDW RS HFA 1) 1998.

Kirsch 2008: Kirsch, Hanno: Neuinterpretation der Grundsätze ordnungsmäßiger Buchführung durch das Bilanzrechtsmodernisierungsgesetz, in: StuB 2008, S. 453–459.

Kraft/Kraft 2018: Kraft, Cornelia; Kraft, Gerhard: Grundlagen der Unternehmensbesteuerung, 5. Auflage, Wiesbaden 2018.

Küpper 1993: Küpper, Hans-Ulrich: Abschreibungen, in: Handwörterbuch des Rechnungswesens, hrsg. von Chmielewicz, Klaus; Schweitzer, Marcell, 3. Auflage, Stuttgart 1993, Sp. 15–29.

Leffson 1987: Leffson, Ulrich: Die Grundsätze ordnungsmäßiger Buchführung, 7. Auflage, Düsseldorf 1987.

Plinke/Utzig 2020: Plinke, Wulff; Utzig, B. Peter: Industrielle Kostenrechnung, 9. Auflage, Berlin 2020.

Schildbach et al. 2013: Schildbach, Thomas; Stobbe, Thomas; Brösel, Gerrit: Der handelsrechtliche Jahresabschluss, 10. Auflage, Sternenfels 2013.

Schmalenbach 1963: Schmalenbach, Eugen: Kostenrechnung und Preispolitik, 8. Auflage, bearbeitet durch Richard Bauer, Köln und Opladen 1963.

Schmolke/Deitermann 2018: Deitermann, Manfred; Schmolke, Siegfried; Rückwart, Wolf-Dieter; Stobbe, Susanne; Flader, Björn: Industrielles Rechnungswesen IKR, 47. Auflage, Braunschweig 2018.

Schneider 1993: Schneider, Dieter: Geschichte der Buchhaltung und Bilanzierung, in: Handwörterbuch des Rechnungswesens, hrsg. von Chmielewicz, Klaus; Schweitzer, Marcell, 3. Auflage, Stuttgart 1993, Sp. 712–721.

Theile 2008: Theile, Carsten: Bilanzrechtsmodernisierungsgesetz, Herne, Berlin 2008.

Winnefeld 2015: Winnefeld, Robert: Bilanzhandbuch, 5. Auflage, München 2015.

Zitierte Geschäftsberichte

Henkel KGaA: Geschäftsbericht 2020.

Hochtief AG: Geschäftsbericht 2020.

Volkswagen AG: Geschäftsbericht 2020.

Stichwortverzeichnis

https://doi.org/10.1515/9783110747683-023